VIE
DU BIENHEUREUX
FÉLIX DE NICOSIE
DE L'ORDRE DES FF. MINEURS CAPUCINS

PAR

Le R. P. HENRI DE GRÈZES

DU MÊME ORDRE.

> Avec votre amour, ô Jésus, on vit heureux et on meurt bienheureux !
>
> (Paroles du B. Félix).

CLERMONT-FERRAND

Librairie Léon BRUSTEL

19, Rue Pascal, 19

―

1888

VIE

DU BIENHEUREUX

FÉLIX DE NICOSIE

de l'Ordre des FF. Mineurs Capucins

P. J. Capuce. del.

B. FELIX A NICOSIA ORD. MIN. CAPUCCINORUM LAICUS

A SSMO. DNO. NRO. LEONE XIII. 12 FEB. 1888 BEATORUM ALBO ADSCRIPTUS.

VIE
DU BIENHEUREUX
FÉLIX DE NICOSIE
DE L'ORDRE DES FF. MINEURS CAPUCINS

PAR

Le R. P. HENRI DE GRÈZES

DU MÊME ORDRE

> Avec votre amour, ô Jésus,
> on vit heureux, et on meurt
> bienheureux !
> (Paroles du B. Félix).

CLERMONT-FERRAND
Librairie Léon BRUSTEL
19, Rue Pascal, 19

—

1888

APPROBATION
des Supérieurs de l'Ordre

Lyon, le 17 mars 1888.

Au R. P. Henri de Grèzes, Gardien de notre couvent de Clermont

Révérend et bien cher Père Gardien,

Je viens de recevoir le rapport des deux religieux chargés d'examiner votre ouvrage intitulé : *Vie du Bienheureux Félix de Nicosie, capucin.* Ce rapport étant pleinement favorable, j'approuve votre livre, et j'en permets bien volontiers l'impression. Comme dans toutes vos autres publications, les âmes pieuses trouveront à la fois dans celle-ci, j'en suis persuadé, beaucoup d'érudition, de piété et d'intérêt.

Que notre Séraphique Père saint François, en vous bénissant vous-même, bénisse l'œuvre que vous avez entreprise pour la gloire de notre saint Ordre, et pour faire connaître le nouveau Bienheureux que S. S. Léon XIII vient de nous donner.

Agréez, Révérend et bien cher Père Gardien, l'expression de mon affectueux dévouement *in X^{to}*.

F. CONSTANT DE RIANS,
Cap. Provincial.

APPROBATIONS

Par ordre du T. R. P. Provincial, j'ai lu attentivement la *Vie du B. Félix de Nicosie*, capucin, écrite par le R P. Henri de Grèzes, prédicateur, Gardien de notre Couvent de Clermont. Rien dans ce travail ne m'a paru contraire à l'enseignement catholique ou aux bonnes mœurs. D'autre part, sachant *de visu* que l'auteur a puisé aux meilleures sources, je puis affirmer que tout dans son livre est conforme à la vérité historique. J'estime que la lecture de la *Vie du B. Félix* ne peut qu'édifier grandement et les religieux et les fidèles. Ce véridique portrait d'un homme absolument mort à lui-même et animé cependant pour ses semblables d'une incroyable charité, correspondant avec une indomptable énergie aux grâces dont il a été prévenu, sera sans doute pour tous un précieux enseignement.

Clermont-Ferrand, en la fête de St Thomas d'Aquin, 7 mars 1888.

Fr. FERRÉOL DE ROCHE, Cap. Vicaire.

Par ordre du T. R. P. Constant de Rians, Ministre Provincial des FF. MM. Capucins de la Province de Lyon, j'ai pris connaissance de la *Vie du B. Félix de Nicosie*, publiée par le R. P. Henri de Grèzes, Gardien du Couvent de Clermont. Tout dans ce livre m'a paru conforme à la foi catholique et aux bonnes mœurs. L'auteur, s'effaçant lui-même a su mettre en relief la physionomie du Bienheureux ; physionomie douce et austère, qui, loin d'effrayer attire et fait aimer la vertu. Fruit de savantes recherches, nourri de faits très habilement groupés, bien écrit, cet ouvrage est certainement de nature à intéresser vivement le lecteur, à plaire et à édifier.

De notre Couvent de Saint-Etienne, en la fête des Cinq Plaies de N.-S., 1888.

F. JOSEPH DE LYON, Capucin.

Lettre de S. G. Monseigneur BOYER
Evêque de Clermont.

EVÊCHÉ
DE
CLERMONT

Clermont-Ferrand, le 9 mai 1888.

MON TRÈS CHER PÈRE HENRI,

Vous m'avez communiqué votre *Vie du B. Félix de Nicosie,* et je me fais un devoir de vous adresser mes félicitations et mes remercîments.

Lorsque, il y a trois mois à peine, l'Eglise plaçait sur les autels un pauvre Frère Convers de l'Ordre des FF. Mineurs Capucins, elle entendait donner au monde un grand enseignement. Mais il fallait que la vie si cachée du nouveau Bienheureux fut connue, et il convenait qu'elle le fut le plus tôt possible.

C'est pourquoi je vous félicite d'avoir pu, malgré vos travaux apostoliques, et sans les interrompre, composer l'histoire de cette séraphique existence, et d'être déjà en état de la livrer au public.

— VIII —

Mais c'est surtout un sentiment de reconnaissance que je viens vous exprimer.

Le B. Félix est mort en 1787; dès lors, quoi de plus naturel que, en écrivant sa vie, vous nous eussiez parlé du xviiie siècle et de sa philosophie…? d'autant que les choses que vous en auriez dites n'auraient été ni sans intérêt ni sans profit. — Vous ne l'avez pas voulu. — Visant un but en apparence plus modeste, mais en réalité plus utile, vous avez préféré « offrir aux âmes pieuses la vie du Bienheureux, et sa vie *toute seule*. » C'est ce dont je vous loue hautement, mon très cher Père; car, malgré toute apparence contraire, les âmes croyantes sont le grand nombre ici-bas, elles sont seules puissantes pour le bien, elles sont la consolation et l'espérance de l'Eglise !

D'ailleurs, je demeure convaincu que si des esprits sérieux, quoiqu'étrangers aux habitudes de la piété, ont le bonheur de vous lire, ils feront d'eux-mêmes le travail que vous n'avez point voulu entreprendre. — En replaçant, par la pensée, cette angélique figure dans son cadre naturel qui est la triste époque qui fut la sienne, ils ne pourront pas ne pas comparer la foi de l'humble Frère, son détachement absolu, sa passion de la souffrance, et la perpétuelle sérénité de son âme, avec les orgies d'impiété, le déchaînement des passions, la soif de jouissances, qui ont fait le malheur et la honte du temps où il vécut; et cédant à la force de cette logique supérieure qui s'impose aux cœurs droits, ils reconnaîtront avec vous, que « la vie du

« B. Félix a été réellement une des réponses de
« Dieu aux égarements du XVIIIe siècle. »

Mais enfin c'est pour les âmes pieuses que vous avez écrit. Et ce sont elles qui vont surtout recueillir les fruits de votre beau travail.

En lisant le récit à la fois si simple et si noble de cette vie *toute céleste*, elles s'établiront de plus en plus dans cette conviction si consolante et parfois si nécessaire, que les vertus éclatantes, soudainement héroïques, qui sont le partage de quelques âmes privilégiées, ne sont point les seules à mériter l'auréole de la sainteté ; mais que cette couronne est aussi destinée à quiconque sait faire de sa pauvre vie, de la vie commune, ordinaire, une vie surnaturelle, constamment unie, par l'obéissance et par l'acceptation, à la vie même de Notre-Seigneur Jésus-Christ !

C'est, je le répète, mon révérend Père, le grand enseignement que l'Eglise a, de nouveau, donné au monde en proclamant Bienheureux votre humble Frère Convers ; et c'est la grande leçon que votre livre met en complète lumière.

Soyez-en béni !

Mais j'ai confiance qu'une bénédiction, venant de plus haut, sera donnée à votre œuvre et à vous.

Après la vie de saint François d'Assise, après celle de sainte Marguerite de Cortone, si magistralement publiées par vos frères, voici que la vie du

B. Félix de Nicosie vient à son tour seconder les pieux desseins du Pontife Suprême.

Depuis son avènement, le Pape Léon XIII n'a cessé de rappeler aux peuples le devoir de la prière et de la pénitence, pratiqué comme l'avait enseigné autrefois le grand restaurateur de la vie chrétienne au Moyen-Age. Ce sera la gloire des fils de saint François d'avoir su et pu interpréter d'une manière si efficace et si parfaite les désirs du Chef suprême de l'Eglise, en faisant ainsi connaître les grands exemples de prière et de pénitence que l'Ordre Séraphique a produits et propagés dans le monde.

Et votre consolation, mon révérend Père, sera d'avoir contribué pour une large part, à cette grande œuvre.

Veuillez recevoir, mon très cher Père, l'expression de mes sentiments religieux et bien dévoués en N. S.

† J.-PIERRE, évêque de Clermont.

J. M. J.

F.

PRÉFACE

La vie que nous offrons au public chrétien, ne présente peut-être pas le même attrait que certaines autres vies de saints.

Bien que ce soit la mode du jour, il ne pouvait nous venir en pensée d'intituler notre livre : *Le B. Félix et son siècle*. Peu de saints ont été mêlés aux grands événements de l'ordre temporel. A part quelques saints monarques et quelques fondateurs d'Ordres, bien peu de saints ont exercé sur leur siècle une influence marquée. Moins que tout autre, le B. Félix a été mêlé aux événements de son temps; on peut même dire qu'il y est resté complètement étranger.

Sa vie de soixante-douze ans s'est écoulée toute entière, sauf l'année de son noviciat religieux, dans la petite ville sicilienne qui l'avait vu naître et grandir. Humble ouvrier dans le monde jusqu'à l'âge de vingt-huit ans, humble Frère convers ensuite, il s'est sanctifié dans l'accomplissement incessant de ses obscures fonctions de portier, d'infirmier, de quêteur. Il n'a donc pu, en aucune façon, prendre part au mouvement politique ou intellectuel de son siècle.

Nous ne pouvions pas davantage écrire : *Le B. Félix et la philosophie du dix-huitième siècle.* Notre Bienheureux ne fut ni un professeur, ni un écrivain, ni un savant, ni même, dans le sens que le monde attache à ce mot, un *penseur*. Toute sa philosophie fut d'éviter l'offense de Dieu, de sauver son âme, de s'immoler avec Jésus-Christ; tout en travaillant dans la mesure de ses forces et de sa position, à sanctifier et à sauver ses semblables. Ne pourrait-on pas dire, cependant, que la vie du B. Félix a été une des réponses de Dieu aux égarements du xviiie siècle ? En regard de cette philosophie incrédule et railleuse, envahissant peu à peu toutes les classes, Dieu nous présente la foi de cet humble Frère, qui eut douté plutôt de sa propre existence que d'une seule des vérités révélées. Aux funestes doctrines proclamant l'émancipation de la chair, Dieu oppose la vie étrangement austère de ce religieux, qui ne fut jamais dominé que par la passion de la souffrance. Au rationalisme qui niait audacieusement l'ordre surnaturel, Dieu répond par la vie et la mort, humainement inexplicables, d'un de ses serviteurs. A l'agiotage qui commençait à envahir les sociétés chrétiennes, Dieu oppose le détachement absolu, la pauvreté presque inimitable d'un des fils de François d'Assise, le grand pauvre du xiiie siècle.

Ces pensées, sans doute, pourraient être avantageusement développées dans la chaire chrétienne. Mais la vie d'un saint n'est pas un sermon ; c'est un récit.

Ceci posé, nous devons avertir le lecteur qu'il se tromperait grandement s'il croyait trouver dans ce livre, à défaut de considérations philosophiques ou historiques, du moins la description plus ou moins imagée des volcans, des montagnes arides et des fertiles vallées de la

Sicile, ou encore le tableau des mœurs et coutumes de ses populations. La vie de notre Bienheureux fut complètement étrangère au monde; nous n'avons pas cru devoir y mêler quoi que ce soit des choses du monde. Elle fut toute céleste; rien de ce qui est de la terre ne doit en altérer le charme.

Nous offrons donc aux âmes pieuses, qui cherchent à s'édifier par la lecture de la vie des saints : la *Vie du B. Félix*, et cette vie *toute seule*, sans aucune réflexion ascétique ou mystique.

Certains détails paraîtront étranges peut-être, tant ils dépassent l'ordinaire de la vie. Que le lecteur considère alors, dans l'acte extraordinaire et inimitable, l'esprit qui l'a animé. La clarté de l'astre du jour est, en elle-même, d'une intensité effrayante; nul ne peut le fixer sans être ébloui. Pourtant, cette clarté qui aveugle les imprudents, est grandement utile à tous; elle est même nécessaire. Ainsi en est-il de la vie sublime des saints. Leur prière incessante, continuée jusqu'à l'extase, nous reproche nos négligences et notre oubli du premier des préceptes : *Tu adoreras le Seigneur ton Dieu!* Les précautions dont ils environnent leur âme, leur réserve poussée, ce semble jusqu'à l'excès, nous rappelle notre fragilité native, et nous condamne lorsque nous nous laissons fasciner par l'éclat trompeur de la créature. Leurs privations incessantes nous excitent à observer du moins les lois, déjà si mitigées, de la pénitence chrétienne. Leurs effrayantes macérations nous reprochent notre mollesse, l'amour exagéré de nos aises, et nous rappellent qu'on ne peut être disciple de Jésus-Christ, sans porter sa croix ; c'est-à-dire qu'il faut savoir se gêner, accepter, et, au besoin, s'imposer un sacrifice.

Comme tous les saints, le B. Félix ne soupirait qu'après la vie cachée. C'est bien lui qui mit en pratique à la lettre la maxime du pieux auteur de l'*Imitation : Ama nesciri et pro nihilo reputari* (aimez à être ignoré et à n'être compté pour rien). Sa volonté, certes, fut bien étrangère à la notoriété qui s'attacha à son nom et le fit répéter avec enthousiasme sur toutes les plages de la Sicile. Mais Dieu, quand il le juge à propos, manifeste ses saints par le miracle. Les miracles abondent dans la vie de notre Bienheureux. La plupart sont laissés par nous dans le silence. Mais nous devions à Dieu, qui a bien voulu les opérer par son serviteur, nous devions à la gloire du B. Félix, nous devions à la piété des croyants, de ne pas les mettre tous en oubli. La vie des

Saints est écrite pour les *enfants de la lumière*. Elle ne peut donc être une simple étude physiologique, une froide et sèche énumération de dates et de faits. Les miséricordieuses prédilections de Dieu pour ses Saints doivent être publiées.

Qu'il nous soit permis, à ce propos, de nous approprier ici, en les appliquant au B. Félix et aux prodiges dont sa vie est tissue, les paroles prononcées par un de nos grands orateurs modernes sur le thaumaturge des Gaules, au IV° siècle, saint Martin :

« Je crois aux miracles du B. Félix, parce que les récits contemporains qui nous les transmettent, respirent la plus saisissante vérité. Je crois aux miracles du B. Félix, parce que je crois à la vertu de la prière dans le cœur d'un saint. Quand un miracle était nécessaire, que le salut des âmes en dépendait, que faisait le Bienheureux ? Il se jetait à terre, et il priait. Il priait, avec cette foi qui transporte les montagnes, avec cette charité qui touche le cœur de Dieu ; et sa prière forçait le ciel. »

« Oui, de telles prières, appuyées sur une telle sainteté ; ces supplications non interrompues, pas même par l'action ; ces oraisons de toutes les heures, de tous les instants ; cette âme toujours dans le ciel; ces jeûnes, ces veilles, ces cilices, cette cendre; ces labeurs qu'un court repos, accordé à regret aux plus rigoureuses exigences de la nature, venait à peine interrompre; ces jours, ces nuits, consacrés à l'œuvre de Dieu; ce corps dompté, macéré; ces sens asservis à l'âme; cette âme elle-même subjuguée, ces passions vaincues; cette douceur, cette patience inaltérable dans les souffrances, dans les injures; cette charité sans bornes; cette humeur toujours égale dans une joie toujours sainte; en un mot, cette conversation toute céleste; cette existence surhumaine, voilà pour moi ce qui, avec la bonté de Dieu, explique tous ses miracles. »

« Ah! si je ne voyais dans le B. Félix qu'un homme et une vertu vulgaires, je dirais : n'attendez que des œuvres vulgaires. Mais je vois un homme surhumain, et je crois à des œuvres surhumaines (1). »

La vie du B. Félix, toute pleine qu'elle est de faits miraculeux, se présente pourtant au lecteur avec les garanties les plus désirables de véracité. Ce n'est pas dans des biographies plus ou moins

---

(1) *Panégyrique de S. Martin par Mgr Dupanloup, évêque d'Orléans.* — Nous n'avons fait que mettre le nom du B. Félix, à la place de celui de S. Martin.

enthousiastes, que nous avons puisé nos documents. Nous sommes allé les prendre aux divers procès informatifs de la béatification du serviteur de Dieu : Procès de l'Ordinaire épiscopal de Nicosie, en 1830 ; deuxième procès complémentaire en 1834 ; procès apostolique en 1842, sur la renommée de sainteté, et sur les vertus en général ; autre procès apostolique en 1847 et 1848, sur les vertus en particulier et sur les miracles. Il est difficile, à quelque point de vue qu'on se place, de trouver une source plus sûre de certitude que les *Actes* de ces procès. Là ne sont enregistrés, par des juges choisis, que des témoignages sérieux, affirmés par serment, émanant de personnes irréprochables ; ces témoignages sont au besoin, contrôlés par une enquête.

Le serviteur de Dieu étant mort en 1787, et le premier procès ayant eu lieu en 1830, il ne se trouve entre ces deux dates qu'un intervalle de quarante-trois ans. Tous les témoins, âgés de quarante-cinq ans et au-dessus, avaient donc connu personnellement Fr. Félix. Ils ont pu attester ce qu'ils avaient vu de leurs yeux, entendu de leurs oreilles, ce qu'ils avaient, pour ainsi dire, palpé. *Quod vidimus, quod audivimus, et manus nostræ contrectaverunt.* Même chose, ou à peu près, pour le procès de 1834. Si dans le procès de 1847 et de 1848, la proportion des témoins oculaires a été moindre, tous les autres étaient de ceux qui avaient vécu et grandi avec les témoins immédiats de la vie, des vertus et des prodiges du serviteur de Dieu.

C'est donc à peu près exclusivement dans les *Actes* des divers procès que nous avons patiemment recueilli tout ce que nous disons du B. Félix. Nous avons cependant consulté avec profit diverses vies du serviteur de Dieu, notamment celle du P. Illuminato d'Ischitella (Naples, 1838) et celle du T. R. P. Gesualdo de Luca (Catane, 1863). Nous avons vu aussi *l'Abrégé* de la vie du B., composé à l'occasion des solennités de la béatification par le R^{me} P. Hyacinthe de Belmonte, définiteur général de notre Ordre ; et la *Vita del Beato Felice*, par le R. P. François de Monte Colombo, ravi hélas ! à l'affection de ses confrères, peu de temps après la publication de ce pieux ouvrage.

Nous avons fait ce travail avec amour ; il s'agissait d'un des nôtres. Nous l'avons fait avec respect ; c'était la vie d'un ami de Dieu. En même temps, nous n'avons pu nous défendre, par moments, d'une impression de découragement et de crainte, tant nous apparaissait saisissante la différence entre la vie héroïque de notre Bienheureux et notre vie terre à terre. Pourtant, comme nous aurons à le dire de lui, la confiance l'a emporté en nous sur la crainte. Le B. Félix, dans l'incroyable austérité de sa vie, nous apparaissait si doux, si miséricordieux, si suave! Son crédit auprès de Dieu nous faisait tant espérer! Nous sommes donc allé jusqu'au bout de notre entreprise; heureux de faire connaître cette physionomie de Saint, dans laquelle on découvre d'abord ces trois grands traits : *Prière, Austérité, Charité!*

La prière du Bienheureux Félix n'arrêta jamais son action. Son humilité n'abaissa jamais son courage. Son austérité n'endurcit pas son cœur et n'en éteignit pas les élans.

Grâces immortelles soient rendues au Dieu vivant; l'esprit de sainteté ne meurt pas dans l'Eglise; et, sous une forme ou sous une autre, il vit encore au milieu de nous. Mais, ô mon Dieu, par les mérites et l'intercession du B. Félix, répandez-le encore plus abondant en nos cœurs; car nos temps aussi sont mauvais; les périls menacent, les tentations grandissent, les âmes peuvent fléchir. Plus que jamais, l'Eglise a besoin de saints : de saints prêtres, de saints religieux, de saints de toutes les conditions.

O mon Dieu, envoyez-nous l'esprit des saints ; et, de loin, mais avec fidélité, faites-nous suivre leurs traces.

Clermont-Ferrand, le 2 Février 1888.

F. Henri de Grèzes,
O. M. Cap. gard.

PROTESTATION

Pleinement soumis aux prescriptions d'Urbain VIII, touchant les causes des saints, je déclare que, dans cette vie du Bienheureux Félix de Nicosie, par les qualificatifs de *saint* et de *miraculeux*, je n'entends nullement préjuger les décisions infaillibles de notre Mère la Sainte Eglise.

Confiteor tibi, Pater, Domine cœli et terræ, quia abscondisti hæc à sapientibus et prudentibus, et revelasti ea parvulis. (Mat. XI, 25.)

Je vous rends gloire, ô mon Père, Seigneur du ciel et de la terre, de ce que vous avez caché ces choses aux sages et aux prudents, tandis que vous les avez révélées aux petits.

CHAPITRE I.

L'Enfant Pieux.

Puer autem crescebat et confortabatur plenus sapientia; et gratia Dei erat in illo. — Luc, 2, 40.

Et l'enfant croissait et se fortifiait; il était plein de sagesse : et la grâce de Dieu était en lui.

SOMMAIRE. — Les deux Félix. — Herbita. — Famille chrétienne. — Philippe Amuruso. — Carmela Rizzo. — Pieux exemples. — Les vendredis de mars. — Les pauvres. — Résignation. — Veni, veni Gesuzzu. — L'horreur du péché. — A-t-il fréquenté l'école? — L'Ange adorateur. — Jean Ciavirella.

Au milieu de toutes nos épreuves, l'amoureuse bonté de notre Dieu ne nous laisse pas sans consolations. Il y a quelques mois nous célébrions le troisième centenaire de la précieuse mort de saint

Félix de Cantalice, le premier de la réforme capucine qui ait été placé sur les autels. Et voici qu'à l'occasion du jubilé sacerdotal de notre bien-aimé pontife Léon XIII, nous voyons élevé aux honneurs de la béatification un autre de nos frères, qui s'est sanctifié parmi nous, lui aussi, sous le nom de Félix.

Félix! Heureux! Heureux ces deux grands serviteurs de Dieu! Heureux dans l'immolation généreuse de leur vie! Heureux dans leur précieuse mort! Heureux auprès de Dieu! Heureux nous-mêmes si nous savons nous animer de leur esprit et marcher sur leurs traces!

Cette coïncidence de la glorification du vénérable Frère Félix de Nicosie, succédant à bref intervalle au centenaire de saint Félix de Cantalice, nous a amené à rechercher les autres similitudes que pouvait présenter l'existence de ces deux grandes âmes. A deux siècles de distance, tout est à peu près semblable. Saint Félix de Cantalice, né en 1515, entra dans l'Ordre en 1543, fit profession en 1544, et mourut au mois de mai 1587. Le Bienheureux Félix de Nicosie, né en 1715, entra dans l'Ordre en 1743, fit profession en 1744, et mourut au mois de mai 1787.

La vie de ces deux illustres Capucins peut se résumer en ces quelques mots. Tous deux, jusqu'à l'âge de vingt-huit ans, ont vécu dans le siècle de la vie des travailleurs : le premier, dans les champs sous les ordres d'un maître ; le second, dans la poussière d'un atelier sous la conduite d'un patron. Tous deux ont été rudement éprouvés avant d'être admis dans l'Ordre. Tous deux, après leur année de probation, ont été investis de l'office de quêteur, qu'ils ont exercé sans discontinuer jusqu'à la fin de leur sainte vie. Tous deux ont quitté cette terre dans le mois consacré à Celle que, depuis les jours de leur enfance, ils avaient tendrement aimée; dans le mois de Marie, la douce et puissante Mère de notre Ordre.

Tel est le cercle où se meuvent, à deux siècles de distance, ces deux existences de soixante-douze ans. Mais, dans cet humble cercle, que de nobles vertus, que de prodiges, quels magnifiques enseignements!

La patrie du bienheureux Félix fut Nicosie, agréable petite ville de treize à quatorze mille habitants, située dans l'intérieur de la Sicile, à soixante kilomètres environ au nord-ouest de Catane. Les historiens nous apprennent que Nicosie occupe l'emplacement de l'antique *Herbita*, célèbre aux temps anciens par la longue et vigoureuse résistance qu'elle opposa aux ambitieuses entreprises de Denys, tyran de Syracuse. L'énergie qu'avaient déployée ses devanciers contre le tyran de Syracuse, notre héros la déploya contre les tyrans de l'âme, satan et le péché. On le verra victorieux de tous les assauts, jouir toujours de la liberté et de la joie des enfants de Dieu. Et ce qu'il avait su conquérir pour lui-même, il l'obtint à beaucoup de ses concitoyens par ses prières et ses exemples.

Avant le B. Félix, Nicosie avait vu naître dans ses murs de nombreux personnages illustres en vertus, parmi lesquels nous devons mentionner saint Laurent

Casalio, abbé de Saint-Philippe-d'Argiro, et, selon plusieurs historiens, le Pape saint Léon II.

La plus grande faveur que Dieu puisse faire à un homme est de le faire naître de parents chrétiens ; notre Bienheureux eut ce bonheur. Il dut la vie, après Dieu, à d'obscurs artisans de Nicosie, très pauvres des biens de ce monde, mais très riches de foi et de vertu. Il vint au monde le 5 novembre 1715, et reçut le même jour la grâce du baptême, avec les noms de Jacques-Antoine. On ne peut douter qu'il n'ait eu des frères et des sœurs ; mais aucun historien ne nous donne de détails soit sur l'ordre de leur naissance, soit sur leurs noms, soit sur leur existence. Dans les actes du Bienheureux, il est parlé, mais sans détails, d'un frère et d'un neveu de Félix, tous deux artisans habitant Nicosie. Ils survécurent au serviteur de Dieu.

Son père, Philippe Amuruso, pauvre savetier, était un homme de grande foi, un fervent chrétien. Membre de la confrérie de Notre-Dame-des-Miracles, établie dans l'église des Capucins, il était très assidu aux réunions qui avaient lieu dans cette église tous les dimanches. Il communiait tous les dimanches et jours de fêtes. Il ne manquait jamais d'aller visiter et adorer le Très-Saint-Sacrement partout où il le savait exposé. Tous les soirs, il faisait réciter en commun le chapelet à sa famille dont il était le modèle. Dès que ses enfants furent en âge de comprendre, il les conduisit avec lui aux adorations du Très-Saint-Sacrement et à la messe du dimanche à laquelle il communiait. Il voulait ainsi leur inspirer dès leur bas âge le désir de la sainte communion. Et lorsqu'ils furent admis enfin à la table sainte, il les menait communier avec lui.

L'épouse de Philippe, Carmela Rizzo, ne le cédait en rien à son mari. C'était une vraie chrétienne, toute pénétrée de cette crainte de Dieu qui fait les grandes et fortes âmes. Une tendre dévotion l'animait envers la Passion du Sauveur ; et, pour l'honorer, elle jeûnait au pain et à l'eau les vendredis de mars.

Pauvre et chargée d'une nombreuse famille, elle compatissait aux misères des autres pauvres et les soulageait de tout son pouvoir. Toute animée du désir de former ses enfants à la charité, lorsqu'elle leur distribuait leur portion de pain, elle leur en faisait mettre à part une petite tranche, que l'on donnait ensuite à de plus pauvres.

Parfois la gêne se faisait sentir dans le pauvre ménage du savetier ; le pain manquait. « Aujourd'hui, mes enfants, disait la pieuse Carmela, nous n'avons rien. Que la sainte volonté de Dieu soit faite ! » — On entendra plus tard Félix répéter cette parole qui tant de fois avait retenti à ses oreilles d'enfant : *Que la sainte volonté de Dieu soit faite!* On le verra mettre en pratique, et à la façon des saints, ces dévotions au Très-Saint-Sacrement et aux vendredis de mars qu'il avait puisées au foyer paternel. On le verra plein de charité pour les pauvres, se priver pour eux du nécessaire, et opérer des prodiges en leur faveur. O puissance de l'éducation domestique ! O saintes influences d'une mère chrétienne !

Avec de tels parents, l'intérieur de la famille Amuruso était comme un sanctuaire. Les enfants élevés dans la crainte de Dieu, respectaient et aimaient leur père ; ils chérissaient leur mère et lui obéissaient à l'envi. Mais le plus affectueux et le plus soumis était notre Jacques-Antoine.

Doué d'un bon naturel, il se montrait attentif et docile. Sa jeune âme, impressionnable comme la cire vierge, recevait sans résistance les empreintes profondes des leçons de sa pieuse mère et des exemples de son vertueux père.

« Puisses-tu être bon et pieux, » lui avait dit sans cesse Carmela, dès qu'il avait pu comprendre. Et tout le désir de l'enfant qui grandissait était de savoir comment on devient pieux et bon, pour le mettre aussitôt en pratique. Il était heureux d'accompagner sa mère à la sainte messe ; et, bien jeune encore, il y assistait religieusement tous les jours. C'était sa grande joie, tandis que les autres enfants de son âge couraient au jeu, de se livrer à diverses pratiques de dévotion devant de petits oratoires improvisés.

Là, il chantait de sa voix fraîche et pure, dans le dialecte de son pays, de pieux cantiques, que sa mère lui avait enseignés. Celui qu'il répétait le plus volontiers était le suivant, d'une touchante naïveté :

Veni, veni, Gesuzzu, chi ti aspettu.
Veni, e riposa 'ntra stu cori ingratu.
Mi duni lu tò amuri, e lu tò affettu,
Di modu chi nun cascu chiù in peccatu.
E mentri campu, campirò contentu.
Campu filici, e poi moru beatu !

Viens, viens, petit Jésus, car je t'attends. — Viens et établis ta demeure dans ce méchant cœur. — Donne-moi ton amour, donne-moi ta dilection, — De telle sorte que je ne tombe plus jamais dans le péché. — Avec cela, tant que je vis, je vivrai content, — Oui, je vis heureux, et puis je meurs bienheureux !

Dans cette strophe se trouvent résumés tous les enseignements de Carmela à son fils. Aimer Jésus ; par amour pour lui, et avec son secours fuir le péché; dans l'amour de Jésus et dans la pureté de l'âme se trouvent la vraie joie de la vie et le vrai bonheur de la mort.

Dans cette strophe aussi se trouve résumée la vie toute entière de notre Bienheureux. O candide enfant ! Celui qui aime les petits et les humbles a entendu ta naïve prière. Il établira en toi sa demeure. Tu garderas jusqu'à la mort la blanche robe de ton baptême. Dans le martyre volontaire de tes effrayantes austérités tu seras vraiment heureux ; et rien ne pourra troubler ta sérénité. Arrivé au terme, tu mourras bienheureux. La joie dans le cœur, le nom de ton Jésus sur les lèvres, tu exhaleras ton âme dans un doux sourire !

Justement craintive pour l'âme de son enfant, comme toutes les mères pieuses, Carmela n'avait cessé de dire au petit Jacques-Antoine qu'il ne devait pas aller avec les autres enfants sans la permission et la surveillance de ses parents. « Autrement, lui disait-elle, tu pourrais t'exposer à offenser le bon Dieu et à commettre des péchés. » Et ces mots :

offense de Dieu, péché, faisaient frissonner de peur le doux et candide enfant ! S'exposer à offenser Dieu, c'était s'exposer à perdre sa grâce, à perdre le contentement de la vie et la sécurité de la mort. Ah ! plutôt tout souffrir, plutôt mourir mille fois que d'offenser Dieu.

On le voyait avec édification accompagner le Très-Saint-Sacrement lorsque le prêtre le portait aux malades. Un peu plus grand, à l'exemple de son père, il se confessait et communiait chaque semaine. Pour honorer la douloureuse Passion du Sauveur et en ressentir quelque part, imitant sa mère, il jeûnait au pain et à l'eau les vendredis de mars. Il s'imposait la même pénitence aux vigiles des fêtes solennelles de l'immaculée Mère de Dieu et à certains samedis. Tous les jours, il récitait pieusement une partie du saint Rosaire, et il demandait avec instance à Marie de lui obtenir que son âme fût préservée de toute souillure.

Après Marie, sa bonne et tendre Mère, il honorait d'un culte spécial le prince de la milice céleste, l'archange saint Michel, son bon ange gardien, le grand saint Joseph, le séraphique père saint François, l'apôtre saint Jacques et saint Antoine dont il portait les noms.

Il n'oubliait pas les pauvres âmes du purgatoire et offrait pour elles ses ferventes prières et les prémices de ses pénitences.

On se demandera peut-être si le jeune Jacques-Antoine fut envoyé aux écoles, et s'il reçut dans son enfance quelque enseignement littéraire. Ses biographes sont absolument muets sur ce point, et les volumineux *Actes* du procès n'en font mention nulle part. Dans ces *Actes*, il est parlé des prières du Bienheureux, de son héroïque charité, de ses vertus admirables, de ses miracles ; nulle part il n'est parlé de ses lectures. On serait donc porté à croire qu'il n'en fit jamais, parce qu'il n'aurait eu en fait d'éducation que l'enseignement verbal de ses parents. Ce serait, si la chose était absolument sûre, un autre trait de ressemblance entre notre Bienheureux et son glorieux devancier et illustre homonyme, saint Félix de Cantalice. Celui-ci non plus n'avait pas fréquenté les écoles ; il se vantait joyeusement de ne connaître en fait d'alphabet que cinq lettres rouges (les cinq plaies du Sauveur), et une belle *lettre blanche* (l'immaculée Mère de Dieu). Que Jacques-Antoine n'eut pas été envoyé à l'école, il n'y aurait rien d'étonnant. Les écoles dites *primaires* étaient alors assez rares, particulièrement dans les régions méridionales. Les populations, d'ailleurs, ne s'éloignant guère du sol natal, n'éprouvaient pas, comme aujourd'hui, le besoin d'une instruction plus ou moins compliquée. Elles connaissaient Dieu et leurs devoirs envers lui ; elles savaient comment on sauve son âme. Avec cela, elles n'ignoraient pas comment on gagne le pain de chaque jour ; cela leur paraissait suffisant ; elles ne demandaient et ne désiraient rien autre.

Il est rapporté cependant que, devenu religieux, le serviteur de Dieu conservait toujours dans sa pauvre cellule le livre de la *Règle franciscaine*, la *Conduite intérieure* du Capucin, et l'*Horloge de la Passion* de Notre-Seigneur. Ceci indiquerait qu'il savait lire, car cet amant passionné de la pauvreté n'eût certainement pas gardé dans sa cellule un objet quelconque, s'il lui eût été complètement inutile.

Mais si l'on peut supposer que le serviteur de Dieu savait lire, il demeure établi qu'il ne sut point écrire. L'acte de *protestation* qu'il dût faire avant sa profession, et l'acte lui-même de sa profession n'ont pas été écrits par lui, et ne sont signés que par une simple *croix*. (*V. aux documents n° 1.*)

Quoi qu'il en ait pu être de sa connaissance des lettres, notre Jacques-Antoine était grandement avide de ce qui pouvait lui donner la seule vraie science. Pour rien au monde, les dimanches et fêtes, il n'eût manqué à l'instruction chrétienne donnée sous forme catéchistique, et à l'explication du saint Evangile : et il écoutait de toute son âme ces deux prédications.

Ces jours-là, il multipliait ses visites aux églises, et ses stations devant le tabernacle où on lui avait appris que résidait notre Sauveur. La naïve tendresse de sa piété aux pieds du divin Maître était vraiment touchante. L'expression de ses traits et son maintien faisaient penser aux anges adorateurs.

L'ardent amour dont il brûlait pour son Dieu n'avait pas altéré l'affection qu'il portait à ses parents. Jamais il ne serait sorti de la maison paternelle sans leur permission. Et toujours, soit avant de sortir, soit en rentrant, il s'approchait d'eux affectueusement pour leur baiser la main et recevoir d'eux une caresse et une bénédiction.

Philippe Amuruso n'avait jamais songé pour son fils à un autre état que celui qu'il exerçait lui-même ; Jacques-Antoine avait à peine six ans et déjà il travaillait dans l'échoppe de son père et apprenait de lui les premiers éléments du métier. Lorsqu'il fut un peu plus grand ses parents le placèrent chez un maître cordonnier, nommé Jean Ciavirella. Deux motifs avaient déterminé ce choix. Ciavirella était un maître habile, justement renommé ; son atelier était le plus occupé de tous les ateliers similaires de Nicosie ; à son école, l'adolescent apprendrait tous les secrets du métier. Maître Ciavirella était en outre un parfait honnête homme, loyal en affaires ; mieux que cela, c'était un bon chrétien, remplissant simplement mais très ostensiblement tous ses devoirs religieux ; la foi et les mœurs du jeune apprenti n'avaient rien à redouter près de lui.

La bonne renommée de la famille Amuruso et l'extérieur gracieux et modeste de l'adolescent firent accueillir favorablement celui-ci par le patron ; et Jacques-Antoine se montra dans l'atelier tel absolument qu'il avait été jusqu'alors sous le regard de ses parents : simple et ouvert, docile, doux et pieux.

En entrant dans l'atelier, le jeune apprenti saluait poliment son maître, et lui baisait la main, selon l'usage italien. Il allait ensuite s'asseoir un peu à l'écart, et demeurait la tête découverte par respect pour Dieu, partout présent. Le plus souvent il gardait un modeste silence et ne parlait que s'il était interrogé. Il acceptait, du reste, de bonne grâce, toutes les observations, ne boudait jamais à l'ouvrage, et s'y appliquait de son mieux.

CHAPITRE II.

L'Ouvrier chrétien

> *Adolescentulus sum ego, et contemptus; justificationes tuas non sum oblitus.* —
> Psal, 118, 141.
>
> Au milieu des périls de la jeunesse, et dans l'obscurité de ma condition, j'ai eu ce bonheur, ô mon Dieu, ne pas oublier vos saints commandements.

SOMMAIRE. — Le tableau du Très-Saint Sacrement.— *In ogni ora.* — L'adorateur. — Le chapelet à l'atelier. — L'heure des combats. — Les précautions. — La Communion du dimanche. — Le coton dans les oreilles. — Soit pour l'amour de Dieu. — La Confrérie des Capucinelli. — Premier miracle.

Maître Ciavirella admirait avec une satisfaction de jour en jour plus grande le sérieux, les bonnes manières et l'exactitude de Jacques-Antoine, en contraste avec le sans-façon et la légèreté juvénile de ses autres ouvriers. Il admirait la parfaite convenance de toutes ses paroles, la modestie de ses réponses, et sa douceur inaltérable lorsque ses compagnons de travail le mettaient à l'épreuve et cherchaient à l'agacer par quelque mauvais tour.

Dans l'atelier, au-dessus de l'étalage des chaussures terminées ou commencées, au-dessus des rayons garnis de fournitures diverses, on remarquait, appendue au mur, une grande image coloriée représentant le Très-Saint-Sacrement.

Le jeune apprenti prit occasion de cette image pour adopter une formule rhytmée de salutation, dont il se servait sans respect humain chaque fois qu'il entrait à l'atelier ou qu'il en sortait :

In ogni ora, ed in ogni momento,
Sia lodato il santissimo Sacramento !

A toute heure, et à tout moment,
Loué soit le Saint-Sacrement !

Pendant son travail, on le voyait porter fréquemment les yeux sur cette image. Et, dans ce regard où passait toute son âme, il envoyait au Divin prisonnier de nos tabernacles sa pensée et son cœur.

L'envoyait-on, comme étant le plus jeune, faire des courses au dehors ; au lieu de s'attarder, selon la coutume de ses pareils, à considérer les étalages et les curiosités, ou même les scandales de la rue, sauf à inventer ensuite une justification quelconque, notre modeste adolescent allait au plus vite, les yeux toujours baissés, s'acquitter de la commission dont on l'avait chargé. S'il passait devant une église, il y entrait, se prosternait, baisait le pavé, et, dans une rapide mais fervente prière, il s'unissait à son Sauveur.

La maison Ciavirella était assez proche du couvent des Capucins, et le son de leur modeste cloche arrivait clair et distinct dans l'atelier. Sur le soir, lorsqu'il entendait sonner complies : « Allons, disait Jacques-Antoine, allons, voilà ces bons Pères Capucins qui vont chanter l'office, disons le chapelet. » — Et, se jetant à genoux au milieu de l'atelier, tandis que ses camarades restaient assis, il commençait à haute voix, sans le moindre respect humain, la récitation de cette belle prière que les siècles nous ont transmise. La parole de l'adolescent était imprégnée d'une foi si sincère, son ton était si persuasif que nul de ces jeunes ouvriers n'eût osé se permettre alors une plaisanterie ; et tous répondaient aux saintes formules répétées par leur pieux camarade. La récitation commencée, Jacques, accrochant son chapelet à sa ceinture, se remettait à l'ouvrage. A la fin du chapelet, il tombait à genoux de nouveau. « En l'honneur de la très sainte et très douloureuse passion de Notre-Seigneur Jésus-Christ, » disait-il ; et il récitait un *Pater*, un *Ave*, un *Credo*.

La journée de travail terminée, au lieu de vagabonder de çà et de là, comme font la plupart des jeunes ouvriers à leur sortie de l'atelier, Jacques-Antoine regagnait au plus vite la maison paternelle. S'il rencontrait sur son chemin des pauvres et des affligés, il ne pouvait s'empêcher de leur témoigner la plus tendre compassion. Généreusement, il leur faisait part, pauvre lui-même, de ses chétives provisions et de ses modiques ressources. Il les défendait contre l'insolence des mauvais drôles, et, au besoin, il les accompagnait jusqu'à leur demeure, en leur adressant de douces paroles.

Rentré près de ses parents, il s'offrait gracieusement à leur être utile, soit en faisant pour eux quelque course, soit en les aidant aux choses de la maison. N'avaient-ils rien à lui commander, il se retirait près de son petit oratoire, orné de fleurs et de modestes lumières, et il s'adonnait à la prière et aux saintes réflexions. Il les entremêlait des chants pieux et naïfs que sa mère lui avait enseigné. Et, bien longtemps dans la soirée, on l'entendait répéter à demi-voix sa strophe chérie :

Veni, veni, Gesuzzu, chi ti aspettu!.....

Viens, viens, petit Jésus, car je t'attends, viens... donne-moi ton amour, donne-moi ta dilection !.....

Cependant les années avaient succédé aux années; l'apprenti était devenu un habile et vaillant ouvrier ; Jacques-Antoine n'était plus un frêle adolescent; c'était maintenant un robuste et beau jeune homme. Il comprit alors toute la vérité de cette parole si souvent entendue par lui dans les prédications : « Que la chair tend à s'assujettir l'âme. » (*Galat*, v. 17). — Loin de se décourager et de laisser son zèle se ralentir, il s'adonna aux choses de la piété avec une nouvelle ardeur. L'heure des grands et sérieux combats avaient sonné pour lui ; il ne laissa pas tomber ses armes. Ses méditations devinrent plus longues, ses prières plus humbles et plus ferventes. Tous les jours, avant d'aller à son travail, il assistait à une messe matinale, et, tous les dimanches, on voyait le jeune ouvrier à la Table sainte, réclamant le pain des forts, l'aliment des vierges.

Il se préparait avec grand soin à cette communion hebdomadaire, et, d'ordinaire, le samedi soir, il demandait à quitter l'atelier un peu de meilleure heure, pour avoir plus de temps à donner à ses exercices de piété.

« En même temps, dit un de ses biographes, il veilla avec plus d'ardeur que jamais à la garde de ses cinq sens. »

On a déjà vu quelle était la réserve de ses regards ; cette réserve devint encore plus stricte, parce que le jeune homme sentait son imagination plus inflammable.

L'atelier de Maître Ciavirella était, on l'a vu, un atelier chrétien. Mais le maître n'était pas toujours là ; les ouvriers étaient jeunes pour la plupart ; et parfois, en l'absence du maître, ils se permettaient soit un récit, soit une plaisanterie peu convenables. Parfois aussi venaient à l'atelier des étrangers à la parole trop libre et auxquels on ne pouvait pas toujours imposer silence.

Lorsque pareille chose était à redouter, notre jeune ouvrier se bourrait de coton plein les oreilles, et se mettait ainsi dans l'impossibilité d'entendre soit les paroles à double sens, soit les récits qui peuvent souiller l'âme en surexcitant l'imagination.

Si, parfois, malgré les précautions prises, il lui arrivait d'entendre quelque parole malséante, sa physionomie se revêtait d'un tel aspect de tristesse que les mauvais plaisants perdaient toute envie de continuer. Ses camarades alors le traitaient de scrupuleux, de cerveau fêlé. Il les laissait dire et ne répondait rien ; ou bien il répondait simplement par cette formule qu'il avait apprise de quelque Frère Capucin : *Sia pri l'amuri di Diu!* (Soit pour l'amour de Dieu!)

Est-il besoin d'ajouter que Jacques-Antoine sut toujours se tenir en garde contre tous les entraînements de la camaraderie? Jamais il ne prit part à ces libations que se permettent, surtout le dimanche, les jeunes ouvriers, sous prétexte de se délasser des travaux de la semaine. Jamais on ne le vit dans ces réunions dissipées, et souvent hélas ! dangereuses où se rencontrent jeunes gens et jeunes personnes.

On remarqua même que Jacques-Antoine, toujours cependant si tendre, si affectueux pour tous les siens, devenait plus réservé à l'égard de ses jeunes sœurs et jouait moins familièrement avec elles.

Inspiré et conduit par son père, Jacques-Antoine s'était enrôlé de bonne heure dans l'association de Notre-Dame des Miracles. Cette association, fondée par les Pères Capucins sous le patronage de Marie immaculée et du séraphique Père saint François, se réunissait dans leur église ; par ces motifs, on l'appelait vulgairement : la Congrégation des *Petits-Capucins* (de' Cappuccinelli). Très assidu aux réunions de la confrérie, ardent à mettre en pratique tout le bien qu'il y apprenait ou qu'il y voyait, notre fervent jeune homme ne tarda pas à devenir le modèle de tous les associés. Devenu religieux sous le nom de Frère Félix et placé au couvent de sa ville natale, le pieux associé n'oublia pas cette chère confrérie de Notre-Dame des Miracles. Il s'intéressait à tous les associés, les visitait dans leurs maladies et leur rendait en toute occasion tous les services qu'il pouvait.

Dieu, pour faire resplendir la vertu de son fidèle serviteur, attendra-t-il que celui-ci ait vieilli dans le cloître et blanchi sous le joug?.... Voici ce que des témoins dignes de toute créance ont déposé sous la foi du serment au procès de béatification :

Un des ouvriers de Maître Ciavirella terminait un jour une chaussure. Distrait par un bruit du dehors, il fait un faux mouvement, et son tranchet, s'enfonçant dans l'empeigne déjà cousue, y fait une large entaille. Hors de lui, au lieu de s'en prendre à lui-même et à sa distraction, l'ouvrier lance à terre la pauvre chaussure, en proférant des jurons épouvantables, entremêlés d'odieux blasphèmes. Tout pâle et tout tremblant d'entendre outrager le nom de son Dieu, Jacques-Antoine relève en silence la chaussure détériorée. Il passe sur le cuir déchiré ses doigts humectés de sa salive; puis replaçant doucement l'objet sur les genoux de son camarade : « Pour Dieu, dit-il, pour la Vierge immaculée, ne blasphème plus, vois ce que Dieu vient de faire pour toi ! » — L'entaille avait complètement disparu ! Au contact de cette main virginale, et des sucs de cette bouche qui n'avait jamais su que prier et bénir, les bords de la déchirure s'étaient rejoints et si bien recollés l'un à l'autre qu'on n'apercevait plus la moindre trace de l'accident... Un grand silence suivit le fait que nous venons de dire ; Jacques-Antoine s'était tranquillement remis à son ouvrage, mais tous dans l'atelier regardaient avec des yeux étonnés ce compagnon de dix-huit ans, dont les mains opéraient des prodiges : Et le bruit se répandit dans Nicosie que le fils d'Amuruso, le pauvre savetier, était un grand ami de Dieu.

CHAPITRE III.

Le Novice.

Quis mihi dabit pennas sicut columbæ, et volabo et requiescam. Ecce elongaoi fugiens. Psal. 54, 7.

Oh! qui me donnera des ailes comme à la colombe, et je volerai vers le lieu de mon repos. Voici qu'enfin j'ai pu quitter le monde et m'enfuir.

SOMMAIRE. — Le calme après la victoire. — Mort de Philippe et de Carmela. — Vocation. — Refus. — Huit ans d'épreuves. — Admission. — Les adieux. — Le noviciat de Mistretta. — La vêture. — Les trois règles de perfection. — L'année du noviciat. — La Profession. — Sainte indifférence.

Jacques-Antoine avait subi la lutte, et il en était sorti victorieux; c'était justice qu'il jouit de la paix que donne la victoire. Aussi, sur les traits de cet aimable jeune homme, se reflétaient perpétuellement la sérénité et une joie douce et calme. C'était vraiment la joie dans le Seigneur, cet héritage permaneut des vrais enfants de Dieu ; aucun fâcheux accident ne pouvait la lui ravir. A vrai dire, il n'y avait pas pour lui d'accident fâcheux, car il considérait tout ce qui lui arrivait comme une sage et miséricordieuse disposition de la Providence divine.

Il avait atteint sa dix-neuvième année, lorsqu'il vit mourir presque coup sur coup ses bons et pieux parents. Dans son immense douleur, il baisa amoureusement la main de Dieu qui dirige toutes choses, et les dispose pour notre plus grand bien. Il pleura son père ; il pleura la douce et sainte Carmela, car il les avait toujours tendrement chéris. Mais il donna à leur mémoire bien plus de prières que de larmes ; et c'est ainsi qu'il leur témoigna son intime reconnaissance et son filial et profond amour.

Les pensées du jeune homme avaient été, dès son enfance, dirigées vers le siècle futur; la mort de ses parents acheva de le détacher du siècle présent. De tout temps, il s'était senti attiré vers la vie religieuse, mais plus particulièrement vers l'Ordre des Capucins, dont il fréquentait assidûment l'église. La simplicité toute évangélique, la vie pénitente et régulière des religieux avec lesquels il avait été en rapport, répondaient pleinement à l'idéal qu'il s'était fait de la vie religieuse.

A ces motifs principaux devaient sans doute s'adjoindre les suivants. Depuis une soixantaine d'années, la Sicile entière retentissait du nom, des vertus héroïques et des miracles sans nombre de Fr. Bernard de Corléon, capucin, mort en 1669. Sa *cause* déjà introduite devait être terminée bientôt par Clément XIII, et tous les siciliens se réjouissaient déjà de la béatification prochaine du serviteur de Dieu. Or, Fr. Bernard de Corléon, fils d'un cordonnier, avait exercé dès son enfance et jusqu'à la mort de son père, cette même profession à laquelle notre Jacques-Antoine avait été formé par son père, le savetier Amuruso. En outre, en ce même temps et depuis bien des années déjà, le B. Crispino de Viterbe, charmait Rome et toute la Péninsule par la joyeuse candeur de son âme, et par l'expansion naïve de sa dévotion toute filiale envers la Vierge Marie. D'étonnants prodiges marquaient chacun de ses pas ; et la renommée de cet illustre Capucin avait dû certes franchir le détroit et trouver un écho dans tous les couvents de la Sicile. Or, Fr. Crispino, lui aussi avant d'entrer dans l'Ordre, bien qu'il eût fait certaines études, avait exercé plusieurs années sous les ordres d'un oncle, la profession de cordonnier. Toutes ces similitudes de situation étaient bien de nature à attirer aussi le jeune et vertueux ouvrier cordonnier de Nicosie.

L'attrait qui sollicitait Jacques-Antoine progressant de jour en jour, ses pensées devinrent plus précises ; il demanda à Dieu sa lumière, et plus il priait, plus sa vocation à l'Ordre des Capucins devenait évidente pour lui.

En toute simplicité, il soumit au directeur de sa conscience ses désirs et les motifs de son choix, et le sage directeur ne put que constater l'appel de Dieu.

Jacques-Antoine avait vingt ans. Fort de l'assentiment de son confesseur, il se présenta aux supérieurs de l'Ordre et leur demanda humblement d'être admis au noviciat. La bonne renommée du jeune homme, l'humilité de son attitude, le rayonnement de sa pureté angélique devaient, certes, plaider en sa faveur ; et pourtant les supérieurs rejetèrent sa demande ! Quelle épreuve pour ce cœur si fortement persuadé de la vérité de sa vocation ! Quel parti prendre après ce refus catégorique, et, en apparence, irrévocable ? Tout autre à sa place se fût découragé, ou se fût dirigé vers un autre Ordre. Mais ceux qu'anime l'esprit de Dieu savent attendre et patienter. Ce qui n'arrive pas aujourd'hui peut arriver demain ; ce qui apparaît impossible à l'heure présente, peut se réaliser dans un prochain avenir. Ainsi raisonna notre pieux jeune homme. Attristé, mais non découragé, il se mit résolument à pratiquer, autant que possible, en son particulier, toutes les austérités de l'Ordre auquel il se sentait appelé : jeûnes, disciplines, coucher sur la dure, lever de la nuit, longues oraisons et séparation complète d'avec le monde.

Il était d'usage en ces temps-là dans tous les Ordres religieux de demander aux postulants une petite somme pour couvrir, au moins en partie, les frais de vêture et d'entretien pendant le noviciat. Jusqu'au jour de leur profession les sujets étant libres de retourner dans le siècle, on estimait qu'ils ne devaient être une charge ni pour l'Ordre, ni pour les bienfaiteurs. Informé de cela, Jacques-Antoine, malgré le refus des supérieurs, commença à mettre en réserve quelque chose de son modeste gain, pour se former ainsi peu à peu le pécule nécessaire.

Bien des fois il renouvela ses instances auprès des supérieurs ; mais hélas ! toujours inutilement. Huit ans se passèrent ainsi.

Ainsi avait été traité, deux siècles auparavant, saint Félix de Cantalice ! Pourquoi les supérieurs agirent-ils de la sorte? Avaient-ils surabondance de sujets ? n'estimaient-ils pas suffisamment désintéressée la vocation de ces deux jeunes gens appartenant à la classe des travailleurs ? Rien ne nous indique le mobile qui les guida dans ces deux circonstances. Toujours est-il que pendant huit ans nos deux héros ne cessèrent de s'offrir à l'Ordre ; et pendant huit ans l'Ordre s'obstina à les repousser.

En ce qui concerne notre Bienheureux, nous ne pouvons nous expliquer les refus des supérieurs qu'en remontant à Dieu sans la permission duquel rien n'arrive, et qui ne permet rien sans de grands desseins de miséricorde. Dieu voulait sans doute laisser le saint jeune homme quelque temps encore dans le siècle, pour que ses paroles et surtout ses exemples exerçassent sur tous ses concitoyens, particulièrement sur la jeunesse, un saint et fécond apostolat. Il voulait par ces refus l'enraciner plus profondément dans cet esprit de patience, d'humilité et d'abnégation qui devait plus tard resplendir si merveilleusement en lui et devenir comme la note caractérisque de sa sainteté. Quant à lui, n'attribuant qu'à son indignité personnelle les refus dont il était l'objet, il s'efforçait de devenir de jour en jour plus pieux, plus mortifié, plus pur, plus détaché du siècle, plus digne en un mot d'être admis dans la famille franciscaine. En cela du reste, comme en toute autre chose, il s'abandonnait pleinement à la sainte volonté de Dieu.

Enfin l'heure arriva où devait être couronnée la longue attente de Jacques-Antoine. Dans l'été de 1743, le Provincial des Capucins vint visiter le Couvent de Nicosie. Jacques alla de nouveau se jeter à ses pieds et le supplia en termes plus émus que jamais de vouloir bien enfin lui ouvrir les portes de cet Ordre où Dieu l'appelait.

— « Mon Père, lui disait-il avec larmes, je veux sauver mon âme, et aimer uniquement le bon Dieu. » — Le Père Provincial fut touché ; il s'informa ; tous les religieux rendirent unanimement le meilleur témoignage aux vertus et à l'éclatante piété du postulant ; et le Père Provincial envoya à celui-ci, selon l'usage du temps, une lettre d'obédience pour le noviciat de Mistretta.

Lorsque Jacques-Antoine reçut ce témoignage authentique de son admission, il le baisa avec transport et l'arrosa de larmes brûlantes ; il lui semblait vraiment avoir reçu un passeport assuré pour le ciel.

Dès l'âge de vingt ans, on l'a vu, le jeune homme avait commencé à s'amasser le petit pécule réclamé d'ordinaire pour l'entrée en religion. Mais, en présence des refus continuels de l'Ordre, il n'avait pu se résoudre à garder indéfiniment par devers lui une somme d'argent, si modique put-elle être. Se reposant pleinement en Dieu de son avenir, il avait donné son pécule à Notre-Seigneur, en la personne de ses pauvres ; et lorsqu'enfin il fut admis, il ne lui restait à peu près rien. Mais sa confiance ne fut pas trompée. Maître Ciavirella, son patron, mis au courant de la situation, et sûr de la persévérance de son ouvrier, lui donna généreusement la somme nécessaire, lui réclamant en retour son souvenir devant Dieu.

Bientôt Jacques-Antoine eût pris congé de sa famille et de tous ceux avec lesquels il avait été en relations. Mais, avant de quitter l'atelier de Maître Ciavirella, il demanda humblement pardon et au patron et à chacun des ouvriers des peines qu'il s'imaginait leur avoir causées. Et ces derniers, qui n'étaient pas tous sans reproches à son égard, furent touchés jusqu'aux larmes de cet acte sincère d'humilité. Ils ne purent oublier leur pieux compagnon de travail ; et, plus tard, lorsque le serviteur de Dieu eût acquis la réputation d'un saint, les anciens de l'atelier racontaient aux apprentis ce qu'ils avaient vu d'admirable en lui quand il était avec eux. — « J'ai fait mon apprentissage de cordonnier, dépose Carmelo Granata, sous Maître Nunzio Ciavirella, neveu et successeur de Jean Ciavirella, patron du serviteur de Dieu. Maître Nunzio qui avait longtemps travaillé avec ce dernier, nous parlait souvent de son silence, de son application au travail, de sa patience angélique, et il nous montrait avec respect la place solitaire où il se tenait d'ordinaire. « C'est là, nous disait-il d'une voix émue, que s'asseyait ce grand serviteur de Dieu. »

Tout étant réglé, Jacques-Antoine partit d'un pas alègre pour Mistretta ; et après le temps ordinaire de postulance, il fut revêtu du saint habit de l'Ordre, le 10 octobre 1743.

En même temps qu'il était revêtu pour la vie des livrées franciscaines, le novice recevait le nom de Frère Félix, sous lequel nous le connaîtrons désormais. Ce nom devait lui rappeler sans cesse qu'il avait à prendre pour modèle dans sa nouvelle carrière saint Félix de Cantalice, et unir comme lui la prière à l'action.

Le gardien du couvent de Mistretta, qui remplissait en même temps les fonctions de Maître des novices, était le Père Michel-Ange de Mistretta, homme d'une grande intelligence et d'un rare discernement des âmes. Ses mérites le firent élever plus tard à la charge de Provincial, pour laquelle il fut ensuite trois fois réélu. Un tel homme eût vite compris que l'Ordre avait acquis un grand trésor en la personne du nouveau Frère Félix.

En ce même temps, se trouvaient au couvent de Mistretta des sujets d'une haute vertu. Plusieurs des novices, compagnons du serviteur de Dieu, illustrèrent plus tard la famille Capucine par des actes héroïques et des miracles avérés.

Parmi les religieux profès, on en remarquait alors plusieurs très avancés dans la perfection. Il suffira de mentionner ici le Père François-Marie, le Frère Benoît de Mistretta et le Père Jean Volpe, surnommé le *Jeune*, pour le distinguer d'un autre Père du même nom. Ce grand serviteur de Dieu mourut le 23 août 1743, en grand renom de sainteté, et après avoir opéré des prodiges. Doué du don de prophétie et de l'intuition des cœurs, il révélait parfois à ses interlocuteurs leurs plus secrètes pensées avec une étonnante précision. La voix publique lui attribuait, entr'autres miracles, la résurrection de deux enfants.

Frère Félix avait donc sous les yeux d'admirables exemples de perfection ; et il était lui-même sous les yeux de religieux consommés en vertus. Pour avancer sûrement dans la sainteté il se fixa tout d'abord trois règles ou principes, desquels il ne s'écarta jamais.

Sa première règle fut de détacher de jour en jour davantage son cœur de toutes les choses terrestres pour l'occuper uniquement de Dieu. En lui, l'action et le repos, les pensées et les affections, la volonté et les désirs, tout devait être pour Dieu. Et non-seulement il dirigeait vers ce but suprême, ses pénitences, ses prières, et les travaux que lui imposait l'obéissance ; mais les actions même indifférentes en elles-mêmes, telles que le boire et le manger, et le délassement de la récréation, devenaient pour lui autant d'exercices d'amour de Dieu.

Sa seconde règle fut de s'estimer en tout temps

peu de chose, de s'humilier en tout, et d'aimer de cœur les mépris et les humiliations. Méditant un jour sur les humiliations que le Sauveur a endurées dans sa Passion, il s'engagea à ne jamais répondre quoi que ce soit aux reproches, aux admonestations, ou même aux injures, de quelque part qu'elles lui vinssent. Pour se rappeler sans cesse son engagement, il résolut de porter habituellement dans sa bouche un petit caillou, à l'exemple du Bienheureux Bernard de Corléon, capucin et sicilien aussi. Il le porta pendant seize ans continus et ne le déposa que lorsqu'il fut devenu absolument insensible à tout ce qui humilie la nature. Ceci nous montre, observons-le en passant, que les Saints, de quelques grâces qu'ils aient été prévenus, ne sont pas dispensés de lutter contre eux-mêmes, et qu'ils ne parviennent aux sommets de la perfection que par des efforts persévérants.

Le Père Maître des novices, avec son grand discernement, voyant Félix merveilleusement apte à la perfection, ne craignait pas de l'humilier de toutes façons, tant en public qu'en particulier. Il trouvait à redire à tout ce que faisait le novice ; il lui infligeait sans cesse, et plus souvent qu'aux autres, ces pratiques d'humilité et de pénitence en usage dans les noviciats. « Frère Propre-à-rien, lui disait-il, vous ne serez jamais qu'un embarras. » L'humble Félix acceptait tout pour l'amour de Dieu. Sans jamais se décourager, ni même se laisser troubler. Il reconnaissait son incapacité et son inutilité ; mais il suppliait qu'on voulût bien, pour l'amour de Dieu, le supporter, lui, *pauvre chétif;* c'est ainsi qu'il se désigna jusqu'à la fin de ses jours.

Sa troisième règle fut de se mortifier en toutes choses pour devenir plus semblable à Jésus-Christ crucifié. Toutes les pratiques austères en usage dans l'Ordre étaient un bonheur pour lui ; et sans cesse il suppliait le Maître des novices de lui permettre des pratiques particulières de pénitence. Mais ce dernier, observant que Félix avançait continuellement dans la vertu, et que les travaux les plus pénibles et les plus absorbants n'empêchaient nullement l'union de son cœur avec Dieu, ne lui accordait que bien rarement la permission désirée. L'humble novice se soumettait sans mot dire ; et jamais la passion des austérités ne put lui faire transgresser la parole de l'obéissance.

L'obéissance ne put toutefois empêcher qu'on ne vit se dessiner très nettement en Fr. Félix, dès les jours de son noviciat, cet esprit d'austérité qui deviendra le trait principal de sa vie. Il connaissait, on vient de le voir, la vie de son compatriote le B. Bernard de Corléon, mort soixante-dix ans auparavant ; sur cette vie il voulait calquer sa sienne. Or la caractéristique de ce fervent religieux avait été la pénitence poussée jusqu'à des excès affrayants. Fr. Bernard, il est vrai, avait été pécheur ; il voulait expier. D'un tempérament fougueux auquel il avait trop accordé dans le siècle, il voulait mâter sa chair et la réduire absolument en servitude. Ses historiens nous apprennent qu'assailli à une époque de sa vie religieuse par de violentes tentations, pour en triompher il passa jusqu'à trente nuits consécutives sans sommeil, debout devant le tabernacle. Toujours est-il qu'on vit alors bon nombre de religieux siciliens, enthousiasmés par les exemples récents de leur compatriote, se lancer généreusement dans la voie d'une pénitence héroïque. Au premier rang de ces amants de la Croix, nous apparaissent le Vén. Fr. André de Burgio, mort à Palerme, en 1772 ; et notre B. Félix.

Ce dernier avait un tel désir d'être immolé à Dieu par les vœux solennels, que lorsqu'il parlait de sa profession prochaine ses yeux semblaient lancer des flammes, son visage se transfigurait. « Appartenir à Dieu corps et âme, s'écriait-il, oh ! quel bonheur ! Et quel honneur ! » Et en disant cela, il paraissait près d'entrer en extase.

Et Dieu répandait chaque jour plus largement ses dons sur son fidèle serviteur. Et celui-ci progressait visiblement dans l'amour de Dieu et dans la sainteté. Et le Maître des novices ainsi que les fervents religieux observaient, attendris, ce novice en lequel resplendissaient merveilleusement l'esprit d'oraison et de pénitence, la mansuétude et l'humilité. Et ils bénissaient Dieu qui donnait à leur Ordre une si belle âme.

Pendant l'année du noviciat, on vit plusieurs fois Fr. Félix ravi en Dieu, le visage tout rayonnant. Une fois aussi, après la sainte Communion, on le vit élevé d'une palme au-dessus du sol.

A l'expiration du temps d'épreuves, à l'unanimité et à la grande joie de tous, Fr. Félix fut admis à la profession solennelle. Il prononça ses vœux le 10 octobre 1744, vers les dix heures du matin, après la sainte Messe à laquelle il avait communié. Touchant usage que nous trouvons dans beaucoup de communautés religieuses : l'âme se consacrant sans réserve et sans retour au Sauveur qui vient de se donner à elle par la sainte Communion !

Pendant cette cérémonie, l'attitude du nouveau profès, l'expression de ses traits, le feu de son regard, les larmes qui ruisselaient de ses yeux, émerveillaient et attendrissaient les assistants.

A dater du jour de sa profession, Fr. Félix, selon la recommandation de notre séraphique Père, ne se considéra plus sur la terre que comme un pèlerin et un étranger. Toutes ses aspirations ici-bas étaient pour le ciel, où il habitait déjà par ses désirs ; le reste lui était absolument indifférent. Il n'éprouva donc ni satisfaction ni déplaisir lorsque les supérieurs lui donnèrent l'obédience pour le Couvent de Nicosie, sa ville natale.

Arrivé dans sa patrie, où s'était écoulée sa vie jusqu'à l'âge de vingt-huit ans, et qu'il n'avait quittée que depuis seize mois à peine ; il n'y visita absolument personne, pas même sa sœur ou ses proches parents. Quelques-uns de ses anciens amis ou compagnons de travail, apprenant son retour, vinrent le visiter. Il se présenta à eux les yeux modestement baissés, les mains dans les manches; et après un court échange de paroles courtoises, il prit humblement congé d'eux.

Une telle indifférence pour tout ce qui est de la terre, un oubli si complet du passé, fit l'admiration même des religieux les plus anciens et les plus avancés dans la vertu.

CHAPITRE IV

Le Directeur sévère.

Susceperunt me sicut leo paratus ad prædam, et sicut catulus leonis habitans in abditis. — Psal. 16, 12.

Ils m'ont guetté comme le lion toujours prêt à bondir sur sa proie; comme le petit du lion qui se cache pour mieux surprendre.

SOMMAIRE. — Le Couvent de Nicosie. — Sainte-Marie des Miracles. — Le P. Jean-Marie de Geraci. — Le P. Macaire de Nicosie. — Fra Scontento. — Soit pour l'amour de Dieu. — Le pèlerin de la Mecque. — Le dîner interrompu. — Qu'il attende! — Les grandes récréations. — Ballate più piano. — Le manteau rouge. — Fr. Mansuet. — Explication nécessaire. — Le directeur dirigé. — Le portrait.

Il peut paraître étrange que les supérieurs aient placé le nouveau profès, au sortir du noviciat, dans cette même ville de Nicosie où sa vie toute entière s'était écoulée dans les labeurs d'une humble profession, où il avait des parents, des amis, où par conséquent il pouvait être exposé par des visites fréquentes, par des rapports de camaraderie, à perdre quelque chose de sa ferveur.

Mais les supérieurs n'agirent point inconsidérément ; ils savaient maintenant de science certaine que l'enfance, l'adolescence et la jeunesse de Jacques-Antoine Amuruso avaient été non-seulement irréprochables, mais singulièrement édifiantes. Ils savaient que bien avant son entrée dans la vie religieuse, le jeune ouvrier était considéré comme un grand ami de Dieu ; ils étaient donc sûrs que son retour au milieu de ses compatriotes, sans danger pour lui, serait un immense avantage pour tous. De fait, on verra Fr. Félix exercer un véritable apostolat dans sa ville natale.

Le couvent de Nicosie est le seul qu'ait habité Frère Félix depuis sa profession jusqu'à sa mort, c'est-à-dire pendant quarante-trois ans. En l'y envoyant, les supérieurs n'avaient sans doute pas l'idée arrêtée de l'y fixer pour toujours. Mais lorsqu'il y eut passé quelques années, il leur eut été bien difficile de le changer de résidence ; la population toute entière se serait soulevée pour conserver le serviteur de Dieu.

Cet heureux couvent avait été fondé en 1603, et son église avait été dédiée à Sainte-Marie-des-Anges. A la suite de quels faits ce titre primitif avait-il fait place, au moins dans le langage populaire, au titre de Sainte-Marie-des-Miracles ? Les historiens ne le disent pas. Toujours est-il que depuis bien des années l'église des Capucins était communément appelée : Sainte-Marie-des-Miracles.

Ce titre allait devenir encore plus vrai. Aux *Ave Maria* de Frère Félix, on verra les prodiges se multiplier, et dans l'ordre temporel, et dans l'ordre spirituel. La douce Reine du ciel pourra-t-elle refuser quelque chose à son fidèle serviteur? Une suite non interrompue de faits étonnants viendra rendre témoignage à une incomparable sainteté.

Avant Frère Félix, le couvent de Nicosie, depuis sa fondation, avait vu passer bien des religieux éminents en vertu. Un des plus remarquables avait été le P. Jean-Marie de Geraci, mort en 1696, avec les signes indubitables d'une haute sainteté. Pendant trois jours entiers avant la sépulture, son corps exposé s'était conservé frais et souple, et, au troisième jour, on avait fait jaillir de ses veines du sang en abondance. Quatre ans après, lorsqu'on le retira de la tombe pour le placer, selon l'usage, dans une niche du caveau, on le retrouva frais et vermeil. Il fut néanmoins placé dans la niche ; et, pendant près d'un siècle, il y demeura debout, sans être attaché ni soutenu par quoi que ce soit. Après lui, nous devons mentionner le P. François de Grattieri, grand contemplatif, qui consacrait ordinairement plusieurs heures à la célébration du saint sacrifice de la messe.

Pendant les quarante-trois ans que Frère Félix passa au couvent de Nicosie, il s'y trouva en divers temps plusieurs religieux d'une vertu consommée : le P. Nicolas ; Fr. Jean-Marie, clerc ; Fr. Michel

Ange; Fr. Paul, tertiaire. Mais Félix s'éleva au-dessus de tous en vertu et en réputation de sainteté.

Par quels degrés le serviteur de Dieu s'éleva-t-il à ces hauts sommets de l'ordre surnaturel? Qui le dirigea dans cette lutte incessante contre la nature déchue? De tous ceux qui, pendant quarante-trois ans, ont pu être les supérieurs et les directeurs de notre Bienheureux, un seul est nommé dans les *actes:* le P. Macaire de Nicosie. Pendant plus de trente-trois ans, ce religieux fut, tout à la fois, le supérieur et le confesseur de Félix ; et, par d'étranges procédés, il prit une grande part à la sanctification de l'humble Frère.

Le P. Macaire était issu d'une honorable famille bourgeoise de Nicosie ; avant d'entrer dans l'Ordre, il avait suivi avec succès, tout le cours des bonnes études d'alors. Littérateur distingué, grand théologien, prédicateur éloquent, possédant à un haut degré le discernement des âmes, doué, avec cela, d'une belle prestance, le P. Macaire imposait le respect et inspirait la confiance. Bon nombre d'ecclésiastiques et de bourgeois de la ville l'avaient choisi pour directeur. Ses mérites et les services rendus le firent élire définiteur de la province de Messine ; et, selon toute probabilité, il eût été élevé à la charge de Provincial. Mais, sur les conseils de Félix, comme on le verra plus loin, il préféra demeurer dans un rang plus humble.

Ce religieux si bien doué, environné de l'estime de ses confrères et de la confiance de ses compatriotes, se fit, de propos délibéré, et avec une indomptable persévérance, le bourreau de Frère Félix. Bourreau! oui certes, il le fut si l'on considère les choses au seul point de vue humain. Mais ayant bien vite discerné en Félix l'étoffe d'un Saint, le P. Macaire regarda comme un devoir pour lui, directeur et supérieur, de l'aider à se sanctifier. Et comme on n'arrive à la sainteté que par un continuel exercice de l'humilité, de la patience, de la soumission et de tout ce qui immole la nature, le P. Macaire entreprit de faire pratiquer sans relâche à Frère Félix, et d'une façon héroïque, ces sublimes vertus.

Jamais, au grand jamais, il ne lui parla avec douceur; mais toujours d'une voix rude, saccadée, et comme colère. Jamais il ne l'appela par son nom, mais par des sobriquets ridicules et blessants, tels que: Frère Misère, Frère Misérable, Frère Malgracieux, Frère Maladroit, Frère Mécontent. Ce dernier sobriquet fut le plus habituel, et, à la fin, presque le seul dans la bouche du supérieur, quand il parlait à Félix.

Tout endroit était bon au P. Macaire pour exercer l'humilité et la patience du pauvre Frère. Ainsi, lorsque Fr. Félix priait dans l'oratoire de l'Immaculée-Conception, le terrible supérieur venait parfois l'y relancer; et, avec de vives paroles, il l'envoyait dans sa cellule. Pourtant le lieu le plus ordinaire de ce martyre était la porte de la cellule du Père Gardien, située au milieu du grand corridor.

« Frère Mécontent! (*Fra Scontento!*) » criait le

supérieur d'une voix sévère. Aussitôt Félix, laissant toute occupation, accourait à la porte de la cellule du Gardien. Il se mettait à genoux, les yeux baissés, les mains dans les manches ou croisées sur sa poitrine ; et il attendait que le Père voulut bien lui adresser la parole.

Le P. Macaire, après l'avoir souvent fait attendre longtemps, commandait sèchement au Frère quelque travail. A peine celui-ci l'avait-il commencé que le Père le rappelait. « Mais non disait-il, Frère tête-dure, vous ne m'avez pas compris. Ce n'est pas cela que je vous ai commandé ; c'est telle autre chose. » Et ainsi de suite à diverses reprises. Puis, après l'avoir appelé à d'autres choses, il le gourmandait de n'avoir pas terminé celles qu'il lui avait commandées dabord. Il y aurait eu de quoi lasser la patience d'un ange ; mais Frère Félix n'avait jamais qu'une réponse : *Soit pour l'amour de Dieu!*

Souvent le Père l'envoyait au dehors pour des commissions en quelque quartier éloigné. A peine Félix était-il de retour, l'impitoyable supérieur l'envoyait immédiatement dans un autre quartier, pour des commissions souvent futiles ; et cela des trois et quatre fois de suite, par tous les temps, par le vent, la pluie, la neige ou la grande chaleur. Et cela, alors que Félix n'était déjà plus jeune et qu'il était tout usé par le travail et les années. Et chaque fois qu'il rentrait tout exténué de ses courses fatigantes souvent sans but, le P. Macaire trouvait à redire qu'il était resté trop longtemps. Il l'appelait : lâche, fainéant. Et le pauvre Frère ne savait que répondre : *Soit pour l'amour de Dieu!*

Et ce ne fut pas seulement un jour, ou pendant une période plus ou moins longue, ou à propos de certaines choses que Félix fut ainsi traité par son supérieur. C'était à propos de tout; et ce fut toujours. Jusqu'au dernier soupir du pauvre Frère, le P. Macaire ne se départit pas un seul instant de cette étrange manière de faire. Parfois, le Père allait dîner chez son frère, honorable habitant de Nicosie. Il prenait alors Frère Félix pour compagnon, et lui commandait de manger de ce qui lui serait offert. D'autres fois il l'envoyait avec d'autres religieux chez des amis du couvent, et lui commandait de prendre des mets qui seraient servis. Félix obéissait tout simplement. Puis, à la première occasion, le P. Macaire disait d'un ton méprisant devant toute la communauté : « Voyez-vous cet hypocrite de Frère Mécontent! avec nous, il a l'air de se mortifier; mais il faudrait le voir chez les bienfaiteurs ; comme il accepte les bons morceaux, comme il boit le bon vin ! Allez, hypocrite, allez vous cacher. Auprès des séculiers vous faites le naïf, vous vous posez en petit saint. Mais vous ne nous y prendrez pas, nous. Nous savons à quoi nous en tenir sur votre compte. » — Et Félix se hâtait de répondre : *Soit pour l'amour de Dieu!*

Un jour, Fr. Félix, absorbé sans doute dans ses méditations, n'entendit pas tout d'abord le signal du repas du soir. Il vint enfin au réfectoire, mais lorsque les religieux étaient déjà tous assis à leur place. Comme il entrait : — « Debout, tous, dit à haute voix le Père Gardien, voici le saint pèlerin qui vient de la Mecque ! » — Félix se prosterne, baise la terre en disant selon l'usage : *Soit pour l'amour de Dieu !* puis il va tranquillement s'asseoir à sa place. « Comment ! s'écrie le Père Gardien, avec toutes les apparences de l'indignation la plus vraie, comment, Frère Mécontent, après avoir dérangé les religieux, vous osez vous asseoir à table avec eux ! Prenez votre pitance et allez la manger à l'écurie ; c'est la place qui vous convient. » — Félix, sans laisser paraître la moindre émotion, baise la terre et s'en va à l'écurie. Peu après, le Père Gardien envoie un Frère voir ce que faisait Félix. Le messager revient et dit : « Il est à genoux en un coin de l'étable, et mange tranquillement sa pitance. » — « Allez l'appeler, » dit le Supérieur. — Comme Félix rentrait au réfectoire : — « Debout, tous, cria de nouveau le supérieur, voici notre pèlerin qui revient de la Mecque ! Quant à vous, Frère Mécontent, allez à votre place ordinaire, il ne faut pas qu'à cause de vous la sérénité des religieux soit troublée. »

Une autre fois, comme Félix relevait à peine d'une maladie assez sérieuse, survint une vigile en laquelle les religieux avaient coutume de jeûner au pain et à l'eau. Le Père Gardien commanda au Frère cuisinier de faire bouillir un pigeon, de préparer avec le bouillon une soupe de pâtes, et de servir ces mets à Frère Félix au réfectoire, avec ordre d'en manger.

L'heure du repas arriva ; et, après les prières d'usage, comme les religieux allaient se mettre à genoux pour manger leur morceau de pain, le Supérieur se tourna vers Fr. Félix. « Quant à vous, Frère Mécontent, comme vous êtes indisposé, vous irez vous asseoir à votre place ordinaire. » — Le Frère cuisinier apporta alors au pauvre Félix les mets préparés, et lui transmit l'ordre du Supérieur. Félix, toujours obéissant, se mit à dépecer le volatile, et il allait en manger, lorsque le Supérieur qui l'observait lui cria de sa voix la plus rude : « Frère Mécontent, glouton insatiable, que faites-vous ? Voilà cette honorable communauté de Pères et de Frères qui, à genoux, fait pénitence au pain et à l'eau ; et vous, pierre de scandale, tranquillement assis, vous mangerez à cette table un pigeon et des pâtes fines au grand étonnement de tous ! Allez, sortez du réfectoire ! » — Aussitôt l'humble Frère, sans répliquer un mot, plie sa serviette et se dispose à quitter le réfectoire. Mais comme, au lieu de s'en aller en longeant les bancs et le mur, il traversait le réfectoire au milieu des religieux agenouillés. — « Voyez-vous l'orgueilleux, cria le Supérieur, il veut montrer à tous comment il fait l'obéissance ! » — Quelques instants après, le Père Gardien envoya Fr. Mariano le chercher. « Venez, lui dit Frère Mariano, venez faire pénitence avec nous. » — Et Frère Félix revint tranquillement au réfectoire s'agenouiller à côté de ses frères.

Un beau jour de Pâques, le Père Gardien rendit

4.

Frère Félix responsable de quelques dégâts insignifiants commis par un chat ; il fit dîner le pauvre Frère à genoux, au pain et à l'eau.

Un jour, à la sépulture des Religieux, le Père Gardien fit étendre Félix sur des ossements qu'on venait de retirer d'une tombe ; puis il commanda à tous les religieux de lui poser le pied sur la poitrine ou même sur le visage. Pendant tout ce temps, le serviteur de Dieu demeura immobile et impassible. Il ne se releva que sur l'ordre de son supérieur, et en disant : *Soit pour l'amour de Dieu !*

Mais ce n'était pas seulement en présence de la communauté que le Père Macaire traitait ainsi Frère Félix. Jamais, même devant les séculiers quels qu'ils fussent : ecclésiastiques ou laïques, hommes faits ou jeunes enfants, jamais le Père ne se départit de sa manière de faire.

« Un jour, dit un témoin, j'étais allé me confesser au Père Macaire dans sa cellule. Après moi vint l'ecclésiastique Don Hyacinthe de Luca. Nous étions en train de causer tous trois, lorsqu'on frappa à la porte de la cellule. — « C'est Frère Félix, nous dit le Père Macaire. » — Et, haussant le ton, il cria d'une voix rude : — « Attendez-là. » Après un quart-d'heure d'entretien, nous voulions nous retirer pour ne pas faire attendre le Frère. Mais le Père Macaire haussant de nouveau la voix, cria plus durement encore : « Laissez-le donc attendre, il a bien le temps. » — Un moment après, sortant de la cellule du Gardien, nous trouvâmes à la porte le pauvre Frère à genoux, les yeux baissés, les mains dans les manches, avec une attitude si humble que nous en fûmes tout attendris. »

« Dans mon enfance, dit un autre témoin, je venais tous les jours au couvent des Capucins, avec d'autres enfants de mon âge ; le Père Michel-Ange de Nicosie nous faisait la classe. Or, un jour, je m'étais arrêté dans le corridor à considérer le saint Frère Félix. Il était assis sur un escabeau à la porte de l'infirmerie et raccommodait de vieilles sandales. Soudain le Père Macaire arrivant à l'improviste se mit à le gourmander d'une telle façon et avec de tels éclats de voix, que la peur me saisit, et je m'enfuis au plus vite, sans plus songer à la classe qui m'attendait. »

En ces temps d'une simplicité qui étonne notre siècle sérieux et compassé, en ces pays méridionaux principalement où les caractères sont plus expansifs, il était d'usage parmi tous les Ordres religieux sans exception, d'accorder quelques récréations extraordinaires aux religieux avant les principaux carêmes de règle. A certains jours, le Supérieur dispensait du silence au réfectoire ; puis quelques confrères égayaient l'assistance par des chants, par des récits, par des poésies déclamées, ou même par des tours d'adresse ; des bienfaiteurs étaient parfois admis à ces distractions naïves.

Très souvent en ces circonstances, le P. Macaire commandait à Fr. Félix de faire les frais de la récréation commune. Celui-ci ne savait qu'obéir.

Prenant au sérieux le rôle de plaisant qui lui était imposé, il cherchait à se rendre ridicule le plus qu'il pouvait. On le voyait alors apparaître au milieu du réfectoire, avec son habit attaché par des cordelettes aux chevilles et aux genoux, coiffé d'un vieux panier ou d'une méchante toque en papier, tenant en main un reste de balai, portant aux lèvres des moustaches postiches, un bandeau de couverture bariolée jeté sur ses épaules ou drapé en sautoir autour de son buste.

En cet équipage, il sautait et gambadait de son mieux, en chantant dans son dialecte sicilien quelque gracieuse chansonnette ; puis venaient les chants populaires en l'honneur de la Madone ou des Saints. Mais le chant qui revenait alors le plus volontiers sur ses lèvres était cette strophe naïve et touchante qu'il avait apprise sur les genoux de sa mère :

Veni, veni, Gesuzzu chi ti aspettu !....

Viens, viens, petit Jésus, car je t'attends !....

Quand il redisait ce couplet, c'était avec de tels accents qu'on s'attendait à le voir tomber en extase. Mais alors le Père Macaire l'interrompait brusquement. — « Voyez-vous, disait-il, cet hypocrite ! Avec ses cantiques, il veut nous faire croire qu'il est un saint. » — Et il le renvoyait durement à sa place, pour le rappeler l'instant d'après et lui commander de reprendre ses exercices.

« Voyez-vous notre petit saint ? disait d'autres fois le Père Macaire. Le voyez-vous comme il aime à faire voir qu'il est leste et qu'il chante bien ! Ah ! comme il est heureux et fier de faire valoir ses talents de société ! » — Dieu sait pourtant si le pauvre Frère éprouvait quelque plaisir à se trémousser comme il le faisait. Tout couvert qu'il était d'instruments de pénitence, autour du corps un horrible cilice qui lui mordait les chairs, aux bras et aux jambes des bandes armées de piquants, sur la poitrine des plaques garnies de pointes, il ne pouvait sauter et se contourner sans s'imposer un véritable martyre. Mais il était heureux de souffrir ; plus heureux, en souffrant, de faire l'obéissance.

Un jour de récréation où il se trémoussait plus que d'habitude, un de ses compatriotes, Frère Mariano de Nicosie, eût pitié de lui ; et, l'approchant, lui dit familièrement à demi-voix : « *Pays*, ne vous fatiguez pas tant. Sautez d'une façon plus calme. *Ballate più piano!* » — « Laissez-moi faire, repartit vivement Félix, laissez-moi faire, c'est pour faire enrager le diable. » — Et, tout en continuant ses gambades, il étendait le doigt vers un coin de la dépense, comme s'il y eût vu Satan en personne. Frère Mariano, sur le moment, n'attacha pas grande importance à cette parole du serviteur de Dieu. Mais un jour que celui-ci, sur l'ordre de son supérieur, reprenait au milieu du réfectoire ses exercices de gymnastique et de chant, on entendit partir du coin de la dépense un hurlement horrible. Tous ceux qui étaient présents en furent terrifiés, et la récréation fut un moment suspendue. Alors Frère Mariano se rappela la parole et le geste indicateur de son compatriote. Et tous comprirent que vraiment l'obéissance, la simplicité et la patience de Frère Félix devaient être insupportables au démon.

Parfois, lorsque le serviteur de Dieu était accoutré comme on vient de le voir, le Père Gardien lui commandait d'aller en ville en cet équipage. — « *Benedicite*, » disait le Frère. Et il partait. Lorsqu'il était dans la rue, le Père Gardien le rapelait en l'appelant : *tête à l'envers, cerveau fêlé*, etc... Et le Frère se hâtait de répondre : *Soit pour l'amour de Dieu!*

Mais laissons parler sur ce sujet un témoin oculaire.

« Barbier de profession, je travaillais étant adolescent chez un honnête patron de Nicosie, qui allait de fois à autre au couvent des Capucins pour couper les cheveux et faire la tonsure à ces bons Pères. Mon patron me conduisait souvent avec lui ; et un jour, après notre travail, le Père Macaire nous fit dîner au réfectoire avec la communauté. Comme on allait se mettre à table après les prières, le Père se tourna vers Frère Félix. — « *Fra Scontento*, lui dit-il sèchement, vous dînerez à genoux ; c'est la place que vous méritez. ». — Le pauvre Frère obéit tout simplement sans que son visage trahit ni surprise, ni mécontentement, ni humiliation. Une telle manière de faire m'aurait enlevé tout appétit ; si je n'avais aperçu sur les traits de Frère Félix une grande expression de sérénité et de joie. J'avoue que cela me fit une grande impression. »

« Une autre fois, pendant que nous étions occupés,

mon patron et moi, à couper les cheveux des religieux, le Père Macaire aperçoit un certain camail en drap rouge qu'avait oublié là le docteur Joseph Bonelli, médecin du couvent. Il appelle Fr. Félix, lui ajuste ce camail sur les épaules, et lui mettant à la main un grand méchant plat, il lui commande d'aller en cet équipage chercher en ville de la viande pour les malades. « *Benedicite*, » dit le Frère absolument impassible ; et il part tranquillement. Je voulus courir après lui pour lui ôter des épaules ce manteau rouge, mais mon patron m'arrêta en me disant de ne pas me mêler de ce qui ne me regardait pas. Nous étions encore là lorsque revint Fr. Félix, ayant toujours le manteau rouge sur ses épaules, et portant un petit morceau de viande dans son grand plat. Je pensais que la vue de ce Frère traversant la ville ainsi affublé avait dû attirer l'attention de tous et provoquer bien des moqueries. Mais, à ma grande surprise, je n'entendis absolument personne parler de ce fait. J'en conjecturai que, par une permission divine, Frère Félix n'avait été vu de personne dans cet accoutrement bizarre. »

La conduite du Père Macaire à l'égard de Frère Félix semblait à plusieurs souverainement injuste et inhumaine ; et ils murmuraient fortement contre lui. D'autres, au contraire, principalement parmi les jeunes, s'autorisaient de l'exemple du supérieur pour traiter Fr. Félix comme le traitait le supérieur lui-même. Ils lui parlaient durement ; et cherchaient en toutes manières à lasser sa patience. Ils n'y parvinrent jamais. Parfois ils se concertaient à trois ou quatre pour demander à Frère Félix presque au même moment, des services ou des travaux diamétralement opposés ; en telle sorte que le pauvre Frère ne savait vraiment par lequel commencer. Ils le traitaient alors de sans-cœur, de fainéant, etc... Et Félix leur répondait toujours : *Soit pour l'amour de Dieu !*

Entre tous ceux qui prirent à tâche de tourmenter le pauvre Frère se distingua particulièrement un certain Frère Mansuet de Bronti, préposé à la cuisine. D'un caractère qui contrastait singulièrement avec son nom, il ne savait que parler durement au serviteur de Dieu lorsque celui-ci venait à la cuisine, soit pour rapporter quelque ustensile, soit pour chercher quelque chose pour les malades ou pour les pauvres. Il l'accusait de tout déranger, de tout salir dans sa cuisine. Et l'humble Félix, comme s'il eût réellement offensé son accusateur se mettait à genoux, baisait la terre et demandait pardon.

Pendant bien longtemps, le Père Macaire n'avait donné à personne la raison de sa conduite à l'égard de Frère Félix ; et jamais personne n'avait osé la lui demander. Un jour vint pourtant, où, pour éviter le scandale du prochain, il fut contraint de dévoiler les motifs qui le faisaient agir.

Un gentilhomme, nommé Don Paul Colò, vint un jour au couvent visiter un religieux de ses amis. Au bas de l'escalier, il rencontra le serviteur de Dieu et lui demanda de ses nouvelles. — « Je vais bien, grâce à Dieu », répond Frère Félix. Et, en même temps, selon l'usage italien, il offre au gentilhomme une prise de tabac. A l'instant, survient le Père Macaire criant : « Frère Misère, que faites-vous là? » — A la voix de son supérieur, Frère Félix se met humblement à genoux ; et il attend. — « Frère Misère, continue à vociférer le terrible Gardien, que disiez-vous à Don Paul? que vous êtes un saint, n'est-ce pas ? que vous faites des miracles ? Et pour lui bien faire voir que vous pratiquez étroitement la pauvreté, vous lui mettez sous le nez votre chétive tabatière ! » — C'est qu'en effet, la tabatière de Frère Félix était tout simplement un bout de gros roseau évidé, et fermé par une petite pièce en tôle de fer. — « Allez, continue le Père, allez vous cacher dans votre cellule, au lieu de rester là au passage, guettant les séculiers pour jouer avec eux la comédie et vous poser en petit saint, Allez, hypocrite ! » — *Soit pour l'amour de Dieu !* dit Félix, le plus tranquillement du monde ; et, avec un calme parfait, il se dirige vers sa cellule.

Don Paul Colò était comme pétrifié de tout ce qu'il venait de voir et d'entendre. Après un moment d'hésitation, il ne put s'empêcher de dire au Père Gardien : — « Mon Père, si c'était moi que vous eussiez traité de la sorte, je vous aurais jeté à la face le premier objet qui me serait tombé sous la main ; puis, je me serais enfui ou par la porte, ou par la fenêtre. » — « Si vous saviez comme moi, répond avec un grand calme le Père Macaire, si vous saviez tout ce qu'il y a d'humilité, de patience, de mansuétude et de vertu dans notre Frère Mécontent, vous comprendriez ma manière d'agir envers lui. Toutes les contrariétés du monde, l'enfer même tout entier ne pourraient troubler un seul instant sa sérénité. Je l'aide à pratiquer la vertu et à se rapprocher davantage de Dieu. » — Et Don Paul se retira, convaincu tout à la fois, et de la vertu consommée de Frère Félix, et des bonnes intentions du Père Macaire.

Ce dernier, tout en apparaissant extérieurement comme le bourreau du serviteur de Dieu, était en réalité plein d'estime et animé d'une tendre affection pour Félix. Il le considérait déjà comme un saint, et savait, à l'occasion, accepter ses avis. Au Chapitre provincial de 1776, le Père Macaire avait été élu Définiteur ; et l'opinion générale de ses confrères était qu'au Chapitre suivant il serait élu Provincial. Le sachant, il appelle un jour Frère Félix. — « *Fra Scontento,* lui dit-il, je voudrais bien savoir si je dois me laisser élever à la plus haute charge de la Province, comme plusieurs le désirent. Allez au chœur, demandez à Dieu sa lumière, et venez me transmettre sa réponse. » — Au bout de quelques instants le Frère revient. — « Mon Père spirituel, dit-il simplement, renoncez à toute voie active et passive, et sauvez votre âme. » — Ce fut tout. Le Père Macaire ne répondit rien ; mais au Chapitre de 1779, il renonça à toute élection et ne fut élu, par conséquent, ni Provincial, ni même Définiteur.

C'est au Père Macaire que l'on doit d'avoir le

portrait authentique du serviteur de Dieu. Il fit un jour venir un peintre, puis il appela Frère Félix, sans lui dire ce qu'il voulait de lui. — « *Fra Scontento*, lui dit-il avec sa rudesse ordinaire, placez-vous là, debout, avec votre besace de quêteur sur l'épaule; et restez immobile jusqu'à ce qu'on vous dise de vous en aller. » — Et le Frère se plaça où on voulut, les yeux baissés, les mains croisées sur sa poitrine; et il demeura immobile tout le temps qui fut nécessaire au peintre. — « Je suis convaincu, disait plus tard le Père Macaire, qu'il ne se rendit nullement compte de ce que l'on faisait. » — De fait, le serviteur de Dieu ne demanda ni alors ni plus tard ce qu'on avait voulu de lui en cette circonstance. Quand à son portrait, Frère Félix ne le vit jamais.

Le Père Macaire survécut de quelques années à Frère Félix. Comme il avait fait reproduire sur la toile la physionomie extérieure de son pénitent, aussi aurait-il voulu qu'une plume habile reproduisît exactement les traits admirables de cette âme héroïque. Ne trouvant autour de lui personne qui pût s'acquitter convenablement de ce travail, il ne voulut pourtant pas quitter cette terre sans laisser à la postérité quelque document sur ces vertus, au perfectionnement desquelles il n'avait pas peu contribué. Il écrivit alors en quelques pages, d'un style simple et ému, l'abrégé de la vie et des vertus de Frère Félix.

A dater du jour où le serviteur de Dieu fut fixé au couvent de Nicosie, jusqu'à sa précieuse mort, il est absolument impossible de suivre pour sa vie un ordre chronologique quelconque. Ainsi que nous l'avons déjà fait observer, ou ainsi qu'on pourra le voir par la suite, il n'y a eu pour lui ni changement de résidence, ni succession d'emploi, ni même grande succession de supérieurs. Jusqu'à sa mort, il a résidé dans le même couvent ; il y a exercé sans interruption les mêmes emplois ; il y a été dirigé pendant trente-trois ans par le même supérieur ; sa vie d'ailleurs ne s'est rattachée en aucune façon aux événements qui se succédaient dans le monde.

L'histoire du B. Félix ne peut donc être dorénavant que l'exposé méthodique et sincère de ses héroïques vertus.

CHAPITRE V

La Foi, L'Espérance et la Charité.

Nunc autem manent, fides, spes, charitas, tria hæc; major autem horum est charitas. — I. Cor. 13, 13.

En cette vie, la foi, l'espérance et la charité demeurent ; toutes les trois nous sont nécessaires, mais la plus grande de toutes, c'est la charité.

SOMMAIRE. — La foi. — Pauvres infidèles. — Le *Credo*. — Longues heures de prière. — Comme un homme endormi. — Les yeux fermés. — Le silence. — La Trés-Sainte-Trinité. — Le *Gloria Patri*. — Les récompenses symboliques. — Le saint nom de Jésus. — Noël. — Le Pape. — Les prêtres. — L'espérance. — La charité. — Plus de volonté. — Réparation des blasphèmes. — L'injure au prochain. — Echo de la vie.

L'attitude du serviteur de Dieu vis-à-vis de son supérieur et de ses confrères suppose nécessairement en lui un admirable composé de toutes les vertus chrétiennes et religieuses ; essayons de redire quelque chose de chacune d'elles.

Tout d'abord nous apparaît la foi, base indispensable de tout édifice surnaturel. La foi ! de laquelle la parole sainte nous dit qu'elle est « *la vie du juste.* »

Fr. Félix eût plutôt douté de sa propre existence que d'une seule des vérités révélées. Et il eût souhaité verser son sang et donner sa vie en témoignage de sa foi. — « Sont-ils heureux, les martyrs, disait-il souvent, sont-ils heureux, d'avoir pu rendre à Dieu ce témoignage qui ne saurait être surpassé ! »

Il ne pouvait assez remercier Dieu de l'avoir fait naître, par une insigne faveur, enfant de l'Eglise catholique. Lorsqu'il parlait des pauvres infidèles, des mahométans et des hérétiques, sa voix revêtait un accent intraduisible de compassion. — « Qu'ils sont à plaindre ! disait-il ; oh ! qu'ils sont à plaindre, ces pauvres gens, de ne pas connaître la vérité ; de n'être pas comme nous enfants de la véritable Eglise ! Et nous, pourrons-nous jamais assez remercier Dieu de la grâce qu'il nous a faite, en nous éclairant des lumières de la foi ? »

Comme on le verra en détail dans le cours de sa vie, il exhortait tous ceux qui l'approchaient, grands et petits, à réciter souvent le *Credo*. En l'honneur du saint Enfant-Jésus, le *Credo* ; en l'honneur de la Passion, le *Credo* ; en l'honneur du Très-Saint-Sacrement, le *Credo* ; en mémoire des cinq plaies du Sauveur, cinq *Credo*.

Tout ce qui lui arrivait, Fr. Félix le considérait

aux clartés de la foi. En toutes choses, il voyait la main de Dieu ; ses moindres actions étaient accomplies sous le regard de Dieu et dirigées vers Dieu.

La foi de Fr. Félix se manifestait et s'alimentait par la prière. Non content des exercices en usage chez les Capucins, il devançait d'ordinaire le signal qui appelait la communauté à l'office de la nuit; et le clerc chargé d'allumer à minuit les lampes du chœur, le trouvait toujours en adoration. Presque toujours aussi, après l'office de matines, il demeurait en prières au chœur, ou dans quelque chapelle de l'église jusqu'au second lever des religieux.

Pendant ces longues heures d'adoration, Fr. Félix se tenait toujours ou prosterné la face contre terre, ou à genoux, mais sans jamais s'appuyer sur quoi que ce soit, même alors que les années et de cruelles infirmités l'y eussent largement autorisé. Dans sa vieillesse, il ne voulut jamais se prévaloir de l'usage qui autorise les Frères anciens à se placer au chœur dans les stalles munies d'un accoudoir. Et si on lui demandait le pourquoi de cette obstination : — « J'ai maintenant l'habitude d'être ainsi, » répondait-il simplement. Ou bien encore : « Cela m'est plus commode pour mes divers emplois. De cette façon, si je viens à être appelé, je ne dérange personne. » Mais la vraie raison qui portait Fr. Félix à garder toujours une attitude plus humble, et en même temps plus pénible, c'était, avec l'esprit de pénitence, la haute idée qu'il avait conçue de la grandeur de Dieu.

La vie toute entière de Fr. Félix était une prière continuelle que le travail, même le plus absorbant ne pouvait interrompre. Hors du couvent, alors même qu'il traversait les places publiques les plus animées et les foules les plus affairées, il demeurait visiblement uni à Dieu. Le va-et-vient des hommes et des animaux, les clameurs de la rue ne pouvaient troubler son union avec Dieu. Cette union était telle que, le plus souvent il ne remarquait pas les personnes qui se trouvaient sur son passage.

Souvent aussi il n'entendait pas ce qui lui était dit, si on ne lui parlait avec une sorte de véhémence : « Mon père, disait-il un jour confidemment au P. Macaire, ne soyez pas contrarié si je ne comprends pas toujours vos ordres ; mais quand Dieu fait à une âme la faveur de lui parler intimément, il est difficile à cette âme de comprendre, ou même d'entendre la parole de l'homme. » — Et le bon supérieur rapportant cette confidence, ajoutait : « Vraiment, Fr. Félix est comme un homme endormi. Si on ne lui parle avec force, il n'entend pas. Il ne comprend pas, si on ne le secoue vivement. »

Mais pour correspondre à la grâce qui le portait à vivre continuellement uni à Dieu, Fr. Félix ne négligeait rien. Jamais, ni dans le couvent, ni au dehors, la curiosité ne put le porter à se retourner pour voir qui venait après lui. Quelque bruit qu'il entendit, il continuait sa marche; pour qu'il se retournât et regardât en arrière, il fallait l'appeler.

Pour que rien ne put le distraire de la pensée de

Dieu, et en même temps pour qu'aucun souvenir et aucune image ne pussent altérer l'incomparable pureté de son âme, il marchait toujours les yeux baissés, ou plutôt presque fermés ; et à dater du jour où il revêtit l'habit religieux, personne n'en put distinguer la couleur. Jamais il ne regarda personne au visage, ni grand, ni petit, ni homme, ni femme, pas plus les ecclésiastiques que les séculiers, pas plus ses confrères que ceux du dehors. Il reconnaissait les gens au son de la voix, à la démarche, à certains indices extérieurs ; mais jamais d'après leurs traits. Aussi lui fallait-il plusieurs jours pour reconnaître les religieux étrangers qui passaient par le couvent de Nicosie. Quand bien même ils assistaient au chœur et à la table commune, jamais il ne considéra leur visage.

Lorsque des étrangers lui parlaient, il se tenait modestement en face d'eux, les mains dans les manches, les yeux toujours baissés, et demeurait immobile comme une statue. « Je me rappelle fort bien, disait un témoin, que dans mon enfance je voyais souvent Fr. Félix venir chez mes parents ; il tenait toujours les yeux fermés. Et moi, ne comprenant pas alors qu'on put rester ainsi les yeux fermés, je l'appelais : *Le Frère qui dort*. J'ai de cela bonne souvenance ; et d'ailleurs ma mère me l'a plus tard rappelé assez souvent. »

Mais si Fr. Félix savait que la vue des créatures peut amoindrir la claire vue de Dieu, il savait aussi que parler inutilement aux créatures empêche de s'entretenir avec Dieu. Initié dès sa jeunesse à cette science, il avait vécu comme un silencieux ermite au milieu du va-et-vient et du brouhaha d'un grand atelier. On a vu par quels étranges procédés il se mettait alors dans l'impossibilité d'entendre de sottes paroles. Dans la vie religieuse, il n'eût pas à se boucher les oreilles, comme il l'avait fait dans l'atelier de Ciavirella; mais, par une résolution énergique il s'interdit d'une façon absolue toute participation et même toute attention à tout entretien qui n'aurait pas été directement de Dieu ou pour Dieu. Jamais on ne vit plus fidèle observateur du silence. Jamais il ne parla que par nécessité, ou par obéissance, ou par charité, c'est-à-dire lorsque la gloire de Dieu, le service ou l'édification du prochain le demandaient.

Un jeune apprenti de cette maison Ciavirella où le serviteur de Dieu avait travaillé dans sa jeunesse, allait parfois trouver ce dernier. — « J'étais pauvre alors, dit-il, et Fr. Félix me donnait charitablement à manger. Par reconnaissance, je l'aidais ensuite quand il travaillait aux sandales des religieux ou aux chaussures des pauvres ; je lui cirais le fil, je lui passais les pièces dont il avait besoin, etc... Quant à lui, après m'avoir donné en peu de mots quelques bons conseils, il s'occupait de son travail, sans plus m'adresser la parole, absolument comme si je n'eusse pas été là. Si j'essayais parfois de rompre ce silence, auquel je n'étais pas habitué, en lui parlant de choses et d'autres, jamais il ne me répondait; et ne paraissait seulement pas avoir entendu ce que je lui disais. »

La vie du serviteur de Dieu fourmille de traits semblables. C'est ainsi que cet homme de prière, demeurant volontairement étranger à tous les bruits de la terre, et à toute notion terrestre des créatures, maintenait son âme dans la contemplation permanente des mystères divins.

Le premier et le plus grand des mystères de notre foi est le mystère de l'adorable et incompréhensible Trinité. Fr. Félix ne manquait jamais de s'incliner respectueusement toutes les fois qu'il entendait prononcer cet auguste nom, ou lorsqu'il entendait réciter ou chanter le *Gloria Patri*; et il recommandait fort cette pieuse pratique. Il récitait souvent avec une dévotion incroyable le *Gloria Patri*, et en conseillait à tous la récitation fréquente.

Dans les anges et dans les saints, il admirait l'œuvre et les dons de la Trinité-Sainte, aussi associait-il sous une forme ou sous une autre l'idée de la Trinité au culte qu'il leur rendait. Toutes les dévotions particulières de Fr. Félix étaient marquées au coin de sa foi à la Très-Sainte-Trinité.

Avant de se retirer d'auprès du tabernacle eucharistique, il baisait *trois fois* la terre.

L'image de Marie-Immaculée qui décorait et sanctifiait sa pauvre cellule, était fixée à la muraille par *trois* pointes de roseau.

Lorsqu'il donnait aux malades ces petites cédules de Marie-Immaculée, desquelles il sera parlé plus loin, il les leur faisait prendre ou pendant *trois* jours, ou au nombre de *trois*, et en accompagnant chaque absorption de la récitation de *trois Gloria Patri*.

En l'honneur de Saint-Joseph, il recommandait de réciter *trois Pater*, *Ave* et *Gloria*.

Lorsqu'il catéchisait les enfants pauvres, comme on le verra plus loin, il leur donnait toujours une petite récompense, comme *trois* noix ou *trois* châtaignes, « en l'honneur, leur disait-il, de la Trinité-Sainte. » Et il leur faisait pieusement réciter le *Gloria Patri*.

Mais nous n'arrivons à l'adorable Trinité que par le divin Médiateur, Notre-Seigneur-Jésus-Christ. Et Jésus était la contemplation continuelle et l'amour de Fr. Félix.

Jésus ! ce nom, la gloire des anges, l'espoir des hommes, la terreur de l'enfer, notre Bienheureux l'invoquait souvent, et il ne manquait pas de le prononcer soit contre les suggestions des esprits mauvais, soit contre les maux qui affligent l'humanité. Et il le prononçait avec de tels accents de foi, de confiance et d'amour qu'on ne pouvait l'entendre de lui sans être profondément ému.

Les trois grands mystères du Sauveur : sa naissance à Bethléem, sa douloureuse Passion et l'adorable Eucharistie étaient le grand aliment de la vie surnaturelle de Fr. Félix.

Noël ! la naissance du Sauveur ! Fr. Félix se préparait par un redoublement de prières, de veilles et de pénitences à fêter l'anniversaire de ce mystère

d'amour. A l'exemple de François d'Assise, il aurait voulu qu'en ce jour tous les chrétiens fussent dans une sainte joie. — « Allons à Bethléem, disait-il, les anges nous y appellent ; la Mère-Immaculée et le grand saint Joseph nous y attendent. Allons adorer et contempler celui qui pour nous s'est fait petit. Oh ! qu'il est beau ! Oh ! qu'il mérite notre amour. »
Il exhortait vivement tous ceux sur lesquels il avait quelque influence, à mettre, la nuit de Noël, une lampe allumée devant l'image du Sauveur naissant. — « Et que cette lampe, ajoutait-il, soit abondamment garnie d'huile; et qu'elle puisse brûler pendant toute cette sainte nuit ! »

Cet esprit de foi qui portait Fr. Félix à voir Dieu dans ses anges et dans ses saints, lui faisait aussi voir Dieu dans le Souverain-Pontife, dans ses supérieurs et dans tous les prélats et prêtres de la sainte Eglise.

Il portait au Vicaire de Jésus-Christ sur la terre un profond respect et une vénération tendre et filiale. Tous les jours il priait pour lui, et il voulait que les âmes pieuses récitassent chaque jour à ses intentions un *Pater*, *Ave* et *Gloria*.

A ses supérieurs, il ne parlait qu'à genoux.

Il saluait respectueusement les prêtres, leur baisait la main, et ne leur parlait qu'avec une sorte de crainte révérentielle. « Les prêtres, disait-il, sont nos maîtres et la prunelle de l'œil de Dieu. »

A cette vertu fondamentale de la foi, se joignait dans l'âme de Félix une confiance inébranlable et toute filiale en l'infinie bonté et miséricorde de Dieu. Bien des fois et de bien des manières cette confiance fut assaillie, tantôt par la considération de la perversité humaine, tantôt par de trompeuses imaginations, tantôt par les fantômes effrayants de l'enfer ; mais jamais elle ne put être ébranlée. Félix espérait contre l'espérance. Dieu semblait-il le repousser, il allait à lui quand même. Comme un petit enfant ne se lasse jamais de chercher avec avidité le sein de sa mère, quand même celle-ci le rebute : ainsi Félix ne discontinuait pas de se jeter éperdument dans le sein de Dieu, alors même que Dieu semblait se détourner de lui.

Sans doute, il craignait Dieu ; mais sa crainte était pleine de confiance et d'amour. De Dieu il espérait tout. Aussi ne lui vint-il jamais en pensée que sa prière pourrait ne pas être exaucée. En toute assurance, il espérait obtenir ou ce qu'il demandait, ou quelque chose de mieux.

Cette espérance produisait en lui un désir véhément de voir Dieu et d'être admis en possession de l'éternel repos. Lorsqu'il parlait sur ce sujet, ses paroles, comme des flèches ardentes, embrasaient les cœurs de ceux qui l'entendaient, des flots de larmes coulaient de ses yeux quand il parlait de la Miséricorde infinie toujours prête à pardonner au pécheur, à ouvrir le paradis au larron pénitent. — « O bonté infinie ! s'écriait-il. Peut-on se lasser de le dire ? Mais qui pourra le comprendre ? »

Cette espérance le maintenait dans une sérénité et

une joie perpétuelles. Nulle souffrance du corps, nul mécompte de l'âme ne pouvaient le troubler. Loin de là, toute peine semblait augmenter sa joie.

Dans la plénitude de cette espérance, il priait continuellement, et pour lui-même et pour les autres. Rien de ce qui concerne la santé ou le bien-être ne pouvait ni l'effrayer ni le préoccuper.

Sur l'ordre de son supérieur, il se mettait en marche immédiatement, sans préparatifs, sans s'inquiéter si le voyage était long ou court, facile ou difficile, s'il devait trouver ou non sur son chemin ce qui est nécessaire à la vie. — « Est-ce que Dieu n'est pas partout? disait-il. » — Il se confiait en Dieu pour tout ; de toutes choses il se reposait absolument sur Dieu.

Que dire de l'amour dont Fr. Félix brûlait pour Dieu? Sa vie, on peut le dire, n'était qu'un acte continuel d'amour. Les paroles : *Soit pour l'amour de Dieu! Soit pour la plus grande gloire de Dieu! Que la sainte volonté de Dieu soit faite!* si souvent répétées par lui, n'étaient pas sur ses lèvres de vaines formules ; elles étaient l'expression profondément vraie de ses sentiments. Si même on lui demandait seulement des nouvelles de sa santé, il ne manquait pas de répondre : « *Soit pour l'amour de Dieu!* je vais bien. »

Ces paroles revenaient si fréquemment sur ses lèvres, et avec un tel accent de piété vraie, qu'une foule de gens prirent de lui l'habitude de les dire aussi. Quoiqu'il leur arrivât : — « Allons, disaient ces bonnes gens, soit pour l'amour de Dieu, comme dit Fr. Félix. » — Ou encore : « Que la sainte volonté de Dieu soit faite, comme dit Fr. Félix. »

Le serviteur de Dieu semblait n'avoir plus de volonté personnelle. Et, en vérité, il ne voulait qu'une chose, c'est que l'adorable volonté de Dieu s'accomplît en lui et par lui. Aussi ne redoutait-il qu'une chose : l'offense de Dieu, le péché. La seule pensée d'une négligence volontaire dans le service de Dieu le remplissait de frayeur. Rien ici-bas ne pouvait l'effrayer sinon de voir Dieu offensé, ou d'apprendre que Dieu était offensé. Partout où il le pouvait, et autant qu'il était en lui, il cherchait à empêcher l'offense de Dieu. Partout et de toutes ses forces, il cherchait à ramener à Dieu ceux qui s'éloignaient de lui par le péché.

Lorsqu'il entendait proférer des blasphèmes, aussitôt il se prosternait et récitait pieusement, en esprit de réparation, trois *Gloria Patri*. Puis, s'il pouvait atteindre les coupables, il les reprenait charitablement mais avec force, et leur rappelait les maux que le péché attire sur les hommes : maladies, stérilité de la terre, fléaux de tout genre ici-bas, et dans l'autre monde les châtiments éternels, réservés aux impénitents. — « Mon Dieu, l'entendait-on s'écrier ensuite, éclairez-les, faites-leur connaître la gravité de leur faute. »

Un jour, dans la *via del Carmine*, deux artisans blasphémaient en se querellant. Fr. Félix vint à passer. Tombant aussitôt à genoux, il pria pour ces blasphémateurs; puis, par quelques bonnes paroles il les amena à s'agenouiller avec lui et à demander pardon à Dieu. Il ne les quitta qu'après leur avoir adressé une touchante exhortation qu'ils reçurent avec docilité, et, en signe de reconnaissance et de bon vouloir, ils baisèrent le manteau du saint Frère.

« Fr. Félix se trouvait un jour chez moi, atteste un témoin. A un moment donné, nous entendîmes monter de la rue l'écho des blasphèmes que proféraient des passants. Fr. Félix se jeta aussitôt à genoux. — « Récitons, vite, dit-il, un chapelet de *Gloria Patri*, pour faire réparation au Dieu tout-puissant; et aussi pour qu'il éclaire ces pauvres gens et leur fasse redouter les maux qu'attire le blasphème. »

Mais si Fr. Félix sentait vivement l'offense faite à Dieu, il ne pouvait souffrir davantage l'offense faite au chrétien, dans laquelle sa foi lumineuse lui montrait une âme créée à l'image de Dieu, rachetée par le sang d'un Dieu, faite pour posséder Dieu éternellement.

« Un jour, rapporte un témoin, j'étais chez moi à jouer avec un de mes voisins, lorsque Fr. Félix vint pour la quête. En ce moment, emporté par la chaleur du jeu, j'adressai à mon adversaire une très vilaine injure (*io gli dissi carogna*). Aussitôt Fr. Félix fit le signe de la Croix, se mit à genoux et pria un instant. — « Pour l'amour de Dieu, me dit-il en se relevant, ne dites plus semblables paroles;

elles ne sont pas convenables entre chrétiens, et Dieu en est offensé. »

Ainsi, la vie toute entière de Fr. Félix fut illuminée par la Foi, soutenue par l'Espérance, embrasée par la Charité.

Sa foi se manifesta par son humble et continuelle prière, et par le respect qu'il portait à son prochain en vue de Dieu.

Son espérance se révéla par la confiance avec laquelle il demandait pour lui, et surtout pour les autres ; elle fut incontestablement prouvée par le miracle.

Et après ses prières brûlantes et ses extases, nous avons la preuve la plus sensible de son amour pour Dieu dans l'amour très profond et très vrai qu'il portait à tous ses semblables. Il en sera parlé dans un chapitre spécial.

Et comme la mort est l'écho de la vie, nous verrons jusqu'à la fin Fr. Félix semblable à lui-même. Quelques minutes avant sa mort, il appellera près de lui ce P. Macaire que plusieurs avaient regardé comme son bourreau, et qui avait été pour lui dans les desseins de Dieu un excellent maître, et il lui dira de sa voix mourante : — « Mon Père, aidez-moi, s'il vous plaît, à dire encore une fois les actes de Foi, d'Espérance et de Charité ! »

CHAPITRE VI
Le Tabernacle et la Croix.

> *Adoramus te, Sanctissime Domine Jesu-Christe, hic et ad omnes ecclesias tuas quæ sunt in toto mundo; et benedicimus tibi quia per sanctam Crucem tuam, redemisti mundum.* —
> Formule d'adorat. de N. S. P. S. François.
>
> Nous vous adorons, ô très Saint Seigneur J.-C., ici et en toutes vos églises qui sont par tout le monde ; et nous vous bénissons de ce que par votre sainte Croix vous avez racheté le monde.

SOMMAIRE. — Aux pieds du Tabernacle. — Par la ville. — Le Fr. Portier. — Servant la messe. — La Communion. — Transfiguration. — Sourire et larmes. — L'action de grâces — Les enfants. — La lampe du Très-Saint-Sacrement. — La nuit du Jeudi-Saint. — La Croix. — Mon Frère, méditez la Passion. — Les vendredis à trois heures. — Le chemin de la Croix. — Les vendredis de mars. — Les ouvriers et la Passion. — La lampe du Crucifix.

Le serviteur de Dieu ne se sentait nulle part plus heureux que devant le saint Tabernacle où sa foi lui montrait son Sauveur.

On le voyait devant le Très-Saint-Sacrement, parfois prosterné, mais le plus souvent agenouillé, sans être appuyé sur quoi que ce soit, la tête inclinée, les yeux fermés, immobile comme une statue. — « Un coup de canon tiré près de lui, dit un témoin, n'aurait pas interrompu d'une seconde son adoration. » — Seule, la voix de l'obéissance pouvait l'y arracher.

Il eût passé ses nuits entières auprès de Notre-Seigneur, si l'obéissance ne l'eût contraint à prendre un peu de repos. — « Je suis obligé d'y mettre ordre, disait le P. Macaire dans son langage original, autrement cette *sainte pièce* de *Fra Scontento* ne ferait pas toucher une fois ses épaules à sa paillasse. »

Chaque fois que Fr. Félix sortait du couvent ou qu'il y entrait, on le voyait s'agenouiller sur les marches de l'église, baiser humblement la pierre, et adorer un instant. Allant par la ville, il entrait en toutes les églises ou chapelles qui se trouvaient sur son chemin, s'il savait que Notre-Seigneur y résidait. Tout au moins, s'il était pressé ou trop chargé, il s'agenouillait sur le seuil de ces temples, et baisait la terre en signe d'adoration.

Au couvent, et même en toute église, chaque fois qu'il passait devant l'autel du Très-Saint-Sacrement, il ne se contentait pas de faire la génuflexion simple; mais toujours il faisait la grande prostration à deux genoux, la face contre terre.

Au couvent, pour que le Frère obligé de garder la porte ne fut pas trop longtemps privé de l'adoration du Très-Saint-Sacrement, on avait ménagé au bas de l'église, près de l'entrée du couvent, un petit oratoire d'où l'on pouvait, par une petite ouverture apercevoir le saint tabernacle. Que de fois lorsque Fr. Félix remplissait l'office de portier, ne l'a-t-on pas vu dans ce petit réduit, adorant ainsi de loin Celui aux pieds duquel son cœur était toujours !

Les dimanches et fêtes, et toutes les fois que l'obéissance le lui permettait, Fr. Félix assistait à toutes les messes célébrées dans l'église du couvent. Même dans ses tournées de quête, il ne laissait échapper aucune occasion d'assister au Saint-Sacrifice, lorsqu'il le pouvait sans préjudice de son emploi.

C'était pour lui un bonheur vivement désiré que de participer plus immédiatement au Saint-Sacrifice, en servant le prêtre à l'autel. Son attitude alors disait assez de quels sentiments de foi et de ferveur angélique son âme était embrasée. Lorsqu'il servait la messe de communauté, il se conformait exactement aux usages reçus ; mais s'il servait la messe à un autel particulier, à la consécration il se prosternait la face contre terre ; puis se redressant, il mettait les bras en croix et les gardait ainsi jusqu'après la communion du prêtre.

Ce fervent adorateur de la sainte Eucharistie brûlait du désir de s'unir tous les jours à son Sauveur par la sainte Communion ; mais le P. Macaire, pour éprouver sa vertu, l'en empêcha pendant assez longtemps. — « Vous n'êtes pas digne de communier tous les jours, lui disait-il sèchement, laissez cette pratique à de plus vertueux. Contentez-vous de communier les dimanches, les jeudis et les jours d'indulgences, comme le prescrivent nos Constitutions. » — Et l'humble Félix acceptait sans mot dire cette privation si dure pour tout le temps qui plaisait à son sévère directeur. Un peu plus tard cependant, le P. Macaire lui permit de communier d'abord tous les deux jours, et enfin, à sa grande satisfaction, tous les jours.

La sainte Communion reçue, Fr. Félix croisait ses mains sur sa poitrine, puis il se retirait à reculons pour ne point tourner le dos à l'autel et au tabernacle. Son visage, auparavant blême et d'une effrayante maigreur, apparaissait alors plein, frais et rubicond, et comme tout rayonnant.

« Vers l'âge de douze ans, dit un témoin, fréquentant l'école des Capucins, j'assistais souvent à la messe dans leur église avec mes autres camarades de classe. Et comme nous avions entendu dire que Fr. Félix était un saint, nous avions tout le temps les yeux sur lui, surtout quand il faisait la sainte Communion. A ce moment, nous voyions son visage tout transformé. Après la messe, nous nous communiquions l'un à l'autre, avec la vivacité de notre âge, nos réflexions sur cette transfiguration du serviteur de Dieu. — « As-tu vu, nous disions-nous, comme il était luisant aujourd'hui ! » — « Oh ! dit un jour un de nos plus jeunes camarades, aujourd'hui il avait l'air si content après la Communion ; et pourtant il pleurait, je l'ai vu. »

Le serviteur de Dieu consacrait régulièrement une demi-heure à l'action de grâces après la Communion ; gardant pendant tout ce temps-là ses mains croisées sur sa poitrine, et son immobilité de statue. Mais, le plus souvent, la demi-heure ne suffisait pas à sa reconnaissance et à son amour ; et sans s'en apercevoir il aurait passé la journée entière absorbé dans la pensée du Sauveur qu'il avait reçu. — « Bien des fois, atteste un autre témoin, bien des fois quand je fréquentais l'école des Capucins, je fus envoyé par le P. Macaire pour appeler le Fr. Félix qui prolongeait son action de grâces. Je l'appelais, mais il ne m'entendait pas. Il me fallait le secouer vivement et l'appeler de nouveau en parlant très haut. Alors il paraissait comme se réveiller d'un profond sommeil. Il me disait : *Soit pour l'amour de Dieu !* et après avoir baisé la terre trois fois, il allait près de son supérieur. »

A ces enfants qui venaient en classe au couvent, le serviteur de Dieu cherchait à imprimer en toutes manières un profond respect pour le Sauveur présent sur nos autels. Qu'il remplit ou non l'office de portier, il faisait en sorte de se trouver de temps en temps près de l'entrée du couvent, à l'heure où ces enfants arrivaient. Il leur faisait alors prendre l'habitude de faire la génuflexion en passant devant l'église. Il leur recommandait de ne pas pousser de cris, de ne pas se disputer et se bousculer près du lieu saint. — « Là, mes enfants, leur disait-il, là est votre Maître et le mien ; Celui qui un jour nous jugera tous. » — Et ces paroles du saint Frère faisaient une impression profonde sur ces jeunes cœurs.

Fr. Félix ne pouvait tolérer que la lampe du Très-Saint-Sacrement fut éteinte, ou même qu'elle ne donnât qu'une clarté fumeuse. Bien souvent dans la journée, lorsqu'il était au couvent, il venait inspecter et émoucher les lampes du sanctuaire, afin que leur flamme fut toujours bien claire; la nuit, il interrompait son sommeil pour venir accomplir cet office de piété.

Dans ses courses au dehors, il avait, on l'a vu, la pieuse habitude d'entrer dans toutes les églises. S'il trouvait en quelqu'une la lampe éteinte, aussitôt il se mettait en devoir de la rallumer ; et souvent, tout moyen humain lui manquant pour cela, on vit la lampe se rallumer au seul contact de ses doigts. La flamme qui brûlait en son cœur se révélait ainsi au dehors, comme poussée par la véhémence de ses désirs.

Pour la nuit du Jeudi-Saint, au couvent, le P. Macaire dressait d'ordinaire une liste d'adorateurs. Or, une année, bien à dessein, il ne désigna d'autre adorateur que Fr. Félix. Dans la journée, le reposoir avait été brillamment illuminé de cierges et de lampes ; mais sur le soir, les fidèles s'étant retirés, le P. Macaire ordonna au sacristain de n'allumer pour la nuit que quatre cierges de cire et quatre lampes à huile; encore voulut-il qu'on ne laissât que très peu d'huile dans ces quatre lampes, ainsi que dans toutes les autres.

Sur le minuit, il va éveiller quelques religieux. — « Allons voir, leur dit-il, ce que fait seul à l'église notre Frère Mécontent. » — Ils entrent... Toutes les lampes brûlaient, tous les cierges flambaient. Sur le pavé, au milieu de cette splendeur, Fr. Félix seul, agenouillé, immobile et comme insensible. Après un certain temps d'adoration le P. Macaire emmène les religieux, ordonnant de laisser les choses dans le même état où ils les avaient trouvées. Or, le lendemain, après la cérémonie du Vendredi-Saint, ces lampes qui avaient brûlé toute la nuit et toute la matinée sans qu'on les eut préalablement garnies d'huile, se retrouvèrent toutes pleines ; les cierges aussi étaient dans le même état que la veille au soir. Il en resta une grande quantité pour le service de l'église, ainsi qu'une bonne provision d'huile.

Lorsqu'approchait la solennité de la Fête-Dieu, Fr. Félix parcourait les rues par lesquelles devait passer la procession formant cortége au Sauveur caché sous le voile de l'hostie. Il invitait tous les habitants à enlever les décombres et les immondices, à orner leurs demeures. — « Le Roi va passer, disait-il, montrons-lui que nous sommes ses fidèles sujets. » — Lui-même, avec la permission de son supérieur, s'employait à ce religieux travail avec un élan et une dévotion qui ravivait merveilleusement la piété des fidèles.

La divine Eucharistie est le mémorial perpétuel et vivant de la Passion du Sauveur. « *O Dieu,* s'écrie l'Eglise, *O Dieu, Vous nous avez laissé dans un sacrement admirable le mémorial de votre Passion...* Deus qui nobis sub sacramento mirabili Passionis tuæ memoriam reliquisti... Aussi, après le tabernacle du Sauveur, la Croix du Sauveur offrait à Fr. Félix d'invincibles attraits.

On le voyait souvent aux pieds de la Croix, mais surtout les vendredis, méditer avec larmes la Passion de Notre-Seigneur. — « O très-sainte Passion, Passion de mon Sauveur ! » s'écriait-il souvent. Et il cherchait en toute occasion à inspirer aux autres la même dévotion. — « Celui qui est dévot à la Passion de Jésus-Christ, ne cessait-il de répéter, trouvera dans cette dévotion tout ce qui peut lui être nécessaire ou utile; et il échappera sûrement aux tourments de l'enfer. » — Il prononçait ces paroles avec une grande ferveur d'esprit et en versant des larmes.

« En ma qualité de sacristain du couvent de Nicosie, dépose Fr. François de Gangi, j'avais souvent occasion de rencontrer Fr. Félix aux alentours du chœur ; et chaque fois il me disait en me serrant fortement le bras : « Méditez, mon Frère, méditez « souvent la Passion de Jésus-Christ. » Si j'allais le trouver à l'infirmerie ou quand il travaillait aux sandales des religieux, toujours il me tenait le même langage. »

Ce Frère François de Gangi que le Bienheureux exhortait ainsi continuellement à méditer la Passion du Sauveur était un Tertiaire que l'on avait admis dans la communauté à l'âge de quatorze ans, et qui atteint d'une grave maladie dès les premiers temps de son admission, en avait été miraculeusement délivré par Fr. Félix, ainsi qu'on le lira ailleurs.

Fr. Félix lui ayant rendu la santé du corps, et prévoyant que cet enfant devait fournir dans la vie religieuse une longue carrière, voulait dès son adolescence élever son âme à ces fortes vertus qui ne peuvent éclore et se développer qu'aux pieds de la Croix.

Mais les religieux n'étaient pas les seuls que Fr. Félix exhortait à méditer souvent la Passion du Sauveur; les séculiers, les artisans eux-mêmes n'échappaient pas à ce genre d'exhortation.

« Dans l'après-midi d'un vendredi, rapporte un témoin, j'allais par la ville acheter diverses choses dont j'avais besoin pour mon métier de tisserand. Au coup de trois heures, selon l'usage de nos pays, les cloches des églises sonnèrent le glas. A ce moment Fr. Félix vint à passer. Il m'arrêta, ainsi que d'autres personnes qui passaient : — « Mettons-nous à genoux, dit-il, et récitons ensemble cinq *Credo* en l'honneur de la Passion de Notre-Sauveur. » — Tous, nous lui obéîmes; et lorsque ce fut fini, il nous engagea tous, tant que nous étions, à faire de même tous les vendredis à la même heure, tant que nous vivrions, et en quelque endroit que nous nous trouvions. — « Le souvenir pieux de la Passion du Sauveur, nous dit-il en terminant, obtient la contrition et le pardon des péchés, et la grâce d'une bonne mort. »

Il n'est pas jusqu'aux jeunes enfants que le serviteur de Dieu n'engageât à méditer la Passion de Jésus-Christ. — « Dans mon enfance, rapporte un autre témoin, je fréquentais l'école des PP. Carmes; et notre professeur, le P. Elie, qui aimait beaucoup les PP. Capucins, nous conduisait souvent à leur couvent. Nous aimions à y rencontrer Fr. Félix. S'il avait un peu de temps libre, il ne manquait pas de nous engager à faire avec lui le chemin de la Croix. Il nous promettait, si nous nous tenions bien pendant cet exercice, et si nous répondions bien aux prières, de nous donner une petite récompense. Il tenait ensuite sa promesse en nous donnant des noix ou des châtaignes, ou des olives, ou d'autres choses de ce genre. »

C'était principalement aux vendredis du mois de mars que se manifestait dans tout son jour l'amour de Fr. Félix envers Jésus crucifié; il avait sucé cette dévotion avec le lait de sa mère, nous l'avons dit au Chapitre Ier de cette histoire. Dès son jeune âge, il avait pris l'habitude qu'il garda jusqu'à sa mort, de jeûner sévèrement au pain et à l'eau tous les vendredis de mars.

Fr. Félix passait, ce jour-là, la nuit presque entière étendu la face contre terre et les bras disposés en croix, en quelque chapelle de l'église; mais le plus souvent devant l'autel du Très-Saint-Sacrement. Dès le commencement de sa vie religieuse, le serviteur de Dieu s'était imposé cette pratique. Or, un jour de vendredi de mars, le P. Macaire qui n'était point encore Gardien dans ce temps-là, s'étant levé de très bonne heure, voulut venir prier au petit chœur, croyant n'y trouver personne. Quelle ne fut pas sa surprise en apercevant une forme confuse étendue par terre et immobile! Il finit pourtant par reconnaître Fr. Félix prosterné comme on vient de le dire.

Comme il avait été un peu effrayé, il crut devoir prévenir du fait le P. Gardien d'alors. Celui-ci interrogea Fr. Félix qui répondit simplement : — « Mon Père, Notre-Seigneur est mort un vendredi de mars ; et je me sens vivement pressé de m'unir à sa Passion ces jours-là et de cette façon. » — Le P. Gardien voulait d'abord lui interdire de méditer en cette attitude ; mais Fr. Félix insista de telle sorte que le Supérieur finit par le lui permettre ; à la condition toutefois, qu'il se placerait toujours dans un endroit suffisamment éclairé. De cette façon ceux qui viendraient en cet endroit l'apercevant distinctement n'auraient nul sujet de frayeur. Depuis ce temps-là, Fr. Félix se plaçait d'ordinaire, pour ses prostrations en forme de croix, sous la lampe principale du sanctuaire.

En ces vendredis de mars, Fr. Félix, dès le grand matin, ornait de verdure et de lumières la grande Croix du couvent, pour exciter davantage la piété de tous par ce déploiement de solennité.

Mais il aurait voulu surtout que tous ceux qui travaillent et souffrent ici-bas allassent en ces jours chercher patience, force et courage auprès de Jésus crucifié. Il engageait donc les patrons et chefs d'atelier à congédier leurs ouvriers de meilleure heure les vendredis de mars, pour qu'ils eussent toute facilité de faire le Chemin de la Croix. Il exhortait les ouvriers eux-mêmes à aller, ces jours-là, visiter dans les églises l'image de l'*Ecce homo*, et à y réciter au moins cinq *Pater*, *Ave* et *Gloria*, pour gagner les indulgences. Mais le plus souvent il engageait les gens à réciter, en l'honneur de la Passion de Notre-Seigneur, d'abord cinq *Credo*, puis cinq *Pater*, *Ave* et *Gloria*.

Le serviteur de Dieu entrait quelquefois dans l'atelier de son neveu, honnête artisan qui occupait plusieurs ouvriers. Pendant le Carême il exhortait ces derniers à faire quelque pénitence pour honorer la Passion du Sauveur. — « Vous êtes des poltrons, leur disait-il ; parce que vous n'avez pas encore l'âge ou parce que vous êtes ouvriers, le jeûne du Carême vous fait peur. On comprend que vous ne puissiez pas jeûner tous les jours ; mais est-ce que cela vous tuerait de jeûner deux ou trois fois par semaine ? Mais aux vendredis de mars il faudrait jeûner au pain et à l'eau, car c'est un vendredi de mars que Notre-Seigneur est mort pour nous. »

C'est ainsi que ce saint homme s'efforçait d'inspirer à tous les âges et à toutes les situations la dévotion dont il était pénétré pour Jésus crucifié.

Dans ses courses, s'il passait devant une Croix, il ne manquait jamais de s'agenouiller, et de prier quelques instants.

En certaines églises d'une façon continue, en d'autres à certains jours, une lampe était allumée devant le Crucifix ; Fr. Félix le savait ; et une de ses grandes peines était de voir cette lampe éteinte. Il se mettait aussitôt en devoir de la rallumer, comme il le faisait pour la lampe du Très-Saint-Sacrement ; et ici encore, bien des fois, le prodige répondit à la foi et à la piété de cet amant de Jésus crucifié.

Le serviteur de Dieu revenait un jour de Cerami, en compagnie de D. Sébastien d'Aquila, honorable habitant de Nicosie. Sur leur chemin se trouvait une petite chapelle dédiée au Saint-Crucifix ; la porte en était pour le moment fermée ; ils s'arrêtèrent néanmoins pour prier un instant. A travers un petit grillage placé au milieu de la porte, le regard investigateur de Fr. Félix remarqua que la lampe était éteinte. — « O Très-Saint-Crucifix, s'écria-t-il, ô lumière du monde, on vous laisse dans l'obscurité ! » — Pendant qu'il continuait à se lamenter, D. d'Aquila ayant regardé à son tour par le grillage, vit soudain la lampe briller d'une flamme claire et vive. — « Fr. Félix, dit-il, les bons Anges ont rallumé la flamme du Crucifix. » — Le bon Frère était alors au comble de la joie ; et tout le long du chemin, il ne cessait de répéter à son compagnon : « Non, le Saint-Crucifix ne pouvait pas demeurer ainsi dans les ténèbres. »

Les *Actes* du B. Félix mentionnent plusieurs faits de ce genre ; un entre autres où l'on vit éclater à la fois l'humilité, la patience et la piété du serviteur de Dieu.

Un soir, après une longue et pénible course de quête dans la campagne, comme Fr. Félix regagnait Nicosie avec son compagnon Fr. Michel, deux messieurs de la ville se joignirent à eux. Une forte pluie qui survint ayant obligé nos voyageurs à chercher un abri, il ne s'en offrit point d'autre qu'une petite chapelle rurale placée sur leur chemin. L'entrée en était fermée par une barrière en bois ; mais Fr. Félix par des moyens à lui l'ouvrit sans difficulté, et tous y entrèrent. Devant le Crucifix était une petite lampe dont la flamme bien vacillante paraissait sur le point de s'éteindre; et Fr. Félix chercha aussitôt à la raviver ; mais comme il s'approchait, elle s'éteignit complètement. Irrité de se voir dans les ténèbres, Fr. Michel s'emporta violemment contre son pieux compagnon. — « Maladroit, lui cria-t-il, tête sans cervelle, tu ne peux donc réussir à rien ! » Les deux séculiers étaient tout contristés de voir traiter ainsi le vénéré Fr. Félix. Quant à celui-ci, ne répondant pas une syllabe à ces paroles blessantes, il se mit à prier en silence aux pieds du Crucifix. La pluie ayant enfin cessé, comme nos voyageurs se disposaient à quitter la chapelle, la lampe soudain se mit à briller, projetant une douce clarté sur le Saint-Crucifix aux pieds duquel venait de prier l'humble Frère. — « Frère Michel, s'écria Fr. Félix tout joyeux, voici la lampe qui brille ; le Saint-Crucifix ne devait pas demeurer dans l'obscurité. »

— Et il entonna le *Te Deum*, auquel ses compagnons de voyage s'associèrent de bon cœur. Les deux messieurs et Fr. Michel n'en revenaient pas d'avoir vu se rallumer ainsi tout-à-coup cette lampe depuis longtemps absolument éteinte.

La méditation assidue des souffrances du Sauveur rendit Fr. Félix impitoyable envers lui-même, et lui inspira ces étonnantes mortifications qui firent de sa vie une crucifixion continuelle.

CHAPITRE VII

Le Serviteur de Marie

Salve, Regina, Mater misericordiæ, vita, dulcedo et spes nostra salve; ad te clamamus exules.

Salut, ô Reine, Mère de la miséricorde, notre bonheur et notre espérance, salut! Du fond de notre exil, nous crions vers vous.

SOMMAIRE. — Marie-Immaculée. — Les trois pointes de roseau. — Les sept cierges. — L'Oratoire de l'Immaculée. — Préparation et joie aux fêtes de Marie. — L'*Ave Maria* et les enfants. — Pieuses pratiques. — Les cédules de Marie-Immaculée. — Miracle. — Tout par Marie. — L'Addolorata. — Les sept *Salve* à minuit. — Sœur Fidèle. — Une épine dans l'œil. — La jarre réparée. — Le tonneau. — Le Nom de Marie. — Le grand saint Joseph. — Miracle. — Saint Michel et les Saints.

A quels termes recourir pour donner une idée exacte de la foi, du respect, de l'amour filial qu'éprouvait Fr. Félix pour la Mère de Dieu !

Il avait coutume de l'appeler : Mère, ou Maman, *Mamma mia*. Et son accent, et le feu de son regard disaient assez que cette expression était dictée à ses lèvres par son cœur. — « Marie ! répétait-il souvent, elle est le canal par lequel les grâces divines arrivent à flots sur nous, pauvres pécheurs ! »

En vrai fils du Patriarche d'Assise, Fr. Félix honorait particulièrement en Marie le grand privilège de l'Immaculée-Conception. Le plus bel ornement de sa pauvre cellule était une gravure en papier représentant Marie-Immaculée, écrasant la tête du serpent infernal. Cette image était fixée à la muraille par *trois* petites pointes de roseau. Ce nombre de *trois* devait sans doute lui rappeler sans cesse que Marie, suivant le langage des Pères, est le *Complément de l'Adorable-Trinité*. — *Salut, Fille du Père ! Salut, Mère du Fils ! Salut, épouse du Saint-Esprit ! Salut, Temple de la Trinité-Sainte !*

Ces trois pointes de roseau devaient aussi rappeler à Fr. Félix le roseau dérisoire et les clous de la Passion de Notre-Seigneur, par l'application anticipée de laquelle Marie a été créée sans tache. *O Dieu*, s'écrie l'Eglise, *c'est par les mérites de la Passion de votre Fils, que vous avez préservé Marie de toute tache du péché*..... Ex morte Filii tui prœvisa, eam ab omni labe præservasti.

Devant cette humble mais précieuse image, le serviteur de Dieu récitait tous les soirs le saint Rosaire, en intercalant entre chaque dizaine cette invoction : *Soit louée mille fois Marie, la Mère-*

Immaculée! — Et il recommandait aux âmes pieuses cette pratique de dévotion.

Chargé par son supérieur de l'Oratoire de l'Immaculée-Conception, situé dans le grand corridor des cellules, Fr. Félix l'entretenait avec un soin minutieux. Une lampe y brillait jour et nuit devant la statue de Marie. Le samedi, à l'heure où d'autres religieux se joignaient à Félix pour chanter les litanies de la Vierge dans cet oratoire, sept cierges brûlaient sur le petit autel. *Sept!* autre nombre mystérieux qui devait rappeler les sept dons du Saint-Esprit dont Marie a reçu la plénitude et auxquels sa médiation nous fait participer. Fr. Félix tenait à ses sept cierges du samedi; et lorsqu'il n'avait pas pu s'en procurer en quantité suffisante, il divisait ceux qu'il avait; mais il fallait absolument sept lumières aux pieds de Marie, pour le chant des litanies.

Aux jours solennels, Fr. Félix ornait l'oratoire de belles fleurs embaumées et de guirlandes formées de branches odoriférantes, telles que laurier, romarin et autres de ce genre. En ces jours, il fallait que tout, dans l'oratoire, respirât la piété et la suavité de la dévotion. Mais le plus bel ornement de cet oratoire était le serviteur de Dieu dans les longues et fréquentes stations qu'il y faisait. Qu'il était beau à voir, agenouillé, immobile, les yeux baissés, les mains jointes ou croisées sur sa poitrine, aux pieds de la Mère immaculée!

Il se préparait par une neuvaine de prières ferventes et de rigoureuses pénitences à toutes les fêtes de Marie. Le jour de la solennité étant venu, son visage apparaissait tout illuminé et comme rayonnant de joie. Ces jours-là, il faisait faire trève à ses habitudes de silence; et, à chaque religieux qu'il rencontrait par le couvent, il disait avec transport : — « Bénie soit l'heure où naquit la grande Reine! Soit louée et exaltée à jamais l'incomparable pureté de Marie! A toute heure et à tout moment, soit loué le Saint-Sacrement! » — Le Bienheureux associait ainsi dans ses transports la Vierge-Marie et l'adorable sacrement de nos autels. C'est qu'en effet, cette chair de Jésus-Christ que nous adorons sous le voile sacramentel et qui nous est donnée en nourriture dans la sainte Communion, c'est la chair de Marie. *Caro Christi, caro Mariæ.*

Chaque image, chaque statue de Marie, placée sur le chemin de Fr. Félix, provoquait sa prière et ravivait la flamme surnaturelle dont son cœur était embrasé. Tout près du couvent, sur la voie publique, était un petit monument dédié à Notre-Dame-des-Sept-Douleurs, l'*Addolorata*. Le serviteur de Dieu, toutes les fois qu'il allait en ville ou qu'il en revenait, ne manquait pas de s'agenouiller devant cet oratoire et d'y prier parfois assez longtemps, quelque temps qu'il fît, et quelque fût le fardeau dont il était chargé. Avant et après sa prière, il baisait avec amour le piédestal qui supportait l'image de la Mère de douleurs.

Si, en approchant de ce monument, il apercevait

des enfants jouant dans les environs, il ne manquait pas de les appeler; et, les faisant mettre à genoux, il récitait avec eux un *Ave* et un *Salve Regina*; puis il les congédiait et prolongeait sa prière.

D'autres fois, pendant qu'il priait, les petits enfants qui rôdaient dans le quartier venaient autour de lui criant et se poussant, et le poussant lui-même. Ils le tiraient par la corde, par le manteau, par le capuce; parfois ils lui jetaient des pierres ou en jetaient dans sa besace. Mais lui, tout absorbé dans la contemplation de Celle qu'il saluait et invoquait, demeurait absolument insensible.

Dans toutes les maisons où il entrait, soit pour la quête, soit pour quelqu'office de charité, s'il voyait une image de la Mère de Dieu, il ne manquait pas de s'agenouiller à ses pieds et de réciter une prière.

Avant chacune de ses actions, il récitait pieusement l'*Ave Maria*, et conseillait à ses confrères, et même à tous, de faire de même.

Il recommandait à tous la récitation quotidienne du saint Rosaire, et une tendre dévotion à Marie-Immaculée.

Une personne pieuse le priant un jour de lui indiquer une bonne pratique de dévotion qu'elle pût accomplir quotidiennement : — « Vous réciterez tous les jours, lui dit-il, neuf *Pater*, *Ave* et *Gloria*, pour honorer, en union avec les neuf chœurs des Anges, la Très-Sainte Trinité dans les grâces, faveurs et prérogatives accordées à Marie dans son Immaculée-Conception. »

Pour propager davantage la dévotion à l'Immaculée-Conception, le Bienheureux distribuait de petites cédules sur lesquelles on lisait : *Sainte Marie-Immaculée, Mère de Dieu, priez pour nous;* ou même simplement : *Marie-Immaculée.* Il exhortait les fidèles à apposer de ces cédules sur les portes de leurs demeures, pour en éloigner les esprits mauvais et les fléaux de la colère divine ; et des prodiges sans nombre couronnèrent cette confiance du serviteur de Marie et de ceux qui avaient cru à sa parole.

Il en donnait aux malades qu'il allait visiter, parfois même il leur conseillait de les avaler comme un remède bien plus efficace que tous les autres ; et le prodige lui donna raison.

Une femme souffrait depuis trois jours les douleurs de l'enfantement, sans pouvoir être délivrée par aucune assistance ; sa vie était en grand danger. La mère de cette pauvre malade alla se recommander à Fr. Félix. Celui-ci lui remit d'abord une image bénite de Marie pour la placer sur la malade ; puis trois cédules de Marie-Immaculée que la malade devait prendre en récitant à chaque fois trois *Gloria Patri.* — « Et ne manquez pas, ajouta-t-il, de bien invoquer Jésus, Marie, Joseph, et la bonne mère sainte Anne. » — On suivit à la lettre les prescriptions de Fr. Félix ; et à peine la malade venait-elle d'absorber la troisième cédule qu'elle fut heureusement délivrée. Elle mit au monde une petite fille à laquelle on donna le nom de Marie.

« J'ai connu, depuis mon bas-âge jusqu'à sa mort,

le saint Frère Félix, dépose Oliva Campagna ; et je me rappelle qu'il venait souvent quêter des cierges chez mes parents. C'était, disait-il, pour les faire brûler tous les samedis devant sa Madone, pendant que les religieux y chantaient les litanies. Il prenait de là occasion de nous recommander à tous d'avoir grande dévotion à *Maria Santissima*, et de ne jamais rien faire qui put lui déplaire. Un jour qu'il vint ainsi chez nous pour cette quête, je me trouvais bien, bien malade ; et mes parents étaient fort inquiets. — « Ce n'est rien, ce n'est rien, leur dit Fr. Félix, la Madone-Immaculée la guérira. » — Il leur remit alors de petites cédules sur lesquelles étaient écrits ces mots : *Sainte-Marie-Immaculée;* en leur recommandant de m'en faire prendre trois chaque matin pendant trois jours, en l'honneur de la Sainte Trinité. Mes parents se conformèrent scrupuleusement à ses recommandations ; et, sans avoir usé d'aucun autre médicament, je guéris parfaitement de cette dangereuse maladie ; et jamais plus elle n'est revenue. » — L'enfant, en effet guérit si bien, qu'elle parvint à un âge très avancé. A l'âge de soixante-quatorze ans, parfaitement saine de corps et d'esprit, elle déposa au procès de 1847 ce qu'on vient de lire. Mais écoutons-la encore.

« Lorsque je fus guérie, continue-t-elle, Fr. Félix me dit un jour : — « Puisque la Madone t'a guérie, il faut lui témoigner ta reconnaissance. Pour cela, tu réciteras tous les jours à cette intention, tant que tu vivras, et avec grande piété, un *Ave* et un *Salve*

Regina. Et tu y ajouteras un *Credo* en l'honneur du petit Jésus, pour qu'il te fasse grandir en sagesse. »
— « Un peu plus tard, ce bon saint Frère Félix m'apprit diverses petites invocations telles que : *Bénie soit l'heure où naquit la grande Reine ! Louée soit à jamais la pureté de Marie ! A toute heure et à tout moment, loué soit le Saint-Sacrement !* Il m'exhortait à les répéter souvent, principalement quand j'entendais sonner les heures. Il me recommandait aussi une grande dévotion envers le grand Patriarche saint Joseph ; et il m'apprit à le saluer ainsi : *Saint Joseph sans tache, tant aimé de Jésus, chaste époux de Marie, protégez-moi !*

« Il est arrivé plusieurs fois, continue le témoin, que Fr. Félix s'est trouvé chez mes parents dans l'après-midi, à l'heure où les cloches sonnaient pour la Passion. Il nous faisait alors tous mettre à genoux, mes parents et moi, et nous faisait réciter avec lui cinq *Credo*, puis cinq *Pater, Ave, Gloria*, en mémoire de la Passion et de la mort de Notre-Seigneur Jésus-Christ. Ensuite il me faisait dire un *Pater, Ave, Gloria* pour le Souverain-Pontife. Et toutes ces choses sont présentes à ma mémoire comme au premier jour. »

Le serviteur de Dieu jeta pieusement de ces cédules de Marie-Immaculée dans des incendies, et ils s'éteignirent ; dans des tonneaux de vin gâté, et le vin retrouva sa saveur première ; dans des champs que ravageaient les insectes, et ces bêtes malfaisantes disparurent ; dans des campagnes infectées par les serpents, et ces odieux animaux ne reparurent plus.

La plupart des prodiges qui remplissent la vie de Fr. Félix furent obtenus par sa foi et sa prière à Marie-Immaculée. D'avance il les attribuait tous à la puissance et à la bonté de Marie. En présence des catastrophes, ce semble, les plus irrémédiables : — « Ce n'est rien, ce n'est rien, disait-il, *non è niente*, la Vierge-Immaculée est assez puissante pour remédier à tout cela. La douce Marie ne vous laissera pas dans la peine. » — Et la confiance renaissait au cœur des plus désespérés.

Quand le Bienheureux parlait des grandeurs et de la bonté de Marie, c'était avec des expressions si bien choisies et imprégnées d'une telle foi, que tous ses auditeurs en étaient dans le ravissement.

Une de ses exclamations les plus fréquentes et les plus chères était celle-ci : *Jésus et Marie, je vous donne mon cœur et mon âme, maintenant et à l'heure de ma mort !*

Après l'Immaculée-Conception de Marie, les douleurs de cette Mère admirable étaient l'objet de la tendre dévotion de Fr. Félix. Il a déjà été parlé de ses fréquentes et longues stations à l'oratoire de l'*Addolorata*, près du couvent ; mais ces stations ne suffisaient pas à sa piété. Dans la nuit du jeudi au vendredi, au coup de minuit, il commençait cette journée consacrée au souvenir de la Passion du Sauveur, en récitant sept *Salve Regina*, en l'honneur des sept douleurs de Marie. Ces *Salve Regina* que

Fr. Félix récitait ainsi dans la nuit du jeudi au vendredi, étaient un hommage de compassion affective rendu aux douleurs qu'avaient dû ressentir l'âme et le cœur de Marie dans la nuit de la Passion. Dans cette nuit cruelle, séparée de son divin Fils, Marie le savait aux mains de la soldatesque, livré à toutes les ignominies et à tous les tourments.

Chaque jour aussi, Fr. Félix s'acquittait de diverses pratiques de piété en mémoire des douleurs de sa Mère.

Il voulut en outre, ce semble, mettre en pratique à la lettre ces paroles de la sainte liturgie : *Garde-toi d'oublier, et souviens-toi de tout ton cœur des douleurs de ta mère, afin que la miséricorde et la bénédiction reposent pleinement sur toi.* IN TOTO CORDE TUO GEMITUS MATRIS TUÆ NE OBLIVISCARIS, UT PERFICIATUR PROPITIATIO ET BENEDICTIO. *(Off. 7 dolor. B. M. R. VIII.)*

Pour avoir continuellement sur lui un mémorial sensible des douleurs de Marie, et en ressentir l'amertume, il imagina de suspendre sur sa poitrine, du côté du cœur (*al lato manco*), une plaquette armée de sept pointes aiguës. Il la porta pendant trente années, les trente dernières de sa vie. Dans sa dernière maladie, il voulut avoir près de lui, pour adoucir ses souffrances, et le soutenir dans l'abattement de la fièvre, une image de la Mère de douleurs. Son dernier regard fut pour l'*Addolorata*, comme les deux derniers noms qui s'échappèrent ici-bas de ses lèvres furent les noms augustes de Jésus et de Marie.

Le pèlerinage sur terre de ce grand serviteur de Marie, se termina au dernier jour du mois que la piété a consacré à cette douce et miséricordieuse reine. Marie, mère de l'Ordre franciscain, a voulu dans son mois préféré donner à cet Ordre une nouvelle gloire et un nouveau protecteur en la personne du B. Félix. Déjà, dans ce même mois, Marie nous avait donné saint Pierre Régalat, saint Pascal Baylon, saint Bernardin de Sienne, saint Félix de Cantalice, le B. Benoît d'Urbino, le B. Crispino de Viterbe, la B^{se} Humilienne, saint Ferdinand, sainte Angèle Mérici. Qu'il est donc bon et utile d'aimer Marie et de la faire aimer !

Toutes les pratiques de dévotion que Fr. Félix avait adoptées, soit en l'honneur de l'Immaculée-Conception, soit en l'honneur de l'*Addolorata*, il les recommandait aux autres, à ses confrères, aux âmes pieuses, même aux enfants. Ecoutons à ce sujet le témoignage de Sœur Fidèle Laporta, tertiaire, de laquelle il est souvent question dans la vie de Fr. Félix, car elle était son intermédiaire dans ses œuvres de charité.

« Frère Félix, dit-elle, me fit prendre l'habitude de réciter tous les soirs à l'heure de complies trois *Ave* et trois *Gloria*, devant l'image de l'*Addolorata*. Tous les vendredis de l'année, sur le minuit, ou tout au moins de grand matin, je devais dire sept *Salve Regina* devant cette même image. Tous les soirs, je devais intercaler entre les quinze dizaines du Rosaire l'invocation : *Soit louée mille fois, Marie, la Mère-*

Immaculée. Et toutes les fois que ce saint homme me recommandait ces diverses pratiques, il ne manquait pas d'ajouter : « Faites bien attention, il faut dire toutes ces prières à genoux ; Dieu et la Vierge-Immaculée en sont plus honorés. »

A l'époque du procès de béatification, la bonne Sœur Fidèle n'était plus de ce monde. C'est une de ses compagnes qui a rapporté son témoignage, ajoutant qu'elle et bien d'autres avaient appris de Sœur Fidèle à pratiquer ce que lui avait enseigné Fr. Félix.

Une pauvre femme de la campagne, nommée Françoise Tussu, en travaillant dans les champs, tomba sur des buissons, et une longue épine de poirier sauvage s'enfonça au-dessous de son œil. Elle voulut la retirer, mais l'épine se brisa et la pointe demeura dans les tissus. Il en résulta une violente inflammation et un gonflement extraordinaire de tout l'organe visuel ; personne ne put parvenir à retirer l'épine qui causait tout le mal. La pauvre femme vint à Nicosie se recommander à Fr. Félix, et trouva un asile chez Sœur Fidèle ; car cette bonne sœur donnait généreusement l'hospitalité aux pauvres gens de la campagne qui venaient en ville pour voir le serviteur de Dieu. Elle fait prier Fr. Félix de venir auprès de la malade ; il vient. A la vue de cet œil démesurément enflé et tout noir, le cœur charitable du saint homme est ému de pitié. Il tombe à genoux, avec la malade et Sœur Fidèle, devant une image de Marie. Sa prière fut longue. Quand il se releva, il appliqua l'extrémité de sa corde sur l'œil meurtri, et immédiatement la douleur cuisante cessa. La nuit suivante la malade dormit tranquillement ; ce qui ne lui était pas arrivé depuis sa chûte. Le lendemain matin, elle se trouva complètement guérie ; et son visage ne présentait nulle trace de l'accident.

Sœur Fidèle, occasion et témoin des prodiges opérés chez elle par Fr. Félix en faveur des étrangers, recourut pour elle-même au thaumaturge, en toute simplicité. Elle avait un unique tonneau pour conserver la provision de vin dont les pauvres et les étrangers profitaient plus qu'elle-même. Or, ce tonneau était vieux ; presque chaque année il fallait le faire réparer ; c'était une dépense et un souci. D'autre part, la bonne Sœur redoutait d'en acheter un neuf ; les pauvres y auraient perdu. Elle fit part de son embarras à Fr. Félix. — « Ce n'est rien, dit-il, la Madone-Immaculée arrangera tout cela. » — Et il jeta dans le vieux tonneau une de ses cédules de Marie-Immaculée. — « Avec cela, dit-il à Sœur Fidèle, vous n'aurez plus besoin de faire réparer votre tonneau. » — Et ce fut vrai. Le tonneau tint bon pendant les quarante ans que vécut encore Sœur Fidèle ; et jamais plus elle n'eut à le faire réparer. Après la mort de la bonne Sœur, ses héritiers voulurent le transporter ailleurs ; mais dans le trajet il s'effondra ; et il fut impossible d'en tirer parti.

Sœur Fidèle ne fut cependant pas pleinement satisfaite du résultat amené par la cédule de Marie-

Immaculée. Son tonneau tenait bon, mais il était vieux quand même, et il communiquait au vin un mauvais goût; les malades se plaignaient, les pauvres murmuraient. En même temps, la grande jarre en terre où la Sœur tenait sa provision d'eau, commençait à accuser un long service; des fissures se manifestaient de çà et de là; l'eau fuyait. Il eut fallu remplacer cette jarre par une autre; mais les pauvres auraient souffert de cette dépense, et la bonne Sœur y répugnait. Simplement, elle exposa son embarras et sa peine à Fr. Félix. Ce qu'avait commencé la foi du serviteur de Dieu en Marie-Immaculée, fut achevé par sa foi au mystère Eucharistique. Sœur Fidèle s'était chargée, par charité, de laver le linge de la sacristie des Capucins. — « Savez-vous, lui dit Fr. Félix, ce qu'il faut faire ? La prochaine fois que vous laverez les corporaux et les purificatoires, jetez une partie de cette eau dans votre jarre; elle ne perdra plus; jetez l'autre partie dans votre tonneau; il n'aura plus mauvais goût. » — La bonne Sœur fit tout simplement et en toute confiance ce que lui avait dit le serviteur de Dieu; et elle put constater la vérité de sa promesse. Les pauvres et les hôtes besogneux de Sœur Fidèle furent assurés de trouver toujours chez elle de l'eau en quantité, et du vin potable.

Mais si la douce Reine du ciel ne savait rien refuser à son très fidèle et très aimant serviteur, le serviteur non plus ne savait rien refuser de ce qui lui était demandé au nom de Marie, sa reine tant aimée.

Fr. Félix allait un jour quêter dans la campagne avec son compagnon ordinaire, Fr. Mariano. Comme ils cheminaient tous deux, un paysan qui paraissait fort chagrin s'approche de Fr. Félix et lui dit : — « Mon Frère, on m'a volé ma jument ; priez, s'il vous plaît, que je la retrouve. » — Le serviteur de Dieu parut n'avoir ni vu, ni entendu le paysan ; et il continua à cheminer. Peut-être même, tout absorbé en Dieu, n'avait-il rien entendu. Le pauvre paysan était tout interdit ; Fr. Mariano en eut pitié. S'approchant de lui : — « Parlez encore à Fr. Félix, dit-il, ne vous découragez pas ; parlez-lui encore, il finira bien par vous dire quelque chose. » — Le pauvre homme court après Fr. Félix. — « Mon Frère, lui dit-il d'un ton plus suppliant, ma jument a disparu, volée ou perdue. Pour que je la retrouve, priez, s'il vous plaît, la Vierge Marie. » — A ce nom de Marie, Fr. Félix s'arrêta. — « Marie, soupira-t-il, oui, elle peut tout ! » — Aussitôt il s'agenouilla dans la poussière du chemin, fit agenouiller Fr. Mariano et le paysan, et récita lentement avec eux un *Ave Maria*. S'étant relevé, il dit au paysan : « Allez dans telle direction, dans la vallée paissent plusieurs chevaux, et parmi eux votre jument. » Le paysan alla à l'endroit désigné, et y trouva ce qu'il cherchait.

Après Marie-Immaculée, Fr. Félix honorait et aimait tendrement le grand saint Joseph, en lequel il vénérait le père nourricier, le gardien de Jésus, et le chaste Epoux de Marie. Chaque jour, il lui consacrait quelques pratiques particulières de dévotion ; et il recommandait aux autres de faire de même. Il exhortait les âmes pieuses à réciter souvent en l'honneur de ce grand Patriarche et principalement la veille de sa fête, trois *Pater*, *Ave* et *Gloria*, la face contre terre. — « Faites cela, disait-il, pour adorer en saint Joseph la Trinité-Sainte qui l'a choisi pour être le dépositaire de ses secrets ici-bas, et pour être le chef de la Trinité créée, qui est la sainte famille. »

En récompense de sa tendre et persévérante dévotion, il fut donné à Fr. Félix d'opérer des prodiges en faveur de ses chers pauvres, au jour de la fête de saint Joseph.

Une personne pieuse de Cerami, Antonia Laporta, avait coutume, au jour de la fête de saint Joseph, de donner un petit festin à un certain nombre de pauvres. Une année, ses vignes ayant été ravagées par les brumes du printemps précédent, elle manquait de vin. En conséquence elle résolut de ne pas convier ses pauvres au repas traditionnel ; il lui semblait trop pénible et trop humiliant de ne pas pouvoir égayer ce repas par un peu de vin. Elle fit part à Fr. Félix de sa résolution. — « Vous avez tort, lui répondit le serviteur de Dieu. Il faut inviter vos pauvres quand même. Si vous n'avez pas de vin à leur offrir, vous leur servirez de l'eau, voilà tout. Invitez-les donc ; et, si cela peut vous encourager, je vous promets de venir vous aider à les servir. »

Antonia invita donc ses pauvres, mais ne pouvant

se résoudre, malgré les dires de Fr. Félix, à ne point leur offrir de vin, elle essaya d'en quêter chez des gens aisés de la localité. Elle ne put en trouver qu'un petit bocal ; le vin ayant manqué cette année-là dans toute la région. Avec grand regret elle prépare des bocaux pleins d'eau, pensant réserver pour la fin du repas le petit bocal de vin qu'elle avait eu tant de peine à se procurer. A l'heure dite, Fr. Félix arrive tout joyeux pour servir les pauvres. Il distribue d'abord le potage, puis, s'emparant du bocal de vin, il verse à la ronde ; le bocal fut vite épuisé. — « Apportez-moi donc d'autre vin », dit Fr. Félix à la maîtresse de la maison. — « Mais, répond celle-ci toute confuse, vous savez bien que je n'en ai plus. Ne m'avez-vous pas dit vous-même de servir de l'eau ? A grand'peine j'avais trouvé ce peu de vin que je pensais servir à la fin du repas. Maintenant que vous l'avez épuisé je ne puis vous offrir que de l'eau. » — En même temps elle présente à Félix un des bocaux préparés. Le serviteur de Dieu regarde. — « Que me dites-vous donc ? s'écrie-t-il. Mais c'est du vin que vous me donnez ; regardez plutôt. » Et c'était vrai. Tous les bocaux dans lesquels Antonia avait elle-même mis de l'eau pure, étaient pleins d'un excellent vin. Les pauvres y firent honneur ; leur fête fut complète.

Semblable fait se renouvela à pareil jour, et avec des circonstances à peu près semblables, dans la maison d'une personne pieuse de la ville même de Nicosie. Tous ceux à la connaissance desquels parvinrent ces prodiges se sentirent merveilleusement excités à honorer saint Joseph en la personne des pauvres.

A l'exemple de François d'Assise, Fr. Félix professait un culte spécial pour le Prince de la milice céleste, l'archange saint Michel. Il se préparait à sa solennité par un jeûne particulier de quarante jours, comme l'avait fait le séraphique Père. Au bas de l'escalier principal du couvent était une statue du glorieux archange. Fr. Félix ne manquait pas de la saluer respectueusement au passage ; et, s'il avait le temps, il s'y arrêtait pour invoquer le triomphateur du dragon.

Tous les saints en général lui étaient chers ; mais plus particulièrement les saints apôtres, et le séraphique P. S. François. Il avait coutume de désigner ce dernier par cette expression orignale : *les mains clouées* (*le mani inchiodate*); qui rappelait les stigmates dont le B. Père a été honoré.

Il honorait aussi d'un culte spécial ses saints patrons de baptême et de religion, et les saints protecteurs des lieux où il se trouvait.

CHAPITRE VIII

Le Frère quêteur.

Fratres... tanquam peregrini et advenæ in hoc sæculo, in paupertate et humilitate Domino famulantes, vadant pro eleemosyna confidenter. Nec oportet eos verecundari, quia Dominus pro nobis se fecit pauperem in hoc mundo. — Reg. S. F. ch. VI.

Les Frères... comme pèlerins et étrangers en ce siècle, servant le Seigneur en pauvreté et humilité, aillent avec confiance à l'aumône. Et il ne faut pas qu'ils en aient honte, car pour nous le Seigneur s'est fait pauvre en ce monde.

Le serviteur de Dieu n'eût, pour ainsi dire, pas d'emploi spécial ; mais tantôt l'un tantôt l'autre, selon que les circonstances le demandaient, ou selon qu'il plaisait à son supérieur. S'il y avait des malades, il était infirmier ; s'il n'y en avait pas, il était successivement portier, jardinier, aide cuisinier, quêteur.

Ce qui est hors de tout doute, c'est que jamais on ne le vit oisif. — « Dans mon enfance, rapporte un témoin, je fréquentais la classe du P. Michel-Ange, au couvent des Capucins, et j'ai eu bien des occasions de voir Fr. Félix. Je ne me rappelle pas l'avoir jamais vu un seul instant inoccupé. Nous l'interpellions souvent, mes camarades et moi : « Mais, Fr. Félix vous travailllez donc toujours? » — « Mes enfants, nous répondait-il, il faut toujours travailler, c'est la volonté de Dieu. Le travail est le trésor du corps et de l'âme. »

Fr. Félix avait une telle horreur pour l'osiveté, que, même dans les maisons des bienfaiteurs où il était parfois obligé de séjourner, ses prières une fois dites, il s'occupait de quelque chose d'utile, comme réparer un meuble ou un ustensile, balayer, épousseter, nettoyer. Dans les petits moments libres que lui laissaient ses divers emplois, tantôt il mettait à profit son talent de cordonnier en réparant les vieilles chaussures des pauvres, tantôt il fabriquait de petites croix de bois qu'il distribuait ensuite aux fidèles. Il teignait quelquefois ces croix avec son sang ; mais il se gardait bien de le faire connaître ; on ne le sut que par surprise.

Jusqu'à son dernier souffle, Fr. Félix s'est occupé activement. La fièvre qui devait l'emporter le trouva travaillant au jardin ; c'est là, sur le sillon, qu'on releva cet ouvrier infatigable pour le transporter sur le grabat où trois jours après il devait mourir.

Avant de commencer tout travail, le saint Frère récitait pieusement un *Ave Maria* et une prière pour les pauvres âmes du purgatoire; et si le travail devait être long et pénible, sa prière pour les morts était un *Miserere*. Il recommandait à ses confrères de faire de même ; et il fit si bien que la coutume s'introduisit dans sa Province, et s'y est toujours maintenue depuis, de commencer toute action par l'*Ave Maria* et une prière pour les morts.

Bien que le serviteur de Dieu ait exercé à peu près tous les emplois, il a cependant exercé plus particulièrement et plus longtemps les emplois de quêteur et d'infirmier ; il les a même exercé simultanément.

Dès son arrivée au couvent de Nicosie, Fr. Félix fut adjoint au quêteur principal. Telle fut sa religiosité dans ce rang secondaire, qu'environ un an après, il fut investi des fonctions de quêteur en titre. Il les remplit jusqu'à sa mort, c'est-à-dire pendant quarante-trois ans. Jamais il ne demanda à en être déchargé, même alors que de cruelles infirmités, et enfin les années, semblaient le rendre incapable de s'acquitter de ces rudes fonctions.

Partout où la chose est possible, les Capucins ne doivent pas amasser à l'avance de grandes provisions, même des objets les plus nécessaires, ils doivent se les procurer au jour le jour. La communauté de Nicosie était nombreuse ; à Fr. Félix incombait le souci et la peine de lui procurer le pain quotidien. C'était d'ordinaire les mercredis et samedis qu'il faisait la quête du pain ; mais il n'y avait pas que le pain à procurer.

Voici comment le saint Frère se comportait dans

son office de quêteur. Ses exercices religieux exactement accomplis, et la bénédiction de son supérieur reçue, il partait. Tout d'abord, en passant devant l'église du couvent, il faisait quelques instants d'adoration ; et tout au moins si les ordres de son supérieur étaient pressants, une prostration à deux genoux, la face contre terre. Un peu en dehors du couvent, l'oratoire de l'*Addolorata* réclamait la station dont il a été parlé.

Puis Fr. Félix allait par les rues, les yeux baissés, la besace sur les épaules, la main droite ordinairement appuyée sur sa poitrine. Il était toujours tête nue, sans calotte ni couvre-chef, sans même se protéger la tête par son capuce, quelque temps qu'il fît; en telle sorte que par les temps de neige et de pluie on voyait comme une nuée de vapeur flotter autour de sa tête chauve.

Arrivé à la porte des bienfaiteurs, il disait à voix très haute, de façon à être entendu de l'intérieur de la maison : *Loué soit Jésus-Christ !* Et il ajoutait sur un ton plus bas la parole évangélique rappelée par la règle franciscaine : *La paix soit à cette maison et à tous ceux qui l'habitent !* Puis, comme un pauvre, il attendait qu'on vînt à lui ; et en attendant, il priait, toujours les yeux baissés, toujours immobile. Sa prière était si fervente que parfois il fut ravi en Dieu à la porte même des bienfaiteurs ; deux de ses confrères en furent témoins.

Dans les premières années de sa vie religieuse, jamais il n'entrait dans les maisons, à moins qu'il n'eût un ordre formel de son supérieur, ou que la nature de la quête du jour ne le demandât. Plus tard, d'après les avis de son supérieur, il fit moins de difficultés d'entrer chez les bienfaiteurs ; mais encore n'y entrait-il que s'il y avait une utilité réelle ; autrement il se tenait à la porte. Venait-on lui dire qu'il n'y avait rien pour lui, toute sa réponse était : *que la sainte volonté de Dieu soit faite !* Et impassible et priant toujours, absolument étranger à ce qui pouvait s'agiter autour de lui, il se dirigeait vers une autre maison.

Parfois certaines gens le rebutaient grossièrement ; mais l'humble quêteur acceptait les injures en silence, pour l'amour de Jésus crucifié. Si ces gens paraissaient trop emportés contre lui : « Pour l'amour de Marie-Immaculée, leur disait-il d'un ton suppliant, ne vous troublez pas, je m'en vais. »

A ceux qui lui faisaient l'aumône, il ne manquait pas de répondre : *Soit pour l'amour de Dieu !* Au reste le pauvre Frère n'était pas importun, et il ne demandait jamais que les choses vraiment nécessaires à sa communauté. Si on lui offrait des choses autres que celles qui lui avaient été désignées par son supérieur : « Je n'ai pas la permission de les accepter, disait-il simplement. » — Et il ne les acceptait pas, quelque instance qu'on lui fît.

Lorsque les maîtres des maisons où il se présentait étaient absents, il ne voulait rien recevoir des serviteurs, ni même des enfants de la maison, à moins qu'il ne les sut certainement autorisés par leurs parents ou leurs maîtres. Et s'il savait par expérience que les bienfaiteurs ne lui donnaient que telle quantité, il n'acceptait pas, même de leurs enfants, une quantité plus grande. — « Non, leur disait-il, votre mère ne me donne ordinairement que cela. » — Et nulle instance ne pouvait le fléchir.

Fr. Félix ne se contentait pas de prier ensuite pour les bienfaiteurs ; il leur témoignait sa reconnaissance en leur donnant de fois à autre, avec la permission de son supérieur, quelques produits du jardin du couvent, comme des fleurs, des légumes frais, des olives, des plantes aromatiques ou médicinales qu'il cultivait lui-même.

A certaines époques, Fr. Félix devait faire la quête du vin. Pour cette quête, il y avait, entr'autres ustensiles, une outre qui pesait bien, lorsqu'elle était pleine de liquide, plus de cent livres italiennes ; nul des Frères, même des plus robustes, ne voulait s'en charger. Fr. Félix l'accepta sans objection ; et il eut souvent à la porter pendant de longs trajets.

Plusieurs fois il lui arriva de tomber sous ce pesant fardeau, et dans ces chutes, il se meurtrit grièvement ; des infirmités pénibles et incurables en résultaient pour lui. Jamais cependant il ne se plaignit, jamais il ne perdit un seul instant sa sérénité. Un jour qu'il était tombé plus rudement sous le poids de cette outre, un ami du couvent courut à lui, le releva et s'offrit à porter son fardeau jusqu'au couvent. — « Non, non, répondit vivement Fr. Félix ;

c'est ma Croix, il faut que je la porte. Soit pour l'amour de Dieu. »

Mais Fr. Félix n'avait pas à faire la quête dans la seule ville de Nicosie, il devait à certaines époques parcourir les bourgades et les campagnes de Capizzi, Cerami, Gagliano, Mistretta et autres, pour procurer l'huile, le blé, le bois, la laine, etc... Pour ces quêtes, plus fatigantes et demandant un temps plus long, un compagnon était habituellement adjoint à Fr. Félix ; c'était le plus souvent son compatriote Fr. Mariano de Nicosie.

En outre, pour que le quêteur pût transporter plus facilement les lourds produits de cette quête, le couvent mettait à sa disposition une bête de somme et une carriole. Fr. Félix attelait la bête de somme, mais on ne le vit jamais monter dans la carriole. Il cheminait toujours à pied, quelle que fut sa lassitude, quelle que fut la température.

Dans ces excursions au dehors, les distances, les mauvais chemins, le mauvais temps contraignirent souvent Fr. Félix à accepter l'hospitalité des gens de la campagne. Il mettait à profit ces occasions pour catéchiser les enfants, donner de bons conseils aux parents, édifier tous ceux qui l'approchaient.

Après qu'il s'était acquitté de ses exercices religieux, l'horreur qu'il professait pour l'oisiveté le faisait s'occuper à quelque chose d'utile, ainsi qu'il a été dit plus haut. Pendant ce travail, ou bien il s'entretenait avec ses hôtes de choses édifiantes, ou bien il se renfermait dans un religieux silence.

Fr. Félix fut une fois contraint de passer la nuit dans une bergerie écartée, où se trouvaient un certain nombre de bergers sous les ordres du propriétaire. Après le repas du soir, ce dernier qui était un fort brave homme, récita avec tout son monde le chapelet, auquel il ajouta ensuite une longue et interminable kyrielle de *Pater* et d'*Ave* en l'honneur de quantité de saints du Paradis, mais Fr. Félix remarqua que la plupart de ces pauvres gens, par lassitude ou autrement, se laissaient aller au sommeil et ne répondaient que très imparfaitement. — « Mes amis, leur dit le bon Frère, la prière est une grande et belle chose, souverainement utile ; mais il faut s'en acquitter convenablement. Mieux vaut pour vous, croyez-moi, en faire moins à l'avenir et le faire mieux, que d'en faire beaucoup et mal comme vous le faites. » — Le bon propriétaire de la bergerie profita de l'avis de Fr. Félix et mit à l'avenir plus de discrétion dans les prières qu'il faisait réciter à ses gens.

Cet emploi de quêteur mit ainsi Fr. Félix en rapport avec des personnes de conditions et d'humeur bien différentes ; de toutes, il sut toujours se faire bien venir. La religiosité de son maintien, la réserve de ses paroles, sa charité incessante et universelle lui concilièrent tout d'abord l'estime et l'affection de tous.

Dans la conversation, jamais il ne contredisait les gens, à moins que la religion ou la charité ne l'exigeassent ; et même alors, sa parole était toujours respectueuse et douce dans sa brièveté. En présence même de la violence brutale, la parole de Fr. Félix demeurait toujours calme et pleine de douceur. Un soir qu'il revenait de la quête par des chemins solitaires, quelques jeunes mauvais sujets voulurent se jeter sur lui et lui enlever sa besace pleine de pain. Sans se troubler, Fr. Félix leur dit : — « Je ne veux pas lutter contre vous, mais il ne m'appartient pas de vous donner ce pain ; la volonté des bienfaiteurs est qu'il soit pour nous et pour les pauvres. » — Ces simples paroles prononcées avec une douce fermeté, firent rentrer en eux-mêmes ces jeunes étourdis.

Avec les bienfaiteurs, jamais Fr. Félix ne prit part à aucune conversation purement oiseuse. On le savait et personne ne s'en offusquait. Si son compagnon parlait un instant de choses et d'autres avec les gens, lui se tenait modestement à une petite distance, les yeux baissés. Mais s'il n'écoutait point et ne parlait pas davantage quand il ne s'agissait que de choses indifférentes, en revanche il écoutait avec une toute bienveillante attention l'exposé de toutes les peines ; il savait être le confident de toutes les douleurs. Alors ce silencieux trouvait en son cœur de bonnes paroles pour relever les courages abattus. — « Fr. Félix venait souvent chez mon père, dépose le forgeron François Granata. Il venait quêter le charbon de bois qui lui servait ensuite à préparer les mets de ses malades. Mon père lui confiait toutes ses peines et tous ses embarras, très grands à cette époque de mon enfance ; et le bon Frère l'écoutait patiemment; et je l'entendais qui disait à mon père : « Ayez confiance, mon bon Granata, recommandez-vous toujours bien au bon Dieu et à Marie-Immaculée, ils ne vous laisseront pas dans la peine. » — De fait, mon père triompha de toutes les difficultés. »

Toujours d'humeur égale avec ses compagnons, Fr. Félix réclamait continuellement pour lui-même la plupart des fatigues. S'il y avait deux fardeaux inégaux, il prenait le plus lourd. S'il y avait deux courses différentes à exécuter dans le même temps, il réclamait la plus longue ou la plus pénible. D'une sévérité effrayante pour lui-même, ne comptant jamais pour rien ses fatigues et ses travaux, il cherchait à éviter à ses compagnons toute souffrance.

Il était allé un jour, avec Fr. Mariano, ramasser du bois dans la forêt de l'Abua. La course avait été longue et le travail pénible, l'heure du repas était passée depuis longtemps. — « *Pays,* dit tout-à-coup Fr. Mariano, si j'avais un peu de bon pain, je le mangerais de bon appétit. » — « Est-ce bien vrai ? » demanda Fr. Félix. — « Oui, bien vrai, reprit Fr. Mariano, car je me sens bien fatigué. » — « Espérons en la divine Providence, reprit le serviteur de Dieu ; bien sûr elle ne vous manquera pas. » — Peu après, se présente aux deux Frères un gracieux adolescent, portant une corbeille pleine de beaux petits pains. — « Mes bons Frères, leur dit-il, voici du pain frais pour votre collation. » — Tout étonné, Fr. Mariano après avoir remercié, accepte de l'étranger un de ces pains qu'il remet à Fr. Félix. Celui-ci en détache une bouchée et remet le reste à son compagnon. Pendant que Fr. Mariano savourait ce pain délicieux et sentait renaître ses forces, l'adolescent disparaissait. Fr. Mariano eût beau regarder de tous côtés, il ne le vit plus.

Pareil fait se produisit dans une circonstance à peu près semblable. Les deux Frères revenaient d'une quête lointaine, chargés tous deux d'un lourd fardeau, par un temps de grande chaleur. Fr. Mariano demanda à se reposer un peu au bord du chemin, et se plaignit d'avoir bien soif. « Espérons que la divine Providence nous viendra en aide, » répondit Fr. Félix. Peu d'instants après apparaît sur le chemin un beau jeune homme. Il salue gracieusement les deux religieux : « Bons Frères, leur dit-il, vous paraissez fatigués ; permettez-moi de vous offrir un rafraîchissement. » Et il leur présente un pain et un flacon de vin.

De retour au couvent, Fr. Félix, comptant pour rien ses fatigues, se mettait de bon cœur à la disposition de son supérieur, et s'offrait à aider ses Frères dans tous leurs emplois. On le voyait ainsi tantôt porter du bois ou de l'eau à la cuisine et éplucher les légumes avec le cuisinier, tantôt travailler au jardin avec le Fr. jardinier. Puis il s'acquittait avec une fidélité scrupuleuse de tous les exercices qu'il n'avait pas pu faire avec la communauté.

A cette humilité si absolue, à cette patience que rien ne lassait, à cette générosité de tous les instants, à cette prière incessante, Dieu ne pouvait refuser la sanction des prodiges. Un *Ave Maria* récité par Fr. Félix, le contact de sa main, sa seule présence opérèrent dans les maisons des bienfaiteurs des faits étonnants, enregistrés en grand nombre sous la foi du serment au procès de béatification.

En plus de trente maisons dont les *Actes* nous transmettent les noms, le vin fut multiplié à la prière ou sous la main de Fr. Félix. Le fait arriva, entr'autres, dans la maison d'un ecclésiastique, jusqu'alors peu favorable aux Capucins. Pour se moquer du Frère quêteur, cet ecclésiastique l'amena devant un tonneau qu'il savait être absolument à sec. — « Tirez de là ce que vous pourrez, » lui dit-il d'un air malin. Fr. Félix, toujours priant, s'agenouilla, fit jouer le robinet ; un vin excellent jaillit à flots. L'ecclésiastique publia hautement le fait, et demeura depuis un des plus grands admirateurs de Fr. Félix, et un ami dévoué des Capucins.

Par erreur, une dame donna un jour à Fr. Félix de l'eau savonneuse pour de l'huile ; celui-ci n'y prenant pas garde remercia beaucoup. En rentrant au couvent, il garnit d'abord avec cette substance la lampe du Très-Saint-Sacrement qui n'en brûla que mieux. Il porta le reste au Frère cuisinier qui en assaisonna le repas de la communauté ; et le repas fut trouvé irréprochable. Cependant la dame s'étant aperçue de sa méprise, vint au couvent faire des excuses, et raconta son erreur. — « Madame, lui répondit le P. Gardien, puissiez-vous vous tromper souvent de cette façon. Fr. Félix nous a apporté de l'huile de chez vous et cette huile était excellente. »

« Frère Félix, rapporte le témoin Antonine Pécone, venait d'ordinaire chez mes parents deux fois dans l'année, aux environs des fêtes de Noël et de Pâques, pour la quête du riz ; et mes parents lui en donnaient chaque fois deux boisseaux. Un jour donc qu'il était venu, ma grand'mère, Marie Gentile, qui malgré son grand âge gouvernait tout dans la maison, m'ordonna de le conduire au grenier et de lui donner deux gros boisseaux de riz (*riso*). Moi, étourdie (j'étais jeune fille alors), je compris deux boisseaux de *ria*, qui, dans notre dialecte local, signifie gros froment. Je me dirigeai vers le grenier, suivie par Fr. Félix. Comme j'étais seule il n'entra pas, mais il me remit sa besace dans laquelle je versai deux boisseaux de *ria*; Fr. Félix, sans regarder, remercia et partit. Dans la journée, ma grand'mère me demanda si au moins j'avais fait bonne mesure en donnant le riz au Frère. — Mais, grand'mère, lui répondis-je, ce n'est pas du riz que vous m'avez dit de lui donner; du moins j'ai compris du *ria* (gros froment), et c'est du *ria* que je lui ai donné. » — « Oh mon Dieu, s'écria ma grand'mère, ces bons Pères croiront qu'on a voulu se moquer d'eux; je m'en vais vite au couvent leur faire mes excuses, et leur expliquer ta méprise. » — Et elle partit aussitôt. Chemin faisant, elle rencontra le P. Macaire et le P. Gabriel qui tous deux lui dirent en la saluant : « Eh où allez-vous donc si pressée, mère Mariuzza ? » — Elle leur expliqua pourquoi elle allait au couvent. — « Vous vous trompez, mère Mariuzza, lui dit le P. Macaire, Fr. Félix nous a apporté ce matin deux bons boisseaux de riz ; nous en avons mangé à midi ; et tous l'ont trouvé très bon. » — Toute étonnée, ma grand'mère leur rapporta de nouveau, en insistant, sa conversation avec moi, et la confusion que j'éprouvais de m'être trompée. Alors les deux Pères vinrent avec elle jusqu'à la maison, et m'interrogèrent très minutieusement sur ce qui s'était passé ; je le leur racontai très franchement, en les assurant que si je m'étais trompée sur le sens des paroles de ma grand'mère, j'étais sûre de ne m'être pas trompée sur ce que j'avais voulu donner, et que c'était bien du *ria*, et non du *riso* que j'avais versé dans la besace du Frère. — « Et pourtant, dit le P. Macaire, c'est bien du riz qu'il nous a apporté. »

Un peu plus tard la famille dont on vient de parler fut largement récompensée par Fr. Félix de la charité qu'elle avait toujours témoignée à lui et à son Ordre. Ecoutons à ce sujet Antonine Pécone :

« Mon père avait pris à ferme la propriété dite *delle Nucci*. L'échéance du fermage approchait, et mon père se trouvait dans l'impossibilité de le payer, attendu qu'il n'avait pas pu vendre sa récolte de froment. Personne ne voulait l'acheter, du moins à un prix rémunérateur, à cause de la grande quantité qu'il contenait de grains noircis et pourris par le brouillard. Sur ces entrefaites Fr. Félix vint précisément pour quêter du froment. Ma grand'mère lui conta toutes nos angoisses ; et elles étaient grandes, car nous allions être évincés, saisis, et peut-être ruinés. « Priez bien, mon Frère, disait ma grand'mère, priez Dieu, et la Madone, et notre Père saint François pour que nous puissions arriver à vendre ce froment. » — Puis elle m'ordonna de donner au Frère six mesures de froment. Fr. Félix me suivit au grenier où le grain était en deux gros tas équivalant à quatre-vingts sacs environ. Cette fois, Fr. Félix entra dans le grenier, après avoir déposé ses sandales à la porte. Il s'agenouilla et se mit à prier ; puis tout en priant et en marchant sur les genoux, il alla d'un bout à l'autre du grenier, en passant entre les deux tas de froment. Je le regardais faire ; mais lui n'avait pas l'air de s'apercevoir que j'étais là. Quand il se releva, je voulus lui donner huit mesures de froment, au lieu de six qu'avait dit ma grand'mère ; car j'avais été fort impressionnée de son air de sainteté ; mais il refusa énergiquement. — « Non, me dit-il, je ne les prendrai pas ; et vous ne pouvez pas me donner huit mesures ; votre grand'mère ne vous a permis que de m'en donner six. » Il partit. Le lendemain en allant fermer la fenêtre du grenier, en compagnie de notre servante, Antonine Mazzaforti, je ne vis plus trace de grains noirs dans le froment. Tout ce qui le déparait avait disparu ; et dans les huit jours qui suivirent, nous en vendîmes quarante sacs à un bon prix.

Le baron Sant'Andrea, grand bienfaiteur des

Capucins, avait coutume de leur faire une aumône de vin deux fois par semaine. Un jour où Fr. Félix devait venir comme à l'ordinaire chercher cette aumône, Antonino, le jeune fils du baron, enfant assez espiègle, profita de l'absence momentanée de son père pour jouer au pauvre Frère un tour qu'il croyait très spirituel. Par supplications, par câlineries et aussi par le don de quelque monnaie, il amena le domestique à mettre de l'eau au lieu de vin dans l'outre du quêteur. La chose se fit comme l'enfant l'avait voulu ; et Fr. Félix, toujours absorbé en Dieu, n'y fit nulle attention ; il remercia et partit. Antonino triomphant raconta le fait à ses jeunes sœurs en leur faisant jurer le secret ; elles le gardèrent assez ce jour-là.

Mais le lendemain, comme toute la famille était à table, Fr. Félix vint à passer dans la rue. En le voyant, Antonino ne put retenir un sourire malin qu'il accompagna de clignements significatifs à ses sœurs et au domestique qu'il avait rendu exécuteur de son espièglerie. Intrigué de ce manége, le père en voulut savoir la cause qui fut vite révélée. Antonino, du reste, avoua tout alors avec franchise et se déclara l'instigateur et l'auteur principal du méfait. Malgré cet aveu, le baron indigné mit immédiatement à la porte le valet qui avait eu le tort de se prêter aux désirs blâmables de l'enfant. Puis, sur le champ, il envoya un autre de ses serviteurs au couvent des Capucins, présenter de sa part au P. Gardien, avec ses excuses, quelques bouteilles d'un excellent vin comme dédommagement du mauvais tour de la veille. Le domestique fit la commission ; mais le P. Macaire ne comprenant rien à ses paroles, attribua à la timidité et au manque de savoir vivre ce qu'elles présentaient de confus. Un peu après, le baron lui-même se présenta. Dès que le P. Macaire l'aperçut il courut au-devant de lui et le remercia chaleureusement de sa gracieuseté du jour, s'ajoutant à sa généreuse aumône de la veille. — « Vraiment, ajouta-t-il, le vin que notre Fr. Félix nous a apporté hier de chez vous était délicieux. » — Croyant à une ironie du P. Macaire, le baron se confondait en excuses auxquelles le P. Macaire à son tour ne comprenait rien. Enfin, après bien des *quiproquos*, les deux interlocuteurs finirent par s'entendre. Toutes informations prises et les témoins entendus, on put constater à l'actif de Fr. Félix un prodige de plus; sur ses épaules, l'eau s'était changée en vin.

Le P. Macaire profita de l'émotion bien naturelle qu'avait produite chez le baron la constatation du prodige, pour lui demander la grâce du pauvre domestique. — « Je veux bien, dit le baron, mais à la condition que vous me donnerez deux bouteilles de ce vin miraculeux. » — Le P. Macaire lui donna les deux bouteilles demandées, et le baron les conserva religieusement comme des reliques.

Au retour de ses quêtes, Fr. Félix stationnait toujours aux pieds de l'*Addolorata*, près du couvent. De méchants enfants le voyant un jour tout absorbé dans sa prière, s'approchèrent de lui et glissèrent de gros cailloux dans sa besace. Le Frère n'y prit pas garde ; et, sa prière terminée, regagna tranquillement le monastère. Une personne pieuse qui avait vu de loin l'action de ces vauriens, se hâta de venir au couvent pour exprimer toute son indignation et faire connaître les coupables. — « Madame, lui dirent les Frères, vous nous dites qu'on a glissé des pierres dans la besace de Fr. Félix ; quant à nous, nous n'y avons trouvé que du pain. Il est vrai cependant que plusieurs de ces pains étaient notablement plus petits que les autres, et différents quant à la forme de ceux qu'on donne d'ordinaire au quêteur. » — La dame n'en revenait pas ; elle était pourtant bien sûre de ce qu'elle avait vu. On s'informa, on interrogea ; et il demeura avéré que les pierres avaient été changées en pain, tout en gardant à peu près leur forme première.

Ce prodige se renouvela plusieurs fois dans des circonstances analogues. Un des acteurs d'un de ces méfaits l'a avoué plus tard au procès de béatification du serviteur de Dieu. — « J'avais environ quinze ans, dit-il, lorsqu'un jour voyant Fr. Félix qui priait immobile devant l'*Addolorata*, avec sa besace à demi-pleine sur l'épaule, je succombai à la mauvaise idée de glisser quelque gros cailloux dans sa besace. Le Frère ne s'en aperçut nullement. Je m'étais déjà un peu éloigné, lorsque je me sentis pris de remords de ce que j'avais fait, me rappelant avoir entendu dire que Fr. Félix était un saint. Je revins donc pour réparer ma faute, si c'était possible; Fr. Félix était toujours en prière, toujours immobile. Glissant mon bras dans sa besace, j'essayai de retirer le cailloux, mais j'eus beau palper je ne touchai que du pain. Soudain Fr. Félix se releva; et, me voyant tout près de lui dans une contenance embarrassée : — « Que veux-tu ? me dit-il. » Moi, pris au dépourvu, et n'osant pas déclarer la vérité : — « Mon Frère, lui dis-je, je voulais par charité vous demander un peu de pain. — « Sans rien me dire davantage, il tire de sa besace une petite *pagnotte* et me la donne. Cette pagnotte avait précisément la forme du gros caillou roulé que j'avais glissé dans la besace du Frère. »

En parcourant les campagnes pour la quête, Fr. Félix éteignit soudain des incendies qui dévoraient les moissons, et gagnaient même les vignes ; après sa prière, on ne vit nulle trace ni de feu ni de fumée. Il arrêta des orages qui menaçaient de tout emporter ; il détourna le cours des eaux dévastatrices.

Aussi, lorsque ces pauvres gens des champs voyaient reparaître Fr. Félix au milieu d'eux, ils couraient à lui comme à un insigne bienfaiteur, comme à un bon ange de Dieu.

CHAPITRE IX
Le charitable Infirmier.

Si mater nutrit et diligit filium suum carnalem, quantô diligentius debet quis diligere et nutrire fratrem suum spiritualem.—Reg. S. F Chap. 6.

Si une mère soigne et chérit son fils selon la chair, combien plus diligemment le Frère Mineur doit-il aimer et soigner son frère selon l'esprit.

SOMMAIRE. — Touchante coïncidence. — Ami de tous. — Simple et droit. — Il pense bien de tous. — Il ne peut souffrir la détraction. — Pieuses industries. — L'infirmier.— Infirmerie en bon ordre. — Le jardin pharmaceutique. — Provisions d'hiver. — Le paysan et le lapin. — Aux petits soins. — Les mourants. — Le petit Fr. François de Gangi.— Les morts. — Le premier lundi du mois. — Les messes pour les âmes du purgatoire. — Appel des pauvres âmes. — La lampe des morts.

C'est le dimanche de la Quinquagésime que le serviteur de Dieu a été solennellement proclamé Bienheureux. Or, ce jour-là même, par une heureuse coïncidence, on lisait à la sainte messe cette page admirable dans laquelle l'apôtre saint Paul exalte magnifiquement la charité et nous dépeint ses caractères. Dans ce tableau magistral, chaque ligne reproduit un des traits de Fr. Félix. Ecoutons :

« Quand je parlerais les langues des hommes et des anges, si je n'ai pas la charité, je suis comme un airain sonnant et une cymbale retentissante.

« Et quand j'aurais le don de prophétie, que je connaîtrais tous les mystères et toute la science ; quand j'aurais toute foi, au point de transporter des montagnes, si je n'ai point la charité, je ne suis rien.

« Et quand je distribuerais tout mon bien pour la nourriture des pauvres, et que je livrerais mon corps pour être brûlé, si je n'ai point la charité, cela ne me sert de rien.

« La charité est patiente ; elle est pleine de bonté ; la charité n'est point envieuse ; elle n'est point téméraire et précipitée ; elle ne s'enfle point d'orgueil.

« Elle n'est point ambitieuse, elle ne cherche point son propre intérêt ; elle ne se met point en colère ; elle ne pense et ne soupçonne pas le mal.

« Elle ne se réjouit pas du péché, ni de la disgrâce du prochain ; mais elle se réjouit des bonnes actions et du vrai bien.

« Elle supporte tout, elle croit tout, elle espère tout, elle endure tout. » (I. Cor. XIII.)

Trait pour trait, c'est là tout notre Fr. Félix.

Après avoir admiré le tableau, rapprochons-en l'original, et nous serons frappés de la ressemblance.

Ni dans le couvent, ni au dehors, Fr. Félix n'eût d'attache particulière pour personne, on ne lui connut jamais ni confident ni ami. Après Dieu, son seul confident fut ce P. Macaire, qui pourtant le traitait avec tant de sévérité.

Dans le couvent, tous ses Frères étaient ses amis; il pensait bien de tous; il était toujours prêt à se dévouer pour tous. Si, par hazard, il entendait dire qu'un de ces Frères avait manqué à son devoir, ou s'il lui était impossible de ne pas s'en apercevoir lui-même, charitablement il allait prévenir le délinquant et l'amenait par de douces paroles à une conduite plus religieuse.

Au dehors, Fr. Félix ne voyait que des âmes ; et il les aimait toutes. Il pleurait et soupirait avec toutes celles qu'il savait dans la peine ; il faisait pénitence pour toutes celles qu'il savait dans le péché. Il se mettait au service de toutes dans la mesure du possible.

Pauvres ou riches, plébéiens ou nobles, rustiques ou cultivés, infirmes ou bien portants, enfants contrefaits ou gracieux adolescents, tous ses semblables lui étaient également chers, parce qu'encore une fois, il ne voyait que les âmes ; jamais il n'arrêta les yeux sur les formes extérieures. Il ne voyait que les âmes, et il les voyait en Dieu, principe de toute charité. Il ne les aimait ni pour lui, ni pour elles-mêmes, mais uniquement pour Dieu, terme de toute charité.

Jamais on ne le vit courroucé ou indigné contre personne, quelque méchant tour qu'on lui eût joué. A un mauvais procédé, à une injure, il ne répondait jamais rien, ou bien sa réponse était simplement la parole traditionnelle : *Soit pour l'amour de Dieu!* Et jamais ses traits ne trahissaient la moindre émotion.

Simple, candide, loyal et droit, jamais il ne chercha à déguiser sa pensée. Il parlait peu ; mais sa parole était toujours sincère jusqu'à la naïveté ; et jamais il ne put croire à la duplicité de ceux qui avaient à faire à lui.

Parce que son cœur était pur, il jugeait selon lui ses semblables. Jusqu'à preuve manifeste du contraire, il les croyait tous bons, persuadé que nul chrétien, et à plus forte raison nul religieux, ne voudrait offenser Dieu de propos délibéré, fut-ce par le plus léger mensonge. Jamais il ne soupçonna le mal.

Comme il pensait bien de tout le monde, c'était le mettre au supplice que de parler défavorablement du prochain devant lui. Si la chose arrivait, et si ses interlocuteurs étaient de ceux auxquels il devait le respect, il s'éloignait au plus vite sous un prétexte quelconque, ou bien il amenait immédiatement l'entretien sur un autre sujet. Le plus souvent, en pareille circonstance, il évoquait le souvenir de ce qu'il avait entendu lire au réfectoire, ou au chœur. — « Oh ! s'écriait-il, les belles choses qu'on nous a lu aujourd'hui dans la vie de tel saint, ou dans tel auteur spirituel ! » — Et il rapportait vivement tout ce qu'avait pu retenir sa mémoire ; au besoin il en faisait le commentaire.

Si ses interlocuteurs étaient de ceux qu'il pouvait reprendre sans manquer à aucune convenance, il ne manquait pas de le faire immédiatement. Il cherchait ensuite à interpréter bénignement, ou à atténuer les torts attribués au prochain. Et si les preuves étaient telles que les faits ne pussent en aucune façon être interprétés en bien, alors le charitable Frère mettait en avant la fragilité humaine, la *pauvre misère humaine* ; et il parlait avec tant de compassion des pauvres pécheurs, qu'on n'avait plus le courage de s'indigner contre eux.

Il résulta de là que bientôt nul n'osa plus devant lui parler en mal du prochain. Si on le voyait s'approcher tandis qu'on était en train de dénigrer les autres : — « Ah ! disait-on, voici Fr. Félix, parlons d'autre chose. »

Cette bonté patiente, cette humble charité de Fr. Félix le désignaient comme naturellement pour l'office d'infirmier ; le P. Macaire ne manqua pas de le lui confier à la première occasion, sans pourtant l'exonérer de l'emploi de quêteur. L'humble Frère accepta cette nouvelle charge, comme il acceptait tout ce qui lui venait de l'obéissance, sans observations.

Dès qu'il était rentré de ses courses au dehors, il courait auprès de ses malades ; et lui, qui d'ordinaire parlait si peu, il trouvait dans son cœur de doux et joyeux propos pour les égayer et les réconforter. D'une sévérité effrayante pour lui-même, il ne voulait pas que ses malades souffrissent en rien. Pauvre pour lui-même jusqu'à l'excès, il trouvait le moyen d'être presque riche pour ses malades; ils ne devaient manquer de rien. Une mère n'est ni plus empressée ni plus dévouée pour son enfant malade, que l'était Fr. Félix pour ses Frères souffrants. — « Voici plus de cinquante ans que je suis Capucin, disait un vieillard éprouvé par de douloureuses infirmités, et je n'ai jamais vu d'infirmier aussi attentif et ayant une main aussi délicate que notre Fr. Félix. »

Les chambres des malades étaient toujours nettes et aérées, et pourvues du nécessaire ; chaque chose y était à sa place. Il y avait toujours à l'infirmerie ample provision de linge, de bandes, de compresses et de médicaments usuels : herbes et fleurs cueillies en leur temps et desséchées à propos, onguents et autres remèdes ordinaires.

Pour ses chers malades, Fr. Félix créa dans le préau un jardin pharmaceutique où il réunit la plupart des plantes usitées dans la médecine domestique ; lui seul en avait le soin. Seul, il le cultivait, l'entretenait, semait à propos ; seul, il recueillait aux diverses époques voulues, les feuilles, les fleurs, les écorces, les racines. De tous ces produits, les uns étaient convenablement desséchés, les autres étaient, par les soins du seul Fr. Félix, conservés dans l'huile ou dans le vinaigre, selon qu'il le fallait.

Ce n'est pas seulement au couvent des Capucins que ce jardin fut utile ; il devint bientôt la pharmacie de tous les pauvres gens de la contrée ; bon nombre même de riches bienfaiteurs s'estimaient heureux d'en recevoir et réclamer les produits. Jusqu'à la fin, Fr. Félix seul en fut chargé, et son dernier labeur ici-bas fut pour ce petit coin de terre consacré à la charité. C'est là que cet intrépide serviteur de ses Frères souffrants tomba pour ne plus se relever. C'est de là qu'on le transporta sur le grabat où trois jours après il devait terminer sa sainte carrière.

Lorsque Fr. Félix avait fait tout ce qui dépendait de lui pour procurer à ses malades tout ce qui pouvait leur être nécessaire ou utile, à bout de ressources, il recourait à la prière, et la prière lui obtenait divinement ce que les moyens humains lui avaient refusé.

A l'entrée de l'hiver, ce charitable infirmier faisait provision de ce qui, dans la saison rigoureuse, pouvait soulager ses malades. Dans ce but, il se présenta un jour muni d'un grand panier chez D. Antonio Caprini, propriétaire d'un grand verger, et lui demanda par charité des poires d'hiver. — « Mon bon Frère, lui répondit D. Antonio, je les ai toutes ramassées et vendues. Hier encore, j'ai inspecté avec soin tous mes arbres ; il n'y reste plus une seule poire. » — « Par charité, lui dit Fr. Félix, laissez-moi faire le tour de votre verger, et inspecter vos arbres à mon tour. La Vierge-Immaculée peut bien me faire découvrir quelques fruits qui auront échappé à vos recherches. » — Pour ne pas le contrarier, D. Antonio le laissa entrer et errer à son gré dans le verger. Peu d'instants après, Fr. Félix s'en revenait avec son grand panier plein jusqu'aux bords de belles poires. — « Voyez, dit-il à D. Antonio, voyez comme elle est bonne ma Mère-Immaculée ! Là où vous n'aviez rien vu, elle m'a fait trouver tout cela pour mes malades. *Soit pour l'amour de Dieu !* »

Fr. Félix demande un jour au P. Macaire la permission d'aller quêter un lapin pour un de ses malades, auquel il pensait que cette viande blanche serait salutaire ; le P. Macaire permet. Après plusieurs tentatives inutiles auprès de diverses personnes, Fr. Félix rencontra sur la voie publique un homme de Sperlinga, qui portait un lapin mort, déjà vidé, et prêt à être vendu. Fr. Félix lui demanda le lapin par charité pour un pauvre malade ; l'homme refuse de le donner. — « Je suis pauvre, dit-il, et j'ai besoin de gagner ma vie comme je peux. » — Fr. Félix insiste ; l'homme refuse toujours. Quelques messieurs passant par là, et mis au courant de la situation, proposèrent alors à Fr. Félix de payer eux-mêmes le lapin. — « Non, dit Fr. Félix, mon supérieur m'a permis de quêter un lapin, il ne m'a pas permis de me le procurer par argent. Mais si cet homme veut un paiement, qu'il me suive jusqu'au couvent ; là le P. Gardien lui fera donner, s'il le juge à propos, le prix de sa marchandise. » — « Ah ! c'est trop loin, dit l'homme ; payez ici si vous voulez ; mais je ne monte pas là-haut. » — Eh bien, reprend

Fr. Félix, faisons un accord. Si j'appelle à moi votre lapin, et qu'il m'obéisse, me suivrez-vous au couvent ? » — « A cette condition, certes oui, » répond le paysan, souriant avec un air d'incrédulité. Fr. Félix se recueille un instant, puis du bout de sa corde il touche l'animal, et celui-ci, tout mort qu'il est, se dégage de la main qui le tient, et d'un bond tombe entre les bras de Fr. Félix. Lié par sa parole, le paysan fut contraint de suivre le Frère jusqu'au couvent où il reçut le prix de sa marchandise. Si le religieux malade fut heureux de n'avoir point trop à attendre ce qu'il convoitait, Fr. Félix de son côté ne cessait de remercier sa bonne Mère de lui avoir fait si bien trouver de quoi soulager son malade.

Ce charitable infirmier était comme jaloux de ses malades. Pour leur service, jamais il n'appelait personne à son aide ; même alors qu'il était avancé en âge, usé par les mortifications, brisé par les infirmités. Lui seul préparait avec grand soin les aliments particuliers dont ils avaient besoin ; lui seul appliquait les remèdes et pansait les plaies même les plus répugnantes ; seul il voulait se charger des besognes les plus pénibles à la nature.

Lorsque ses malades voulaient dormir, Fr. Félix après avoir soigneusement disposé leur couche, récitait près d'eux un *Ave Maria,* pour les placer sous la garde de sa bonne Mère ; puis il allait s'asseoir sur un méchant escabeau placé dans le corridor, près de la porte de l'infirmerie. Là, attendant patiemment que ses services fussent réclamés de nouveau, il s'occupait à quelque travail manuel, comme réparer les sandales des religieux ou les chaussures des pauvres. Ou bien, si l'impérieuse nécessité l'y contraignait, il prenait lui-même un peu de repos, la tête appuyée contre la muraille.

Mais la charité de Fr. Félix était surtout ingénieuse à pourvoir au soin spirituel de ses malades. Non content de prier pour eux, il savait par de bonnes paroles les préserver de l'ennui et du découragement et les porter à la confiance. La maladie devenait-elle plus sérieuse et donnait-elle à craindre une issue fatale, oh ! c'est alors surtout que Fr. Félix regardait le malade comme sa chose. Cette âme qui allait mourir était à lui ; il fallait à tout prix qu'elle mourût saintement. Pour atteindre ce but désiré, le saint Frère mettait tout en œuvre : prières, larmes, pénitences plus austères, assistance continuelle, vigilance de tous les instants. On estimait heureux ceux qui mouraient entre les bras de Fr. Félix ; et le bon docteur Bonelli, médecin du couvent, ne put un jour, au sortir de l'infirmerie, retenir cette exclamation : — « Quelle belle et bonne chose que d'être malade, quand on a Fr. Félix pour infirmier ! »

Plus que tout autre, le trait suivant nous dépeindra Fr. Félix au service de ses Frères malades.

C'était au mois de mars 1777 ; la saison était depuis longtemps mauvaise ; des épidémies s'étaient déclarées de çà et de là, principalement au bourg de Cerami. Par obéissance, Fr. Félix y avait couru et s'était prodigué au service des malades pendant sept jours et sept nuits, sans prendre un seul instant de repos. A son retour de cette pénible et glorieuse campagne, comme Félix rentrait au couvent, on lui dit que Fr. François de Gangi était très gravement malade depuis sept jours d'une pneumonie et que les soins empressés et les remèdes du Dr Bonelli n'avaient produit aucun effet.

Ce Fr. François était un adolescent, un enfant presque, à peine âgé de quatorze ans. Sa candeur et sa piété précoce l'avaient fait admettre tout récemment dans la communauté, sous l'habit de Tertiaire ; il remplissait les fonctions de second sacristain.

A peine Fr. Félix entend-il parler d'un malade qu'il s'écrie : — « Je suis infirmier, c'est mon affaire. » — Et aussitôt, sans réclamer un repos auquel il avait certes bien droit, il court à l'infirmerie. A ses questions, on répond que depuis sept jours le pauvre malade n'a pas pu reposer, empêché qu'il en était par la suffocation ; et qu'en même temps des vomissements de sang ne lui ont presque pas permis de prendre aucun aliment. — « Ce n'est rien, ce n'est rien, » dit Fr. Félix. Mais laissons parler le malade lui-même :

« A peine Fr. Félix avait-il pris le *Benedicite* du P. Gardien, qu'il accourt à l'infirmerie. Me voyant si malade et si abattu, il se met à palper ma paillasse, et la trouvant bien dure, aussitôt il me soulève dans ses bras, comme une mère soulève son petit enfant, et me porte dans une autre chambre où le lit était plus doux. — « Ici, me dit-il, vous serez mieux. »

9.

— Et en même temps, il ramène sur moi les couvertures et m'enveloppe avec soin. Environ un quart-d'heure après, il m'apporte une grande pleine assiette de pain cuit, bien assaisonné de fromage, et une tasse pleine d'eau et de vin. — « Mangez ceci, me dit-il, la Vierge-Immaculée aura soin de vous, n'en doutez pas. » — Sans me demander si cela me ferait du bien ou du mal, sur la simple parole de Fr. Félix, je mangeai tout le potage qu'il me présentait, et je n'en fus nullement incommodé, comme si je n'avais pas été du tout malade. Après que j'eus bu la tasse pleine de vin et d'eau, Fr. Félix m'aida à me recoucher et me recouvrit bien avec la couverture. — « Et maintenant, me dit-il, dormez tranquille. » — Il y avait sept jours que je n'avais pu dormir, la suffocation m'en empêchait ; je n'avais pas même eu la force de retourner ma tête sur mon oreiller. Mais, à peine Fr. Félix m'eût-il dit de dormir, et m'eût-il quitté pour aller à ses prières que je m'endormis profondément. Je ne fis qu'un somme jusqu'au lendemain matin, comme aurait pu le faire une personne bien portante.

« Le bon Dr Bonelli, qui m'avait laissé si malade la veille, un peu avant le retour de Fr. Félix, revint ce jour-là de bien bonne heure ; on n'avait pas encore *passé la canne* (1). Il monta droit à la cellule où il

---

(1) Cette expression signifie : *Avant le second réveil des religieux*. Le premier réveil se fait à minuit, au moyen d'une sorte de crécelle, appelée *Tarabat*. Le second réveil qui a lieu à des heures variables, selon la saison, se fait au moyen d'une

m'avait vu, et ne m'y trouvant pas, il demanda au P. Jean-Marie de Gangi ce que j'étais devenu. Celui-ci le conduisit à la cellule où m'avait placé Fr. Félix. Le docteur me prit le pouls et constata que toute fièvre avait disparu. Il m'ausculta, et put s'assurer que les poumons fonctionnaient librement et régulièrement ; toute douleur, en effet, avait disparu.

« Le docteur alors demanda au P. Jean-Marie si Fr. Félix était de retour ; et celui-ci lui répondit que oui. A cette réponse le docteur se leva comme hors de lui (*si alzò con gran furia*), et sortant dans le corridor, il criait : *Un miracle, un miracle de Fr. Félix!*

« Quant à moi, je me trouvais comme quelqu'un qui n'a jamais été malade, je n'éprouvais même pas la langueur ordinaire de la convalescence. Je me levai donc et dans l'après-midi je quittai cette chambre. Fr. Félix pourtant me fit manger ce jour-là à l'infirmerie ; mais dès le lendemain, je retournai à mon emploi et je repris la vie commune avec les autres religieux. »

C'est au procès de 1834, que Fr. François de Gangi, alors âgé de soixante-douze ans, a déposé sous la foi du serment ce qu'on vient de lire. Il portait toujours l'habit de Tertiaire vivant en communauté ; quelque empêchement que nous ignorons

---

planchette fendue appelée *canne* (de l'italien *canna*, roseau) avec laquelle l'excitateur frappe aux portes des cellules. Comme le fait rapporté avait lieu au mois de mars, ce dut être vers cinq heures et demie du matin que se présenta le docteur

n'ayant sans doute pas permis qu'on l'admît aux vœux solennels. Mais à cette époque il n'était plus au couvent des Capucins, nous ne savons pour quelle raison ; il servait le Seigneur parmi les Franciscains *Riformati* de Palerme.

Après la mort de ses confrères, Fr. Félix réclamait comme un honneur le soin de disposer convenablement et d'ensevelir leur corps. Puis, au temps voulu, ordinairement après quatre ans de sépulture, il retirait lui-même ces corps de la tombe et les plaçait, selon l'usage, dans une niche du caveau. Il veillait à l'entretien des habits religieux dont ces cadavres étaient revêtus, et en enlevait avec soin la poussière.

Mais sa charité pour ses Frères défunts ne se bornait pas à ces actes matériels. Pour ces âmes qui avaient quitté la terre, Fr. Félix priait et s'imposait de rudes pénitences. Ses stations au caveau de la sépulture étaient longues et fréquentes. Au premier lundi du mois, il faisait en sorte qu'on y célébrât le plus grand nombre possible de messes ; et il y attirait ce jour-là les amis et bienfaiteurs du couvent. — « Venez, leur disait-il, venez prier avec nous pour nos morts ; ils prieront pour vous en paradis. »

La tendre charité de Fr. Félix pour les défunts de son Ordre, ne lui faisait pas oublier les autres morts. Pour tous il priait ; pour tous il recommandait chaleureusement de prier, particulièrement le premier lundi de chaque mois. Il aurait voulu que toutes les bonnes âmes de la terre formassent, ce jour-là, comme une croisade pour la délivrance des âmes du purgatoire. Il profitait de ses tournées de quête pour le leur rappeler. — « N'oubliez pas le premier lundi, leur disait-il; c'est le jour des pauvres âmes. »

Il exhortait ceux qui le pouvaient à faire offrir le saint Sacrifice pour tant d'âmes oubliées et délaissées, pour tant de pauvres pécheurs qui, surpris par la mort, n'ont pas eu le temps de faire pénitence. Bon nombre de personnes, touchées de la tendre piété de Fr. Félix pour les morts, mettaient à sa disposition des honoraires de messes pour qu'il les fit célébrer à son gré pour les pauvres âmes. Avec la permission du P. Macaire, la bonne Sœur Fidèle dont il est souvent parlé dans la vie du Bienheureux, recueillait ces honoraires. Fr. Félix faisait ensuite célébrer les messes par des religieux ou par de bons ecclésiastiques qui renonçaient à toute rétribution. Ainsi, grâce à Fr. Félix, se formait entre les mains de Sœur Fidèle un certain fonds de charité dont les pauvres et les malades bénéficiaient ensuite. Ce pauvre Frère trouvait ainsi le moyen de secourir les pauvres de la terre, tout en soulageant les pauvres de l'autre monde.

Et de même que les pauvres réclamaient en toute confiance la charité bien connue et l'assistance de Fr. Félix, de même les âmes du purgatoire sollicitaient sa compassion et demandaient ses prières.

Un soir, Fr. Felix, s'en revenant de la quête, passait par le territoire de La Pisciarella, où se trouvait un ancien cimetière abandonné. Tout-à-coup, il entend des voix lamentables appelant au secours; et, selon son habitude, il court à l'endroit d'où partaient ces voix. Ne voyant personne, il appelle : — « Où êtes-vous ? Que vous faut-il ? » — « Nous sommes, répondirent les voix, des âmes dont les corps sont ensevelis en cet endroit. Personne ne prie pour nous; personne ne nous aide à payer nos dettes à la justice divine. Toi qui t'intéresses à tant d'autres, n'auras-tu pas pitié de nous ? » — Une prière brûlante fut la première réponse de Fr. Félix; mais ce n'était pas assez pour sa charité. A peine rentré au couvent, il fit part au P. Macaire de ce qu'il avait entendu et lui demanda ses prières et celles de la communauté pour ces pauvres âmes. Puis il sollicita la permission de faire placer pendant un temps une lampe au lieu où il avait entendu les voix, afin de provoquer les prières de toutes les personnes pieuses qui passeraient par là. Le P. Macaire accorda à Fr. Félix la permission désirée; et Sœur Fidèle fut chargée de l'entretien de cette lampe des pauvres âmes.

CHAPITRE X
Le Père des Pauvres

Beatus qui intelligit super egenum et pauperem. — Psal. 40, 2.

Heureux celui qui pense à l'indigent et au pauvre.

SOMMAIRE. — Les yeux de lynx. — Respect aux pauvres. — Il se met à genoux pour les servir. — Privations continuelles pour les pauvres. — Attentions délicates. — Exhortations aux riches. — Travail pour les pauvres. — Sœur Fidèle, trésorière des pauvres du Fr. Félix. — Le rayon de soleil et la besace. — Le fardeau du pauvre journalier. — La monnaie sur le chemin. — Multiplication du blé. — Bilocation. — L'eau dans des corbeilles. — Un pain qui se gonfle. — Le pauvre estropié. — La servante et la cruche cassée. — Les prisonniers. — Soins et conversions.

« Ce que vous avez fait au moindre des miens, nous déclare le Sauveur, c'est à moi-même que vous l'avez fait. » Pénétrés de cette parole, tous les saints ont vu Jésus-Christ dans la personne des pauvres.

Le B. Félix avait lui aussi ces yeux de lynx dont parle saint Bernard (*Amor lynceos oculos habet*), ces yeux qui découvrent l'adorable beauté de Jésus-Christ sous la difformité et les haillons du pauvre. — « Il accueillait les pauvres, dit un témoin, comme une mère accueille ses enfants. » — Et il ne pouvait souffrir qu'on les rebutât ou même qu'on leur parlât rudement.

En circulant par la ville, il vit un jour des gens qui bousculaient des pauvres. Allant droit vers ces hommes méchants : — « Pour l'amour de Marie, dit-il, laissez en paix ces pauvres gens, et ne les maltraitez pas, ce sont des images de Dieu. »

« Un jour, rapporte un témoin, comme Fr. Félix se trouvait dans notre magasin, des pauvres s'y présentèrent. Ma grand'mère qui n'était point de bonne humeur ce jour-là, les rebuta durement. » — Pitié, madame, dit alors Fr. Félix d'un ton grave, pitié ! Les pauvres sont les enfants et les images de Dieu, les membres souffrants de Jésus-Christ ; il faut leur parler avec respect et ne pas les humilier. »

Les pauvres venaient en grand nombre au couvent des Capucins où on leur distribuait la soupe et diverses aumônes ; et souvent, comme il arrive d'ordinaire quand ils sont nombreux, ils se poussaient, se bousculaient, se montraient exigeants. Quelques-uns des Frères, ne pouvant maîtriser leur impatience, parlaient parfois assez rudement à ces désagréables solliciteurs. — « Mes frères, leur disait alors Fr. Félix d'un ton suppliant, ne nous emportons pas contre les pauvres ; sachons endurer quelque chose pour l'amour de Dieu. »

Tel était le respect de Fr. Félix pour les pauvres, que parfois s'il était seul, il s'agenouillait devant eux. — « Ma famille était pauvre, rapporte un témoin, et un jour, j'avais alors quinze ans, ma mère m'envoya demander à F. Félix pour un remède, de ces herbes médicinales qu'il conservait dans le vinaigre. Je le demandai à la porte du couvent, et on me dit d'aller le trouver à l'infirmerie, où il était occupé. Je l'y trouvai en effet, il était seul. En voyant mon costume délabré annonçant la gêne, il se mit à genoux sans rien me dire pour écouter ma demande. Ma requête exposée, il se releva pour chercher et disposer les objets demandés ; puis s'étant agenouillé de nouveau, il me les remit gracieusement, mais toujours sans me dire un seul mot. »

Mais le cœur du serviteur de Dieu ne pouvait se contenter d'être ainsi respectueux, bienveillant et doux. L'ambition de Fr. Félix était de rendre littéralement au Sauveur en la personne de ses pauvres tous ces services que ce même Sauveur doit récompenser si magnifiquement, quand au dernier jour il dira : « *Venez, les bénis de mon Père, venez et possédez le royaume qui vous fut préparé dès le commencement. Car j'ai eu faim, et vous m'avez donné à manger ; j'étais nu, et vous m'avez revêtu ; j'étais malade, et vous m'avez visité ; j'étais en prison, et vous êtes venus à moi…* »

Pauvre par sa naissance, plus tard humble Frère convers d'un Ordre pauvre, Fr. Félix trouva pourtant le moyen de réaliser à la lettre toutes et chacunes de ces paroles du Sauveur. Il fut, dans l'infériorité de sa condition, la Providence visible des affamés et des nus, le charitable visiteur des malades, le bienfaiteur des prisonniers.

Avec la permission de son supérieur, Fr. Félix se contentait à son repas d'un potage insipide et d'un peu de pain : tout ce qui lui était servi en plus était réservé pour les pauvres. A force de se priver pour eux, il aurait fini sûrement par périr d'inanition, si son supérieur n'eût veillé attentivement sur lui.

Quand il était portier, il trouvait le moyen de ne jamais renvoyer aucun pauvre sans lui avoir donné quelque chose ; soit du pain, soit quelque reste de la table, soit des herbes ou des fruits du jardin, ou encore des légumes secs. Mais il y avait des pauvres qui ne pouvaient venir au couvent ; la honte, la maladie, la garde d'un malade ou le soin d'un enfant les en empêchaient. Pour ceux-là, Fr. Félix portait chez Sœur Fidèle, une partie des choses dont il pouvait disposer, et la bonne Sœur faisait ensuite parvenir ces aumônes à destination. Aussi disait-on communément dans Nicosie que les pauvres étaient assurés d'obtenir toujours de Fr. Félix ce qu'ils lui demandaient.

Ce que Fr. Félix ne pouvait donner par lui-même, ce qu'il ne trouvait pas dans les ressources de son couvent, il le sollicitait de la charité des bonnes âmes avec des accents irrésistibles. Au besoin, il ne craignait pas de rappeler aux riches qu'il voyait peu généreux, la parole de Notre-Seigneur : *Toutes les fois que vous avez refusé à un des miens, c'est à moi-même que vous avez refusé !* — « Pensez-y, ajoutait-il d'un ton grave, pensez-y. Au jour du jugement Notre-Seigneur nous repoussera si nous n'avons pas fait la charité ! »

Fr. Félix n'avait pas à redouter pour lui-même le reproche que le Sauveur doit adresser aux cœurs égoïstes ; non-seulement il donnait et pressait les autres de donner, mais il donnait son temps et sa peine, toujours prêt à rendre aux malheureux tous les services qui étaient en son pouvoir. Avec la permission de son supérieur, il consacrait ses moments libres à travailler pour les pauvres, réparant les souliers des ouvriers pauvres et des enfants pour lesquels le manque de chaussures convenables était un prétexte de manquer l'école ou le catéchisme. C'est à ce travail, ou à la pénitence pour les pauvres pécheurs, que Fr. Félix employait le temps destiné à la sieste, dans le temps des chaleurs. Son repos à lui était de travailler et de souffrir pour les autres.

Touché par les exhortations du saint Frère, et par le spectacle de son inimaginable, de son incessante charité, bon nombre de personnes lui venaient largement en aide pour ses pauvres. A la quête, il recevait beaucoup plus de pain et d'autres denrées qu'il n'en fallait pour l'entretien du couvent ; car on savait que les pauvres avaient leur part. Certaines gens en outre mettaient à la disposition de Fr. Félix pour ses pauvres, des vêtements, de vieilles chaussures qu'il réparait ensuite comme on vient de le voir; d'autres ajoutaient du cuir et autres fournitures nécessaires à ce travail ; d'autres enfin lui offraient pour ses pauvres de l'argent.

Fr. Félix priait ces derniers de remettre cet argent à Sœur Fidèle qui l'administrait ensuite pour le plus grand bien des malheureux. Cette bourse des pauvres était alimentée encore par la charité de quelques pieux ecclésiastiques qui abandonnaient à Sœur Fidèle, à la prière de Fr. Félix, l'honoraire des messes que celui-ci leur donnait à célébrer pour les âmes délaissées du purgatoire. Fr. Félix et la bonne Sœur réalisaient ainsi à eux deux tout ce qu'aurait pu faire ou entreprendre une nombreuse et riche confrérie de charité.

Il faut dire aussi que Sœur Fidèle était merveilleusement encouragée dans son dévouement par le prodige qui marquait tous les pas de Fr. Félix. Celui-ci entre un jour chez la Sœur pour la prier d'aller visiter au plus vite une pauvre femme malade dans un quartier éloigné. Or la bonne Sœur était en ce moment toute occupée à préparer une fournée de pain pour les pauvres. Tout était prêt; il n'y avait plus qu'à mettre les pains au four. — « Vous le voyez, dit-elle, je ne peux aller maintenant ; que deviendrait ma fournée ? » — « Attendez, dit Fr. Félix, je m'en vais vous aider. » — Et aussitôt, se débarrassant de sa besace de quêteur, il cherche à l'accrocher quelque part. La pièce où ils se trouvaient était basse et obscure, et un petit rayon de soleil perçant à travers une fissure du volet fermé, figurait assez bien une pièce de bois quelconque plantée dans la muraille. Sans trop regarder, Fr. Félix croit voir là en effet un corps solide, et il jette sa besace sur le rayon de soleil; elle y demeure suspendue pendant que celui-ci se hâtait d'enfourner le pain des pauvres. Sœur Fidèle n'en pouvait croire à ses yeux. La besogne achevée, Fr. Félix reprit sa besace et partit, content d'avoir travaillé pour Notre-Seigneur.

Pareil fait se produisit une autre fois dans les circonstances suivantes : Fr. Félix passait dans la rue, sa besace sur le dos, et voici que plusieurs personnes en larmes le conjurent de vouloir bien monter au plus vite et prier auprès d'une personne qui est à l'agonie. La maison était pauvre, l'escalier raide et obscur. Avant d'entrer dans la chambre de l'agonisant, Fr. Félix ôte sa besace et la jette sur un rayon de soleil qui perçait par une petite lucarne.

Une petite fille fut la première à s'en apercevoir; elle alla appeler sa mère : — « Maman, maman, criait-elle, venez voir; Fr. Félix a jeté sa besace sur un rayon de soleil, pensant que c'était une poutre. » — Tous les habitants de la maison et bon nombre de voisins purent admirer le prodige à loisir; car la besace demeura là suspendue, jusqu'à ce que le serviteur de Dieu vint la reprendre.

Lorsque Fr. Félix avait fait pour les pauvres tout ce qu'il lui était humainement possible de faire, tout moyen humain lui manquant pour les secourir, sa charité recourait alors au miracle. Sa prière, ses cédules de Marie-Immaculée, un signe de Croix fait par lui, opéraient des prodiges.

Un pauvre homme, nommé Michel Carminelli, travaillant à la journée pour un riche propriétaire, s'en revenait des champs avec un énorme faix de racines de canne. C'était en un temps de disette, le pain était très cher; le pauvre homme n'avait presque pas mangé, aussi bientôt succomba-t-il sous son fardeau, et il resta sur le chemin, gémissant et pleurant. Fr. Félix vint à passer par là. Comme il ne pouvait voir un malheureux sans chercher à le soulager, et tout au moins sans lui adresser quelques bonnes paroles, il s'approcha et interrogea. Une fois renseigné, il prit la charge du pauvre homme et la porta bien l'espace de trois milles. — « Maintenant, dit-il à Michel, vous devez être un peu reposé, vous pourrez achever de porter votre charge.» — « Quand je la pris des mains de ce saint Frère, racontait ensuite Michel, elle me parut aussi légère qu'une poignée de feuilles sèches. »

L'archiprêtre de Capizzi, D. Jacques Russu, racontait avoir été témoin oculaire du fait suivant: Un jour, plusieurs pauvres se pressaient autour de Fr. Félix et lui exposaient leur détresse; et celui-ci était tout triste de n'avoir dans le moment rien à leur donner. Tout-à-coup il se retourna en faisant le signe de la croix. — « Voyez donc, dit-il aux pauvres, voyez, il y a de la monnaie là, dans la poussière du chemin. Ramassez-la donc bien vite. » — Effectivement, il se trouva de la monnaie à l'endroit qu'avait désigné le Frère, et les pauvres tout joyeux alors, s'empressèrent de la relever.

Faisant un jour la quête du blé dans la campagne, Fr. Félix entra chez un fermier nommé François Fanara. Ce dernier était tout triste ; l'année avait été mauvaise pour lui ; sa récolte de froment était des plus maigres. — « Voyez mon Frère, dit-il à Fr. Félix, si je peux vous donner quelque chose, je n'ai récolté que la valeur de trois pauvres sacs de froment ; et j'attends d'un instant à l'autre le domestique du propriétaire qui va venir les prendre jusqu'au dernier grain. Il m'en aurait fallu au moins six sacs, tant pour satisfaire mon propriétaire que pour payer certaines dettes criardes que j'ai à Nicosie. Je n'ose plus paraître dans cette ville, dans la crainte que mes créanciers ne me fassent jeter en prison. » — En disant cela, le pauvre homme pleurait. Fr. Félix tomba à genoux, pleurant lui-même de compassion. Pendant un bon quart-d'heure, il pria en silence, les yeux baissés, le visage tout ruisselant de larmes. S'étant relevé : — « Courage, dit-il, courage, mon bon Fanara, Dieu est bon et puissant. Vous n'aurez peut-être pas bien mesuré votre froment, mesurez-le de nouveau. » — Après le départ du frère, Fanara à tout hasard, se remit à mesurer son grain ; il en trouva plus de six sacs. Il put avec cela satisfaire ses divers créanciers ; et il lui resta encore du grain pour sa provision.

Un ouvrier de Nicosie, nommé Simon Napoli, après avoir travaillé à Mistretta et à Motta, s'était fixé pour un temps à Saufratello, bourgade située à trente-six milles de Nicosie. De là, il envoyait régulièrement à sa femme, demeurée à Nicosie, de quoi s'entretenir, elle et les enfants. Une fois pourtant, il s'écoula un temps assez long sans que la pauvre femme eut reçu de l'argent ou des nouvelles de son mari. Fort inquiète, et sans ressources ni crédit, elle vint, comme tous les affligés, confier à Fr. Félix ses craintes et ses angoisses. — « Ayez confiance, lui dit le bon Frère, ayez confiance, mais écrivez au plus vite à votre mari, pour lui faire part de votre embarras, et apportez-moi la lettre ce soir, avant l'heure de complies, j'aurai une occasion sûre de la faire parvenir en peu de temps. » — La femme fait la lettre et l'apporte à l'heure dite. Or, le lendemain même, dans la matinée, Fr. Félix remettait à la femme la réponse de son mari, cette réponse était accompagnée de quatre ducats. Dans sa lettre écrite la veille au soir, le mari, après avoir exposé les motifs de son retard, disait avoir reçu des mains de Fr. Félix la lettre de sa femme. Il ajoutait avoir écrit sa réponse pendant que Fr. Félix, pressé de repartir pour Nicosie, lui donnait quelques bons conseils pour le salut de son âme.

A peine la bonne femme eut-elle lu la lettre de son mari qu'elle courut après Fr. Félix qui s'éloignait au plus vite. — « Mais, Fr. Félix, lui dit-elle, comment avez-vous pu être à Sanfratello hier soir à six heures tandis que je vous ai remis ma lettre précisément à cette heure-là? — De quoi vous inquiétez-vous? répond le Frère, vous avez écrit à votre mari que vous étiez dans l'embarras, que vos enfants étaient presque sans pain; qu'y a-t-il d'étonnant à ce que votre mari vous ait répondu immédiatement? » — Et il se hâta de s'éloigner.

Mais la bonne femme fit grand bruit de cette affaire; elle la publia partout, et vint la raconter au couvent avec toutes ses circonstances. On se demandait ce qu'il fallait en penser, lorsque Simon Napoli revint de Sanfratello. Interrogé, il déclara avoir reçu la lettre de sa femme des mains mêmes de Fr. Félix et à l'heure à peu près où sa femme attestait l'avoir confiée au saint Frère. Il demeura donc avéré que la compassion et la charité de Fr. Félix avaient opéré un insigne prodige; il avait été vu simultanément, et au chœur avec ses confrères, et à Sanfratello qui est séparé de Nicosie par une distance de trente-six milles.

Aux environs de Sperlinga, dans le territoire de Pellegrino, quinze pauvres femmes de la campagne étaient à glaner dans les champs desséchés, la chaleur était torride, ces pauvres femmes mouraient de soif, et il n'y avait nulle fontaine aux alentours. Tout-à-coup Fr. Félix qui quêtait dans le pays, vint à passer, conduisant sa carriole attelée d'une bête de somme; sur la carriole étaient deux grandes mannes d'osier. Pensant qu'il aurait peut-être de l'eau dans une outre, selon l'usage des voituriers dans ces contrées arides, les femmes coururent vers lui, et lui en demandèrent. — « Hélas! répondit le Frère, pour le moment je n'en ai pas. » — Et il continua sa route. Cependant l'air abattu et misérable des glaneuses l'avait fortement ému ; au bout de quelques instants il reparut ramenant sa carriole vers elles. — « Venez, leur cria-t-il, venez, la Madone m'a fait trouver de l'eau. » — Les femmes accourent; les deux corbeilles d'osier étaient pleines jusqu'au bord d'une eau fraîche et limpide. Telle était la soif brutale de ces pauvres femmes, qu'elles ne remarquèrent pas tout d'abord le prodige, elles ne virent que l'eau tant désirée. — « Sans penser à autre chose, rapportait l'une d'elles, nous nous précipitâmes sur cette eau, et nous bûmes jusqu'à satiété. » — Mais lorsque, pleinement désaltérées, elles eurent recouvré leur sang-froid, alors leur apparut dans tout son jour le miracle de cette eau contenue dans des corbeilles d'osier, sans qu'il en suintât une goutte. Comme elles se regardaient tout étonnées et semblaient vouloir interroger Fr. Félix : — « Remerciez Dieu et la Madone Immaculée, » — leur dit celui-ci ; et faisant volte-face, il reprit avec sa carriole sa première direction.

Une pauvre femme tout en larmes, aborde un jour Fr. Félix dans la rue. Son mari était malade et dans l'impossibilité de travailler de plusieurs jours ; or, le salaire de la journée du mari était l'unique ressource de toute la famille. Plus de pain, pas de crédit nulle part, cinq petits enfants affamés qui demandaient à manger ; que faire ? Que devenir ? En entendant ce récit, Fr. Félix pleura et soupira en regardant le ciel; puis il parla de confiance en Dieu et promit de visiter le jour même la pauvre famille. Il vint en effet, apportant tout ce qui se trouvait ce jour-là à sa disposition, à savoir quelques petites tranches de pain sec et dur. Mais, chemin faisant, il avait imploré avec confiance Celui qui nourrît les multitudes dans le désert. — « Ma fille, dit-il à la pauvre femme, voici du pain. Il vous faut le faire bouillir, cela fera pour vous et pour vos enfants une excellente soupe très nourrissante. Il semble n'y en avoir que peu ; mais à la cuisson ce pain gonfle énormément; prenez donc une grande, bien grande marmite. » — Regardant comme très problématique le gonflement dont lui parlait le Frère, la bonne femme prit simplement un pot de grandeur médiocre. — « Pas cela, exclama vivement le Fr. Félix. Je vous le répète, ce pain va se gonfler beaucoup, prenez votre plus grande marmite.»— Sans trop ajouter foi à ces paroles, mais ne voulant pas désobliger le serviteur de Dieu, la bonne femme mit sur le feu le plus grand de tous ses ustensiles qu'elle remplit d'eau jusqu'au bord; elle y jeta ensuite les petites tranches de pain desséché que lui avait apportées le Frère. — « Ces morceaux, disait-elle plus tard, nageaient d'abord dans cette grande eau, comme des poissons. » — Et pourtant la parole du Fr. Félix s'accomplit. Pendant trois jours entiers, cette famille de cinq personnes vécut uniquement de cette soupe de pain cuit. Tous en mangèrent abondamment plusieurs fois par jour, et elle leur parut délicieuse.

Tout ce qui souffrait, tout ce qui était misérable excitait au plus haut point la compassion de Fr. Félix.

Un jour de Jeudi-Saint, quelques hommes de Mistretta ayant eu l'idée de venir à Nicosie pour voir les reposoirs des églises de la ville, un pauvre estropié tout contrefait, Sébastien Mogavero, voulut à toute force se joindre à eux. Un peu poussé, un peu tiré, à moitié porté, il finit par arriver à la ville. Mais là, une pluie torrentielle force la bande à chercher un abri. Ne sachant où aller, ces hommes vinrent tout bonnement frapper à la porte du couvent, demandant qu'on voulut bien les abriter. C'est Fr. Félix qui leur ouvrit la porte et reçut leur requête ; et aussitôt il les conduisit à la salle commune et s'empressa d'allumer une bonne flambée pour sécher leurs vêtements. Cependant le charitable Frère s'était aperçu qu'il y en avait un dans la bande qui ne suivait que difficilement les autres. Il en demanda la cause, non pas à l'infirme lui-même, par la crainte de l'humilier, mais à ses compagnons. Ceux-ci lui répondent que depuis son enfance ce pauvre jeune homme est ainsi, et que c'est une grande désolation pour son père déjà avancé en âge. F. Félix ne dit rien, mais allant vers Sébastien, il le prend par le bras et le conduit dans sa cellule, devant son image de Marie immaculée.

Il l'y garda un peu de temps, mais quand Sébastien sortit de la cellule, il marchait droit et ferme. Allant trouver ses compagnons tout surpris, et leur montrant la cédule de Marie immaculée que lui avait donnée le Frère : — « Voici, dit-il, celle qui m'a guéri. Fr. Félix m'a dit que par reconnaissance, je devais tous les jours de ma vie lui dire trois *Ave Maria* et trois *Gloria Patri*. » — Tout assurés qu'ils étaient de sa guérison, ses compagnons pour s'en assurer davantage l'envoyèrent seul au marché procurer tout ce dont ils avaient besoin.

Sur le soir, ils repartirent tous d'un pas alègre ; mais chemin faisant, la pluie survenant de nouveau, les obligea à se réfugier sous une meule de paille. Seul, le miraculé, n'ayant plus peur de rien, et désireux d'apporter plus vite à son vieux père la joie de sa guérison, les laissa là et partit seul, à travers les ténèbres et l'orage.

C'est Epiphane Mogavero, frère du miraculé, qui a attesté ces choses au procès de 1830, et il ajoutait : — « Notre père fut si ému en voyant son fils complètement guéri, que pendant tout un jour il ne fit que verser des larmes de joie. »

Le fait suivant, bien que de moindre importance, nous montre dans tout son jour le cœur de Fr. Félix, ce cœur si charitable qui ne peut voir aucune douleur sans la consoler, ce cœur en même temps si humble qui redoute toujours la publicité.

Le P. Macaire alla un jour, accompagné de Fr. Félix, dans la maison des deux frères Deluca, qui habitaient avec leurs deux sœurs. Le P. Macaire entra dans l'appartement des deux frères ; Fr. Félix, par humilité voulut rester dans l'antichambre. Pendant qu'il était là, la servante de la maison dut aller à la cave par ordre d'une de ses maîtresses, pour tirer du vin dans un bocal de grès. En descendant l'escalier, la pauvre fille fait un faux mouvement, le bocal lui échappe et se brise avec fracas sur les dalles. Elle remonte en pleurant et se lamentant, l'expérience lui avait appris à connaître la sévérité de sa maîtresse.

Fr. Félix lui demande la cause de son chagrin; elle l'avoue. — « Va vite, ma fille, lui dit le Frère, va chercher les morceaux du bocal brisé, et apportes-tes-moi. » — « Et qu'en ferez-vous de ces morceaux ? » répond brusquement la pauvre fille que le chagrin rendait maussade. — « Pour l'amour de Dieu, reprend le Frère, va me chercher ces morceaux. » — La fille va, rapporte les morceaux et les remet à Fr. Félix qui les place sur ses genoux. Entendant du bruit, la servante se retourne inquiète, pour voir si sa maîtresse ne vient point; elle a eu à peine le temps de tourner la tête, et déjà Fr. Félix lui rend le bocal remis à neuf. — « Va maintenant, lui dit-il, va chercher du vin comme on te l'a commandé; et garde-toi bien de parler à personne de ta maladresse. » — Sur ces entrefaites, le P. Macaire, sa visite terminée, sort de l'appartement des frères Deluca, fait signe à son compagnon de le suivre, et tous deux reprennent en silence le chemin du couvent.

On n'aurait probablement rien su de ce qui s'était passé, si une des sœurs Deluca, se trouvant à la cuisine n'avait entendu le bruit des tessons roulant sur l'escalier et les gémissements de la servante. Lorsque cette dernière remonta de la cave : — « Quel pot avez-vous pris pour tirer le vin ? lui demanda sa maîtresse. — « Mais celui-là même que vous m'avez indiqué, » répond la servante. — « Cela ne peut pas être, reprend la dame, car j'ai fort bien entendu et le choc du pot brisé sur l'escalier, et vos lamentations. Voyons, que s'est-il passé ? » — La servante alors raconte simplement et sa maladresse et le prodige opéré par Fr. Félix. Mais la dame ne s'en rapportant pas pleinement aux dires de sa servante et voulant s'assurer de la vérité, fit courir après les deux religieux qui n'étaient pas encore loin.

Ils revinrent; la dame leur rapporta ce que la servante venait de lui dire; la servante à son tour attesta qu'elle avait dit la pure vérité. Fr. Félix tout humilié baissait la tête et ne soufflait mot. Le P. Macaire lui commanda par obéissance de dire ce qui s'était passé ; et l'humble Frère dut avouer qu'en effet : — « la Madone toute-puissante avait remis à neuf le bocal en question, pour que la pauvre servante ne fut pas grondée. » — « C'est vous qui méritez d'être grondé, s'écrie le P. Macaire, paraissant fort courroucé ; vous vous mêlez toujours d'un tas de choses qui ne vous regardent pas. Et vous faites tout cela à la dérobée, sans rien dire à personne ; il faut que je revienne dans cette maison pour savoir la vérité. Vraiment vous êtes insupportable. » — « Soit pour l'amour de Dieu ! » répondit Fr. Félix ; et tous deux reprirent le chemin du couvent.

Il est une autre catégorie de pauvres que Fr. Félix n'eut peut-être pas eu la facilité de visiter et d'assister, s'il eût vécu en nos jours de laïcisation à outrance; nous voulons parler des pauvres prisonniers. Eux aussi purent admirer le grand cœur de Félix et se réchauffer au foyer de sa charité.

Tous les dimanches, très régulièrement, le serviteur de Dieu allait aux prisons; c'était son repos après les rudes labeurs de la semaine. Pour se faire bien venir des détenus, il leur portait toujours un peu de bonne nourriture, quelques douceurs, des vêtements pour remplacer leurs haillons. Il pansait leurs plaies, les aidait à se débarrasser ou à se préserver de la vermine; il leur rendait en un mot tous les bons offices qu'ils pouvaient réclamer et qui ne dépassaient pas son pouvoir.

Cela fait, Fr. Félix leur parlait de Dieu, de leur âme immortelle, des vérités éternelles qu'ils avaient oubliées, de leurs devoirs de chrétiens qu'ils avaient trop négligés. Sa parole était si insinuante et si douce, si imprégnée de charité vraie, qu'elle pénétrait dans les cœurs les plus endurcis, et il fut donné à ce pauvre Frère de convertir d'insignes malfaiteurs. Lorsqu'il les avait bien disposés, bien aidés dans la recherche de leurs fautes, Fr. Félix leur amenait le prêtre, et ils faisaient en pleurant la confession générale de leurs méfaits.

CHAPITRE XI.
Auprès des malades.

Infirmus fui, et visitastis me. — Math. 25, 26.
J'étais malade et vous m'avez visité.

SOMMAIRE. — Visites régulières aux hospices. — Les malades ds la ville et de la campagne. — Manière de procéder. — Préférence pour les confrères de Notre-Dame-des-Miracles. — La vieille pauvresse assistée et sanctifiée. — Guérison d'un malade désespéré. — Guérison et conversion du montagnard. — La malade et le feu du purgatoire.

Dans les chapitres précédents, nous avons admiré la charité de Fr. Félix pour ses confrères malades. Cette charité ne pouvait être contenue dans l'étroite enceinte d'un couvent; la ville toute entière de Nicosie et les pays circonvoisins purent l'admirer et en bénéficier.

Trois fois par semaine très régulièrement, le serviteur de Dieu se rendait aux hospices de la ville, apportant aux pauvres malades avec la suavité de sa parole les douceurs qu'il avait quêtées pour eux auprès des bonnes âmes. Il rendait aux malades toutes sortes de bons offices, les peignait, pansait leurs plaies, servait d'intermédiaire entr'eux et leurs familles. Sa visite, impatiemment attendue par les pensionnaires des hospices, était reçue par eux comme un bienfait du ciel.

De toutes parts on venait réclamer la visite et l'assistance de Fr. Félix pour les malades; et tant que l'obéissance le lui permettait, il ne se refusait à personne. Sans s'inquiéter s'il faisait chaud ou froid, si les chemins étaient en bon état ou non, si le trajet était long ou court, dès qu'il était demandé on le voyait se hâter vers la demeure désignée. L'heure tardive et ses fatigues précédentes ne lui furent jamais un prétexte pour s'excuser ou pour retarder. On le demandait parfois pour des malades habitant à douze ou quatorze milles de Nicosie; la distance n'était rien pour lui, dès que l'obéissance avait parlé pour commander ou pour permettre, il partait.

Plébéiens ou nobles, pauvres ou riches, tous les malades étaient pour lui des membres souffrants de Jésus-Christ. Tel on l'avait vu près de ses Frères dans l'infirmerie du couvent, tel on le vit toujours auprès des malades du dehors. Non-seulement il les exhortait et les consolait, mais il leur rendait tous les services possibles.

Il avait du reste des procédés tout particuliers pour amener les malades soit à espérer leur guérison, soit à se préparer à la mort. Si, par exemple il ne parlait que de confiance en Dieu et en la Vierge

Marie, le malade devait guérir. Si, au contraire, il insistait sur la soumission à la sainte et adorable volonté de Dieu, tout espoir de guérion devait être abandonné. Les familles eurent bien vite remarqué cette différence de langage; et ceux auprès desquels était appelé le serviteur de Dieu savaient dès sa première visite à quoi s'en tenir. Mais avec un tel gardien, ils ne redoutaient pas la mort. Fortifiés par ses exhortations et ses prières, ils affrontaient sans frayeur le terrible passage.

Bien que Fr. Félix allât très volontiers chez tous les malades sans distinction, il montrait cependant un empressement plus marqué à visiter ceux de cette chère Confrérie de Notre-Dame-des-Miracles, sous la bannière de laquelle s'était abritée sa jeunesse. Se regardant toujours comme plus particulièrement lié avec les membres de l'association, il s'informait auprès du Recteur à la réunion dominicale de ceux des confrères qui étaient malades, pour pouvoir les visiter au plus tôt. Dans le courant de la semaine, s'il apprenait, en allant en ville, la maladie de quelqu'un d'entr'eux, il ne manquait pas d'avertir aussitôt les principaux de la Confrérie afin qu'ils fissent prier pour le malade et qu'ils allassent le visiter sans délai.

Lorsque les malades étaient pauvres, la charité de Fr. Félix s'ingéniait à les secourir.

Dans un faubourg de Nicosie, vivait seule en une misérable chaumière une pauvre femme bien âgée. Jusqu'alors tant bien que mal elle avait pu se suffire, soit par quelque petit travail, soit par les aumônes qu'elle allait solliciter de çà et de là. L'âge et de cruelles infirmités la clouèrent enfin sur son pauvre grabat, avec la perspective à peu près assurée de périr de misère; car ses voisins, presque aussi pauvres qu'elle, pouvaient bien lui rendre quelques services, mais ne pouvaient pas la nourrir. Fr. Félix ayant eu connaissance de sa situation, va la voir, lui parle de la bonté infinie de Dieu et l'exhorte à prier. De retour au couvent, tombant aux pieds de son supérieur, il lui demande avec larmes la permission de réserver pour cette pauvre abandonnée tout ce dont il pourra se priver à son repas. Le P. Macaire acquiesça; il connaissait toute l'austérité de Fr. Félix, et savait que sa santé ne souffrirait pas de cette privation. Pendant tout le temps que vécut la pauvre vieille, c'est-à-dire pendant trois ans entiers, Fr. Félix lui réserva chaque jour sa pitance. Les voisins attestèrent avoir bien des fois respiré un parfum tout céleste, à l'ouverture de la pauvre écuelle qui contenait l'aumône du saint Frère, cette aumône de la pénitence venant au secours de la charité. Et toutefois l'aumône matérielle de Fr. Félix n'était rien auprès de l'aumône de ses visites et de ses exhortations. La vieille pauvresse apprit de lui à supporter avec une admirable résignation toutes ses souffrances; elle mourut en prédestinée.

Pour l'assistance spirituelle et corporelle des malades, le serviteur de Dieu n'hésitait pas à affronter es plus grands périls; les horreurs de la contagion ne l'effrayaient pas. On le vit bien lors de l'épouvantable épidémie qui ravageait le bourg de Cerami en 1777 ; sur l'ordre de son supérieur il alla à l'encontre du fléau. Il en sera parlé à propos de son obéissance héroïque.

Dieu se plut à montrer par des prodiges de tout genre combien lui était agréable cette charité de son serviteur. Que de malades guéris par sa prière, par le signe de la Croix qu'il forma sur eux, par ses cédules de Marie-Immaculée, par le contact de sa main, par sa seule présence !

Un homme riche et honoré de Nicosie était très dangereusement malade, et on lui avait administré les derniers sacrements. Dès le principe, il n'avait cessé de réclamer Fr. Félix ; mais Fr. Félix parcourait en ce moment les campagnes. Enfin il arriva, et dès son retour son supérieur l'envoya avec Fr. Calcedonio. Arrivé près du malade, il se mit à genoux et passa la nuit entière dans cette situation sans sommeiller un instant. De moment en moment, il interrompait cependant sa prière pour administrer au patient les remèdes prescrits. Au matin, en lui donnant la dernière cuillerée de potion : — « Vous pouvez remercier Dieu, lui dit-il, ce ne sera rien. »

— Effectivement, peu d'heures après, le médecin constata une amélioration aussi notable qu'inespérée dans l'état du malade ; et en peu de jours celui-ci fut complétement rétabli.

Un montagnard de la commune d'Assicu, venant à Nicosie pour ses affaires, cheminait tranquillement sur sa monture, lorsque aux portes de la ville, un inconnu, un ennemi peut-être, lui tira un coup de fusil. Il n'en fut pas blessé, mais sa monture effrayée fit un écart et le jeta à terre, de telle façon qu'ayant lourdement donné de la tête contre les pierres, il demeura presque sans vie sur le chemin. Des passants le relevèrent et le portèrent à l'hospice. Là, une fièvre féroce accompagnée de délire s'empara de lui; il jurait comme un damné et frappait tous ceux qui l'approchaient. Les infirmiers le voyant si malade firent venir le prêtre; mais à la vue du ministre de Dieu, il n'en devint que plus enragé et redoubla de menaces et de blasphèmes. Sur ces entrefaites Fr. Félix vint faire à l'hospice une de ses visites accoutumées. Comme il allait s'approcher du montagnard : — « Laissez-le, lui cria-t-on, laissez-le, Fr. Félix; il est furieux, sûrement il vous fera du mal. » — « Ce n'est rien, ce n'est rien, » répond tranquillement le bon Frère, et très calme il s'approche du malade. Celui-ci étend brusquement le bras, saisit la corde du Frère et la tire fortement à lui, en roulant des yeux furibonds. Félix n'a pas l'air de s'en émouvoir, et pour entrer en conversation : — « Mon ami, dit-il au malade, on me dit que vous êtes tombé de cheval, comment cela s'est-il fait? Racontez-le moi. » — Le malade ne répond rien, et continue à tirer la corde et à regarder son interlocuteur avec des yeux terribles. — « Eh bien! mon ami, reprend le Frère, je m'en vais vous le dire, moi, pourquoi vous êtes tombé de cheval. C'est que vous ne faites pas souvent le signe de la Croix. » — A ce mot, le malade devient plus furieux. — « Non, s'écrie-t-il, non, je ne fais pas le signe de la Croix. Je ne vais pas à la messe, moi ; je ne me confesse pas. Est-ce que j'ai besoin de ces choses? J'ai besoin qu'on me paie ce qu'on me doit ; voilà tout. Et c'est justement pour cela que j'étais venu à Nicosie. » — Pendant que le malade parlait, Félix lui glissait adroitement dans le lit une de ses cédules de Marie-Immaculée ; et le furieux semblait devenir plus calme. — « Mon ami, lui dit alors Félix, si vous voulez bien m'écouter, la Madone-Immaculée vous guérira sûrement. » — A cette parole de guérison, le malade regarde fixement, mais doucement son interlocuteur. — « Ah ! Frère, si vous me guérissez, vous pouvez compter que je vous donnerai une jolie petite somme d'argent. » — « Mon ami, reprend Félix, ce que la Madone veut de vous, ce n'est pas votre argent, c'est votre âme. Pour l'amour de Marie-Immaculée qui m'a envoyé vers vous, laissez-moi d'abord sauver votre pauvre âme ; la santé viendra ensuite. » — Pendant que le Frère parlait, le malade devenait doux comme un petit agneau. Félix alors lui prenant la main, lui fait faire le signe de la Croix, et lui fait prononcer en même temps la formule qui rappelle les trois personnes de l'adorable Trinité. Il lui parle ensuite du salut éternel, des vérités religieuses qu'il a mises en oubli, de ses devoirs de chrétien qu'il a trop négligés ; bref, il le dispose à se confesser et à recevoir le saint Viatique.

— « Vous verrez, vous verrez, lui disait-il, qu'après la sainte Communion, la santé vous reviendra. Demain vous serez guéri. » — Contre les prévisions de tous, la parole de Fr. Félix s'accomplit. Le malade, après avoir reçu le saint viatique, sentit ses forces revenir à grands pas; et le lendemain même, il venait au couvent remercier son libérateur. Encore sous l'empire de ses idées terre-à-terre, il crut bien agir et mieux témoigner sa reconnaissance en offrant à Fr. Félix une certaine somme d'argent. — « Non, mon ami, lui dit doucement le bon Frère, non encore une fois, ce n'est pas votre argent que réclame de vous la Madone, c'est votre âme; je vous l'ai dit. La Madone vous a rendu la santé, ne l'oubliez pas; témoignez-lui votre reconnaissance en la priant tous les jours et en adorant tous les jours son divin Fils. Vous vivrez désormais en chrétien, et vous vous approcherez des sacrements de pénitence et d'Eucharistie le plus souvent possible. » — En signe d'acquiescement et de promesse, le montagnard baisa la manche de Fr. Félix; et il partit, emportant dans ses montagnes le souvenir glorieux du pauvre Frère et la fidélité à la promesse qu'il lui avait faite. Il vécut encore de longues années, et toujours en chrétien fidèle.

Au bourg de Sperlinga, une femme nommée Marie Miranda, gisait depuis fort longtemps, atteinte de cruelles douleurs rhumatismales au point qu'elle ne pouvait sans une aide remuer ni la main ni le pied, ni même se retourner dans son lit. Apprenant un jour que Fr. Félix se trouvait dans le bourg, elle le fit prier de venir la visiter, et lorsqu'il fut près d'elle, elle lui déclara ne pouvoir supporter l'intensité de ses douleurs. — « Mais, ma fille, lui dit le serviteur de Dieu, ne voyez-vous pas que Dieu vous veut du bien ? Il vous fait faire votre purgatoire en ce monde. » — « Ah ! je préfèrerais mourir, répliqua la malade, oui mourir et endurer toutes les souffrances du purgatoire plutôt que de continuer à endurer mes maux actuels. » — « Eh bien, ma fille, répliqua Fr. Félix, que Dieu vous accorde ce que vous désirez. » — Et il partit aussitôt. A peine était-il hors de la maison, la malade se sentit comme dévorée par un feu terrible. A grands cris elle appelle sa fille : — « Bien vite, lui dit-elle, jette-moi de l'eau à pleins seaux sur le corps ; car je suis comme dans une fournaise; je me sens brûler toute vive. » — Epouvantée de ces paroles de sa mère, la fille court après Fr. Félix et le supplie avec larmes de vouloir bien revenir, car sa mère souffre vraiment trop. Le serviteur de Dieu revient. — « Eh bien ! ma fille, dit-il à la malade, direz-vous encore que le purgatoire est une bagatelle ? Ah ! vous pensiez peut-être qu'il n'y avait que de la cendre chaude; il y a du feu, vous dis-je, et vous ne pourrez plus penser le contraire. » — Cela dit, avec l'extrémité de sa corde il fait un signe de croix sur la tête de la malade, et celle-ci se trouve immédiatement et complètement guérie.

Elle ne put jamais oublier ce qui lui était arrivé; et jusqu'à sa mort qui n'arriva que longtemps après, on ne l'entendit plus jamais se plaindre de rien. A ceux qui s'étonnaient de sa résignation dans les maux inévitables et dans les adversités d'ici-bas, elle répondait : — « Je sais ce qu'est le purgatoire ; Fr. Félix m'a obtenu de le comprendre. »

CHAPITRE XII

L'Apôtre

> *Non se Christi reputabat amicum, nisi animas foveret, quas ille redemit. Saluti animarum nihil præferendum esse dicebat.* — S. Bonav. de S. P. Fran. leg. maj. c. 9.
>
> Il n'aurait osé se prétendre ami de Jésus-Christ, s'il n'avait cherché à faire du bien aux âmes rachetées par ce Sauveur. Il disait que rien ne peut être mis au-dessus du salut des âmes.

SOMMAIRE. — Saintes influences de la vie de Fr. Félix. — Sa parole sur le salut. — Sur le bonheur du Ciel. — Sur la bonté de Dieu. — Charme de ses entretiens. — Sa conversation avec les femmes. — Une chanson pour endormir les petits enfants. — Zèle pour la conversion des pécheurs. — Pour la paix entre les familles. — Les frères Alessi. — Remontrance à Sœur Fidèle. — Discipline sanglante pour un pécheur. — Ce pécheur est sauvé par Fr. Félix. — Réflexions du P. Macaire. — La loterie. — Un mort qui parle.

Fr. Félix était un simple Frère convers ; il n'avait ni à prêcher ni à exercer aucun des actes du ministère sacré qui tendent directement à la conversion des pécheurs et à la sanctification des âmes. Et pourtant il a opéré plus de bien que le missionnaire le plus zélé.

Et d'abord la sainteté de sa vie, lumineuse et ardente comme une flamme, illuminait les intelligences et embrasait les cœurs. En le voyant, les bons se sentaient animés du désir de devenir meilleurs ; les pécheurs étaient excités au repentir. En rapport continuel avec les âmes, par ses emplois de portier et de quêteur, il saisissait toutes les occasions de faire du bien à tous. Il instruisait les ignorants, particulièrement les pauvres et les petits ; il consolait les affligés, il admonestait les pécheurs.

Le salut éternel revenait sans cesse dans ses entretiens avec les gens. Il parlait des félicités éternelles avec de tels accents de joie et d'espérance, qu'il inspirait à tous ses auditeurs le désir de s'en rendre dignes. Quand il parlait de la réprobation, de l'éternelle séparation d'avec Dieu, c'était d'une voix pénétrée de conviction et de crainte qui faisait passer l'épouvante dans les âmes. Mais il ne parlait jamais bien longtemps de ce sujet terrible ; bien vite il revenait à son thème préféré : les joies du paradis.

« Que de fois étant enfant, rapporte un témoin, que de fois n'ai-je pas entendu Fr. Félix parler à ma mère du bonheur du Ciel ! — « Oh ! disait-il, que nous serons heureux là-haut ! Vraiment, ce monde d'ici-bas n'est rien, tout y est trompeur. Oh ! comme la pensée du bonheur qui nous attend nous fait trouver douces toutes ces rigueurs de la pénitence qui effraient tant les mondains. » — N'est-ce pas la pensée si souvent exprimée par le patriarche d'Assise : — « Le bien que j'espère est si grand, que pour l'obtenir toute peine se change pour moi en délices. »

Lorsque le B. Félix parlait du peu de proportion qu'il y a entre les rigueurs de la pénitence et les félicités éternelles, sa parole s'impreignait d'une onction ineffable, et ses auditeurs transportés n'avaient plus peur de la voie étroite qui conduit au ciel. Il savait du reste leur montrer si suave et si doux le joug de Jésus-Christ ! Parfois, lorsqu'il en parlait, on vit sa face comme environnée d'une céleste auréole.

Parlant de la bonté de Dieu, de la miséricorde infinie, il s'animait comme un prédicateur. — « C'est lui, s'écriait-t-il, ce grand Dieu qui a fait le ciel, la terre, la mer et toutes choses pour nous, ingrats ! Il nous a créés, rachetés, fait naître au sein de son Eglise, conservés jusqu'à ce jour, pour qu'enfin nous l'aimions. O bonté infinie de notre grand Dieu ! »

Pour arriver à intéresser davantage ses auditeurs, Fr. Félix gravait profondément dans sa mémoire, avec tous leurs détails, les faits les plus saisissants de la Vie des Saints, qu'il entendait lire ou raconter au couvent. Puis, avec une délicatesse infinie il savait les approprier à l'âge ou à la situation de ceux qui l'environnaient. Jamais depuis son enfance, il ne s'était exercé à bien dire, puisque jamais il n'avait pris part à une conversation même indifférente ; jamais il ne levait les yeux sur ses auditeurs ; et pourtant il narrait avec un charme irrésistible. Aussi partout où il apparaissait, les gens du peuple, principalement les enfants, se pressaient autour de lui. — « Allons, Fr. Félix, lui disaient-ils, racontez-nous une de ces belles histoires que vous savez. » — Le silencieux parlait alors, et parce que le seul amour de Dieu et des âmes le faisait parler, la grâce était sur ses lèvres, et on ne se lassait pas de l'écouter.

Le saint homme n'avait de préférences pour aucune catégorie d'âmes; à toutes sans exceptions il parlait de la fidélité à la loi divine et du bonheur d'aimer Dieu. Si parfois il donna plus de temps et de soins à certaines âmes, c'est que leurs besoins étaient plus grands.

Les femmes pieuses étaient avides des entretiens de Fr. Félix. Pour lui, principalement dans les premières années de sa vie religieuse, il évitait le plus qu'il pouvait de converser avec elles. Dans ce but, il n'entrait jamais dans les maisons où il allait faire la quête, à moins qu'il n'eût un ordre formel de son supérieur et qu'il ne fut accompagné d'un de ses confrères. Même alors, il se bornait à répondre le plus brièvement possible aux questions qui lui étaient posées.

Plus tard, lorsque les années, l'union habituelle avec Dieu, et les continuelles victoires qu'il remportait sur lui-même l'eurent rendu absolument indifférent à tout ce qui est des sens, il se montra plus facile. Il ne craignit plus alors de converser un peu plus longuement avec les femmes, quelque fut leur âge, quelle que fut leur condition. En leur parlant, il restait ordinairement debout, les mains croisées sur sa poitrine; et il tenait ses yeux baissés de telle façon que jamais la curiosité féminine la plus industrieuse ne put parvenir à discerner la couleur de ses prunelles.

En cette attitude, il recommandait aux jeunes personnes de veiller sur leur imagination et sur leurs regards, de se respecter dans leurs paroles, de fuir les vanités, de s'attacher à la maison paternelle et au travail, d'aimer tendrement Marie-Immaculée et son divin Fils. Il leur dépeignait en termes sublimes le bonheur d'un cœur qui se garde toujours pur.

Aux personnes pieuses, il parlait de la pratique plus parfaite des vertus chrétiennes, de l'esprit de pénitence, de l'union avec Dieu. Il leur conseillait, ainsi que nous l'avons dit ailleurs, diverses pratiques de piété en l'honneur du Très-Saint-Sacrement, de la Passion de Notre-Seigneur, de Marie-Immaculée, de saint Joseph et des autres saints.

A toutes les personnes du sexe, le serviteur de Dieu donnait les conseils les plus en rapport avec leur situation respective, qu'elles fussent de condition libre, ou engagées dans les liens du mariage, ou veuves; maîtresses de maison ou au service des autres. La confiance qu'il leur inspirait était telle que beaucoup d'entr'elles ne se contentaient pas de lui demander des encouragements au bien, ou des paroles d'édification. Elles avaient encore recours à lui dans leurs embarras domestiques, et même dans leurs infirmités corporelles et dans les maladies des personnes de leur famille ou de leur maison. Dans leur pensée, Fr. Félix était un saint; il ne devait donc être étranger à rien; il devait avoir lumière pour toutes les difficultés, conseil pour tous les doutes, remède pour tous les maux. Le saint homme écoutait leurs communications avec une patience angélique; et son attitude, l'expression de sa physionomie, en un mot tout en lui disait clairement que son âme était au-dessus de tout ce qui est de la chair et des sens.

Une après-midi, à l'heure de la sieste, comme Fr. Félix était dans sa cellule à réciter des *Miserere* pour les âmes du purgatoire, il entendit une femme du voisinage qui chantait une chanson assez légère. Usant de l'autorité que lui donnait alors son âge, il fit prier cette femme de venir lui parler; et lorsqu'elle fut en sa présence, il lui reprocha sa faute. — « Mais mon Frère, répondit la femme, je n'avais nulle mauvaise intention; je ne voulais qu'endormir mon petit enfant qui est assez pénible. » — « Et vous croyez, repartit le Frère, qu'avec de telles chansons vous endormirez votre enfant ? Non, je vous le dis. Avec de pareils chants, vous éloignez les anges de son berceau, et vous y attirez les démons qui finiront par le rendre méchant comme eux. » — La pauvre femme se mit à pleurer. — « Ecoutez-moi bien, lui dit Fr. Félix; je vais vous apprendre une chansonnette qui a une merveilleuse efficacité pour endormir les enfants. » — Il se donna alors la peine d'apprendre à la bonne femme une gracieuse petite chansonnette dans laquelle Dieu et les saints n'étaient point oubliés. — « Toutes les fois, ajouta-t-il, que votre enfant ne voudra pas s'endormir, chantez-lui ces couplets ; il s'endormira comme un petit ange, je vous en donne ma parole. » — La bonne femme obéit ; et l'expérience lui démontra que la parole de Fr. Félix n'avait pas été vaine. Et lorsque d'autres mères, ses voisines, se plaignaient à elle de ne pouvoir endormir leurs enfants : — « Allez trouver Fr. Félix, leur disait-elle ; il a de précieuses recettes pour calmer les enfants les plus pénibles. »

Mais qui pourrait dire le zèle du serviteur de Dieu pour la conversion des pécheurs !

Quand il apprenait que certaines gens vivaient dans le désordre, il ne craignait pas d'aller les trouver. Dans un langage humble et ferme, il leur représentait la gravité de leur faute, l'énormité du scandale qui en résultait pour le prochain, les châtiments éternels auxquels ils s'exposaient s'ils étaient surpris par la mort. Bref, il faisait si bien qu'un beau jour ces pécheurs allaient se jeter aux pieds d'un confesseur et réclamaient avec larmes leur réconciliation avec Dieu. Bien des prêtres déclarèrent avoir vu venir à eux des pécheurs de la conversion desquels tout le monde désespérait, et qui, interrogés sur le motif principal de leur retour, affirmaient n'avoir été amenés au repentir que par les exhortations et la parole du saint Fr. Félix.

S'il apprenait que des haines divisaient les individus ou les familles, il allait visiter tour à tour les adversaires. Ce silencieux obstiné n'hésitait pas alors à rompre avec toutes les habitudes de sa vie, il savait raconter des histoires intéressantes, d'agréables paraboles qui amenaient bon gré mal gré la gaieté dans les cœurs aigris et chagrins, et les disposaient peu à peu à écouter la parole de réconciliation. Le bon Frère ne mettait fin à ses démarches que lorsque les adversaires avaient mis fin à leurs divisions.

Les frères Alessi, habitants de Nicosie, vivaient en mauvaise intelligence, et scandalisaient tout leur quartier par le spectacle incessant de leurs disputes. S'étant pris de querelle un jour sur la voie publique, des paroles ils en vinrent aux coups, et se jetant de grosses pierres, ils menaçaient de s'entretuer. Au plus fort de leur lutte, Fr. Félix vint à passer. Se jetant aussitôt à genoux entre les combattants, il priait Dieu de leur pardonner et de les réconcilier. Les pierres volaient autour de sa tête et de ses épaules, mais par la permission divine, aucune ne l'atteignit ; et pendant tout ce temps le charitable Frère criait en pleurant : « La paix, pour l'amour de Dieu, la paix ! »
— Enfin, terrassés par l'humilité, par les larmes, par les prières du saint homme, les adversaires mirent fin au combat; et unissant leurs mains dans la main de Fr. Félix, ils jurèrent de vivre désormais en bons frères.

Après cette victoire, le serviteur de Dieu entra chez la bonne Sœur Fidèle qui avait été témoin de la scène précédente. Sœur Fidèle n'avait pas grande estime pour les frères Alessi, aussi ne pût-elle s'empêcher de dire avec une certaine aigreur à Fr. Félix : — « S'intéresser à de telles gens, et leur parler, c'est faire un péché mortel. » — « C'est vous qui le commettez le péché mortel, en parlant ainsi de votre prochain, répartit vivement le saint Frère ; et vous devez faire sérieusement pénitence si vous voulez que Dieu vous pardonne. » C'est ainsi que notre Bienheureux savait à l'occasion corriger ce qu'avait de trop amer le zèle de certaines âmes d'ailleurs pieuses.

Qui pourrait dire ce que Fr. Félix s'imposa de prières, de veilles, de jeûnes, de mortifications pour obtenir à de pauvres pécheurs la grâce du repentir et le salut éternel. Le P. Macaire entrant un jour à l'improviste dans la cellule du saint homme, à l'heure de la sieste, le trouva en train de se flageller d'une façon épouvantable. — « Assez, assez, cria le P. Macaire, je vous défends de continuer. » — Fr. Félix s'arrêta ; mais se tournant, les yeux baignés de larmes, vers son supérieur : — « Mon père, lui dit-il, per- mettez moi de continuer, je ne frapperai pas si fort si vous le voulez, mais en grâce que je puisse me flageller encore ; c'est pour un pauvre pécheur qui, en ce moment même, est à son péché. O mon Dieu, s'il était frappé par la justice divine! » — Le P. Macaire imposa alors par obéissance à Fr. Félix de lui confier sous le secret, le nom de ce pécheur. Félix obéit, et le Père lui permit de continuer à se flageller.

A quelque temps de là, l'infortuné pêcheur périt misérablement, assassiné par un rival. En apprenant cette mort, Fr. Félix redoubla ses macérations et ses prières, et un jour, l'âme de son protégé lui apparut.
— « Je viens te remercier, lui dit-elle. Bien que frappée d'un coup mortel, j'ai pu me repentir avant de mourir et Dieu m'a fait miséricorde; c'est toi qui m'as obtenu la grâce du repentir. C'est encore toi qui par tes prières et tes pénitences as abrégé le temps de mon expiation dans le purgatoire. Grâce à toi, je suis heureux pour l'éternité; sois béni. »

C'est par le P. Macaire que l'on sût plus tard ces détails; de lui-même, Fr. Félix n'en aurait certainement rien dit. Mais après que Félix, contraint par l'obéissance, eut révélé le nom du pécheur au P. Macaire, celui-ci l'obligea à lui faire connaître tout ce qu'il saurait sur cette âme. Et le Père racontant ce fait, ajoutait : — « Ceci nous apprend deux choses : la première, que c'est une œuvre très sainte et très méritoire de travailler à la conversion des pécheurs. La seconde, que nous ne devons porter de jugement sur le sort éternel d'aucune âme. Plusieurs qui meurent tranquillement dans leur lit, après avoir reçu tous les sacrements, seront peut-être damnés. Et tel qui périt de mort violente, après avoir vécu jusqu'à la fin dans le désordre, peut cependant se repentir et être éternellement sauvé. »

Lorsque, pour la conversion des pécheurs, Fr. Félix croyait le miracle nécessaire, il y recourait tout simplement comme à un moyen que Dieu mettait à sa disposition; le fait suivant nous en est une preuve.

Dès le siècle dernier, l'Italie, surtout dans ses provinces méridionales, commençait à être possédée par cette funeste passion de la loterie, que les révolutions modernes ont prodigieusement développée. De nos jours, pendant que l'Etat italien en profite pour attirer des millions dans ses caisses vides, on peut constater les ravages exercés par cette passion dans les masses populaires; les familles se ruinent, les âmes se perdent. Fr. Félix ne pouvait manquer de s'élever par tous les moyens possibles contre cette dangereuse tendance.

En 1756, deux jeunes hommes de Messine, ayant follement compromis leur avoir, pensèrent se rétablir dans leurs affaires en jouant à la loterie, mais ils voulaient jouer à coup sûr. Déjà la renommée du thaumaturge de Nicosie se répandait par toute la Sicile; ils entendirent parler de lui. — « Voilà notre affaire, se dirent-ils, allons trouver ce saint homme, il ne doit rien ignorer. Nous lui demanderons de nous indiquer les numéros qui doivent gagner; de cette façon nous sommes sûr de réussir.» — Sitôt dit, sitôt fait; ils partent pour Nicosie, et à peine arrivés dans cette ville, ils vont au couvent des Capucins demander Fr. Félix et lui exposer leur requête.

Après les avoir écoutés, le saint homme leur remontra d'un ton grave combien il est indigne d'un chrétien et même d'un homme raisonnable de demander la fortune aux chances du hasard. — « Un travail honnête et la confiance en Dieu, leur dit-il,

sont les seules choses que vous devez rechercher. *Aide-toi, Dieu t'aidera,* c'est le vieil adage. Vous l'avez oublié, mais vous ferez sagement de le méditer.»
— Mais il eut beau développer ce thème et parler en termes émouvants de l'honorabilité du travail et des miséricordieuses prévenances de Dieu envers l'homme qui fait ce qu'il doit et ce qu'il peut ; nos deux aventuriers demeuraient insensibles. S'enrichir à la loterie en y jouant à coup sûr était toujours leur idée fixe. Prières, supplications, promesses magnifiques, tout fût par eux mis en œuvre pour amener l'homme de Dieu à leur révéler ce qu'ils désiraient.

Voyant l'inutilité de ses remontrances, Fr. Félix, comme éclairé d'une lumière soudaine, leur dit tout-à-coup : — « Eh bien ! venez demain matin de bonne heure ; vous aurez ma réponse. » — Dans la pensée que le Frère leur révélerait les précieux numéros, les deux Messinois passèrent la nuit à bâtir des châteaux en Espagne, et aux premières lueurs de l'aurore ils se présentaient au couvent des Capucins. Or, ce jour-là était précisément le premier lundi du mois, jour où étaient ouvertes les portes du caveau funéraire des religieux. Fr. Félix qui avait passé la nuit en prières dans le caveau, y introduit les deux étrangers et les conduit en face du cadavre du P. Jean-Marie de Geraci, mort soixante ans auparavant, et duquel nous avons déjà parlé. Ce cadavre était exposé dans une niche, debout, les mains croisées sur la poitrine. Sans autre préambule, Félix interpella le mort : — « Père Jean-Marie, est-ce la volonté de Dieu que je donne à ces jeunes gens des indications pour la loterie ? » — Les deux Messinois étaient tout yeux et tout oreilles. Soudain le cadavre étend ses bras desséchés et agitant la tête, crie par trois fois : *Non, non, non !* Puis il reprend son immobilité première.

Un tigre enragé fondant à l'improviste sur les deux étrangers ne les eut pas effrayé davantage que la vue de ce cadavre s'agitant et parlant. Eperdus, hors d'eux-mêmes, ils s'élancèrent hors du caveau, et sans regarder derrière eux, ils s'enfuirent jusqu'à l'auberge où ils étaient descendus. Là ils tombèrent en syncope ; on dut appeler le médecin qui, pour prévenir une congestion, leur fit immédiatement une saignée. La crise passée, ils repartirent pour Messine et ne voulurent plus jamais entendre parler de loterie ni de numéros gagnants.

Le bruit de ce fait extraordinaire se répandit promptement dans toute la ville de Nicosie, et de là dans les montagnes et les vallées de la Sicile, et y inspira une terreur salutaire aux amateurs des jeux de hasard.

CHAPITRE XIII.

L'ami des enfants

Et offerebant illi parvulos ut tangeret illos... Et complexans eos, et imponens manus super illos, benedicebat eos. — Marc, 10, 13.

Et on présentait au Sauveur de petits enfants pour qu'il les touchat... Et Jésus, les embrassant, et imposant les mains sur eux, les bénissait.

SOMMAIRE. — Charitables industries. — Il soigne et instruit les enfants selon leur âge. — Il rappelle aux parents leur devoir d'instruire. — Le Jeudi-Saint et l'*Addolorata*. — Il apprend aux enfants à pratiquer la charité. — Tendresse de cœur. — Le petit garçon qui ne peut porter sa charge. — La petite fille qui a faim. — La cruche cassée. — Les cheveux d'ange. — Plusieurs enfants guéris. — Les burettes cassées. — La petite fille altérée. — Le manteau donné à trois petits pauvres. — Pain miraculeux. — Comment Fr. Félix reprend les enfants. — Va te confesser. — Un enfant qui avait peur des morts.

Les principes de la vertu fructifient bien plus sûrement dans les âmes, lorsqu'ils y ont été inculqués de bonne heure. Fr. Félix ne pouvait l'ignorer; aussi s'attacha-t-il d'une façon toute particulière à faire du bien aux enfants.

Pour les attirer plus facilement à lui, il avait toujours en réserve, dans les poches de son vêtement, des médailles et autres menus objets de piété, et aussi de ces petites choses qui sont une friandise pour les enfants du peuple dans les pays méridionaux : châtaignes, noisettes, fèves vertes, pois chiches, grains de maïs torréfiés.

Lorsqu'il remplissait l'office de portier, s'il voyait venir des enfants malpropres et en proie à la vermine, doucement et délicatement, comme une mère, il leur nettoyait la tête. Et, pendant cette opération, il leur faisait réciter leur prière, la leur apprenait s'ils l'ignoraient, et leur rappelait les principales vérités du salut.

Aussi, lorsqu'il allait par la ville, les enfants couraient joyeusement vers lui. Il les faisait agenouiller, et, plaçant sa main sur leur tête, il leur faisait réciter un *Ave Maria*. Puis il leur donnait ou quelque peu de pain, s'ils étaient pauvres, ou quelqu'une de ces friandises dont il avait provision. Il leur adressait de pieuses exhortations, et ces petits s'éloignaient en criant : « A revoir, Fr. Félix, loué soit Jésus-Christ ! »

A ceux qui étaient plus avancés en âge, le serviteur de Dieu parlait de choses plus élevées : du mystère de l'incarnation, de l'adorable Eucharistie, de la vie éternelle. Il les exhortait à ne pas vagabonder, à fréquenter l'école, à bien obéir à leurs parents, à ne pas mentir, à confesser leurs péchés avec les dispositions requises. — « Mes enfants, leur disait-il, nous devons tous aller en paradis ; mais il faut suivre le chemin qui y mène. »

En toute occasion, il insistait auprès des parents pour qu'ils instruisissent sérieusement leurs enfants des vérités religieuses ; et si leurs occupations ou d'autres obstacles les empêchaient d'accomplir par eux-mêmes ce devoir, il leur rappelait l'obligation rigoureuse qui leur incombait de faire instruire leurs enfants par d'autres. — « Pensez-y, leur disait-il, il y va de votre salut éternel et du salut de vos enfants. »

« Bien des fois dans ma première enfance, dit un témoin, j'ai entendu Fr. Félix exhorter ma mère à bien m'apprendre ma religion ; et souvent il se donnait la peine de m'instruire lui-même. C'est de sa bouche que j'appris les actes de foi, d'espérance et de charité. Lorsque je les répétais convenablement, il me donnait toujours une petite récompense : tantôt trois châtaignes en l'honneur de la Très-Sainte-Trinité, tantôt cinq noisettes en l'honneur des cinq plaies du Sauveur. Plus tard, il m'apprit divers petits chants pieux, entre autres celui-ci qui lui était particulièrement cher :

Veni, veni, Gesuzzu chi ti aspettu....

Viens, viens, petit Jésus, car je t'attends....

« Lorsque je parvins à le chanter imperturbablement, le saint homme ne se possédait pas de joie. »

Le Jeudi-Saint, le serviteur de Dieu allait visiter

les églises de la ville; et les enfants, selon leur habitude, couraient en foule après lui. — « Aujourd'hui, mes enfants, leur disait-il, nous devons bien penser aux cinq plaies de notre bon Sauveur, pour apprendre à l'aimer de toute notre âme. Mais n'oublions pas l'*Addolorata*, la Mère de douleurs; elle nous obtiendra de ne plus commettre de péchés. » — Le bon Frère conduisait alors son jeune et turbulent cortège au pied de sept différents autels, en l'honneur de l'*Addolorata*; à chaque autel, on récitait cinq *Pater, Ave, Gloria,* en mémoire des cinq plaies du Sauveur A l'autel du très Saint-Sacrement, on récitait cinq *Credo* et les actes de foi, d'espérance et de charité.

Félix voulait que les enfants apprissent de bonne heure à faire aux pauvres la charité selon leurs moyens, comme il l'avait appris lui-même de sa pieuse mère dans sa première enfance. Et il les y conduisait par les mêmes procédés que sa mère avait employés à son égard.

Il y avait au couvent des Capucins une petite école dirigée par le P. Michel-Ange de Nicosie. Les enfants qui la fréquentaient apportaient d'ordinaire leur goûter; et le bon Frère les amenait à détacher pour les pauvres une petite languette de leur pain. Il distribuait ensuite ces tranches à ceux des enfants qui n'avaient rien apporté, ou bien il les mettait en réserve pour les donner à de pauvres mères de famille. Ces petites tranches de pain devinrent entre ses mains l'instrument de nombreux prodiges; nous en avons rapporté un au chapitre X[e] de cette histoire.

Telle était la tendresse de Félix pour les enfants qu'il ne pouvait les voir ou les entendre pleurer sans s'approcher aussitôt et leur demander affectueusement la cause de leurs larmes. Il les consolait alors par de bonnes paroles et faisait tout ce qui dépendait de lui pour faire cesser leur chagrin.

Il cheminait un jour par la campagne, loin de Nicosie. Toujours priant, il suivait un sentier abrupte dans un vallon solitaire, lorsque son attention est attirée par les sanglots d'un enfant; vite il court à l'endroit d'où partaient ces sanglots. Au pied de la montagne, gisait un pauvre petit garçonnet d'une douzaine d'années, et, à côté de lui un lourd fagot de bois. — « Qu'as-tu, cher petit, demande le bon Frère. — Il faut, répond l'enfant, que je porte ce fagot jusqu'au haut de la montagne; et je ne puis pas, je ne puis pas. C'est trop lourd; je n'en peux plus. » — Et il sanglottait. — « Ne pleure pas, cher petit, repart vivement le Frère, la Madone-Immaculée m'a envoyé sur ton chemin pour porter ta charge. » En même temps, le Frère saisit le fardeau et se met à gravir la montagne par d'affreux sentiers. Sa route va s'en trouver allongée de plusieurs milles; mais que lui importe? Il s'agit de consoler un enfant et de lui faire du bien. Cependant les larmes du petit avaient cessé de couler; il marchait joyeusement aux côtés de son charitable consolateur. Celui-ci, tout en gravissant la côte, parlait à l'enfant: du bon Dieu qui aime les petits; du paradis où il n'y aura plus ni larmes ni douleurs; du péché qui en éloigne; de

Marie qui en ouvre les portes aux âmes de bonne volonté. Devenu homme fait, celui qui avait été l'objet de la charité de Félix ne parlait jamais qu'avec attendrissement de cet épisode de son enfance.

Lorsque tout moyen humain manquait au serviteur de Dieu pour tarir les pleurs d'un enfant, il recourait avec une confiance sans bornes à la grande consolatrice des affligés, à sa bonne mère Marie-Immaculée. Et que de fois alors on vit le prodige répondre à sa prière ! — « Un jour, rapporte un témoin, ma mère n'eut pas de pain à me donner ; j'avais alors dix ans. Pressée par la faim, j'aborde F. Félix qui passait ; et je lui demande un peu de pain. Quand il m'eût dit qu'il n'en avait pas, je me mis à pleurer ; et je vis alors de grosses larmes couler de ses yeux. Tout-à-coup, il se baisse vivement, ramasse une pierre et la met dans sa manche, en récitant lentement l'*Ave Maria*. Sa prière finie, il se tourne vers moi et me tend une belle *pagnotte* (pain de forme arrondie dont on fait grande consommation dans l'Italie méridionale). — « Tiens, me dit-il, porte cela à ta mère ; et remerciez toutes deux la Vierge-Immaculée. »

Une petite fille revenait un jour de la fontaine avec sa cruche pleine d'eau. Elle fait un faux pas, tombe, et la cruche se casse. Aussitôt la pauvre enfant de se lamenter en pensant aux injures et aux coups qui l'attendaient. — « Ah ! ma mère me battra, criait-elle. » — Fr. Félix vient à passer. — « Non, non, dit-il, pauvre petite, non ta mère ne te battra pas. » — Et vivement, il ramasse les tessons épars, tout en récitant l'*Ave Maria*. Puis il remet aux mains de la petite fille ébahie la cruche remise à neuf, comme si rien n'était arrivé.

Ecoutons la déposition de Paule Stazzone. — « Un jour, dit-elle, ma mère m'avait envoyé acheter du vin, et elle m'avait remis pour cela une bouteille de grès. En passant près du monastère de S. Vincent, je tombai, et ma bouteille se cassa en deux morceaux. Aussitôt, je me mis à crier, et Fr. Félix passant près de là, se hâta d'accourir. Voyant que personne ne passait dans la rue : — « Ramasse vite les morceaux, me dit-il, et porte-les moi. » — En disant cela, il s'arrête sur une borne ; je lui portai les morceaux qu'il mit sur ses genoux dans les plis de son vêtement. Tout-à-coup, il me rend ma bouteille tout entière, en me disant : — « Je te défends d'en parler à personne, pas même à ta mère. » — En me disant cela, son ton était si impératif, que tout enfant que j'étais, j'avais alors de six à sept ans, je n'en parlai à personne que plusieurs années après. »

Un vieux forgeron de Nicosie, Carmelo Vanaria, âgé de soixante-treize ans, vient à son tour affirmer la bonté de cœur de Fr. Félix à l'égard des enfants. — « Il y a maintenant soixante ans de cela, dit-il, je passais un jour près du couvent des Carmes ; près de moi trottinait une petite fille d'une huitaine d'années, portant dans un linge dont sa main tenait les quatre bouts, une certaine quantité de ces pâtes fines que nous appelons *cheveux d'ange* (espèce de vermicelle). L'enfant laissa glisser par mégarde un des bouts du linge, et toute la pâte qu'il contenait tomba et se mêla à la boue du chemin. Aussitôt la pauvre petite se mit à crier et à se lamenter. Une bonne vieille qui passait par là, essaya, mais vainement, de ramasser cette pâte ; elle ne put la démêler d'avec la boue. Survint tout-à-coup Fr. Félix. — « Ce n'est rien, ce n'est rien, dit-il à l'enfant désolée, « la Madone-Immaculée te veut du bien ; elle arrangera « tout cela. » — Il prit alors une toute petite pincée de ces *cheveux d'ange*, la mit dans la serviette et fit dessus le signe de la croix. Nous y vîmes aussitôt la même quantité de pâtes qu'auparavant. Nous eûmes ensuite beau regarder par terre, les autres témoins et moi, nous n'y aperçumes pas même la trace de ce qui y était tombé. Et cela je l'ai vu de mes yeux. »

« A l'âge d'environ huit ans et demi, dit un autre témoin, je fus pris d'une maladie mortelle, et on me fit faire ma première communion en viatique. Après cela, cependant, mes parents allèrent trouver Fr. Félix et l'amenèrent près de moi. — « Ce n'est rien, « dit-il en me voyant, la Madone le guérira ; et vous « verrez qu'il viendra me voir au couvent jeudi pro- « chain. » — J'avais déjà perdu l'usage de la parole, mais je la recouvrai dès que le serviteur de Dieu eut posé sa main sur ma tête ; et le jeudi suivant, comme il l'avait dit, j'allai le voir à son couvent. — « Si la « Madone t'a guéri, me dit-il, c'est pour que tu sois à « l'avenir un bon chrétien ; ne l'oublie pas. »

Un jeune enfant fut atteint d'une maladie qui, après lui avoir enlevé tout usage de ses jambes, lui occasionnait de cruelles et continuelles douleurs ; il ne faisait que pleurer et crier. A bout de ressources, sa pauvre mère l'apporta à Fr. Félix. A la vue de ce petit être souffreteux et chétif, le bon Frère ne peut retenir ses larmes ; il prend l'enfant entre ses bras et le serre affectueusement sur son cœur. — « Pauvre petit, dit-il, ne pleure plus, la Vierge-Immaculée va te guérir. » — Et tandis que des larmes coulent toujours de ses yeux, il récite l'*Ave Maria*. Soudain l'enfant cesse de pleurer ; un joyeux sourire se dessine sur ses traits amaigris, il était guéri. Fr. Félix le rend à sa mère en disant : — « Allez vite remercier la Vierge-Immaculée. » — Et l'enfant qui tout-à-l'heure ne pouvait se tenir debout, s'en retourna bondissant aux côtés de sa mère ivre de joie.

Le petit enfant de Dona Catherine Lanza, de Capizzi, avait à la joue, un ulcère malin qui menaçait de lui ronger toute la face. Sa mère le porte à Fr. Félix. Celui-ci passe de sa salive sur l'ulcère en récitant l'*Ave Maria*. L'enfant fut immédiatement guéri.

Le serviteur de Dieu était allé un jour entendre la messe à l'église de Saint-Calocère. Le petit servant de messe, en allant préparer l'autel, laissa tomber les burettes qui se brisèrent en mille pièces. Et l'enfant éclata en sanglots ; il redoutait la colère du sacristain. Cependant Fr. Félix ramassait en silence les fragments épars ; et tout-à-coup il sèche les larmes du pauvre petit clerc en lui présentant les burettes toutes entières, et pleines de vin et d'eau, comme elles l'étaient avant l'accident.

Des faits analogues arrivèrent en maintes circonstances ; car, encore une fois, le cœur charitable de Félix ne pouvait voir pleurer un enfant, ou même le voir souffrir sans être remué jusqu'au plus intime ; et, tout moyen humain lui manquant, il recourait au prodige.

Une petite fille de la campagne apportait un jour au couvent des Capucins, de la part de ses parents, un gros paquet de cardons. La route avait été assez longue, la chaleur était grande, le paquet était lourd ; l'enfant n'en pouvait plus quand elle se présenta à la porte du couvent. Fr. Félix était portier. — « Oh ! mon Frère, que j'ai soif ! dit la petite fille en remettant son aumône. Si vous pouviez me donner un peu d'eau bien fraîche ! » — Le bon Frère lui donne une orange et quelques fragments de pains d'autel ; mais la petite fille ne cessait de demander de l'eau fraîche. La citerne du préau donnait une eau très agréable ; mais, ce jour-là par malheur les cordes s'étant rompues, les seaux étaient tombés au fond, et on ne les avait pas encore retirés.

A la vue de cette enfant qui souffrait, l'homme de Dieu saisit un petit panier d'osier, l'attache à sa propre corde et le jette dans la citerne. Il l'en retire plein d'une eau limpide, et, sans qu'il s'en échappe une seule goutte, il va le présenter aux lèvres de l'enfant émerveillée qui boit à longs traits.

Lorsque furent faites les premières informations pour la béatification du serviteur de Dieu, l'enfant était devenue une respectable mère de famille, et une de ses filles était religieuse bénédictine. Elle attesta sous la foi du serment ce qui vient d'être dit.

Un jour d'hiver, circulant par la ville, Fr. Félix rencontra trois pauvres petits enfants, presque nus et grelottant de froid. Ne pouvant tenir à ce spectacle, il laissa tomber son manteau; ces enfants se hâtèrent de le relever et de l'emporter. Deux Frères étaient avec Fr. Félix en cette circonstance; mais n'osant lui faire aucune observation, ils vinrent en silence avec lui jusqu'au monument de l'*Addolorata* près du couvent, et tous trois s'y agenouillèrent pour prier. A leur grande surprise, lorsqu'ils se relevèrent, les deux compagnons de Fr. Félix aperçurent sur ses épaules un manteau semblable à celui qu'il avait laissé tomber. Ils en parlèrent au P. Macaire qui fit immédiatement appeler Fr. Félix. — « *Fra scontento*, lui dit-il de sa voix sévère, on vient de me conter une certaine histoire de manteau; qu'y a-t-il de vrai? Je vous ordonne de me le dire. » — « Mon Père, répond ingénûment Fr. Félix, voici la vérité : à la vue de trois petits enfants bien misérables, j'ai laissé tomber mon manteau; ces enfants l'ont ramassé et la Madone a jugé à propos de m'en donner un autre, voilà tout. » — Ayant dit cela, il retourna à ses occupations.

Quant au manteau que Fr. Félix avait laissé tomber, les enfants le portèrent à la bonne Sœur Fidèle qui leur en confectionna des vêtements.

La vieille Gratia Bracciarenti, parfaitement saine de corps et d'esprit, malgré ses quatre-vingt-quatre ans, se présentant devant les juges de la cause, déclare ce qui suit : — « J'avais dix ans, lorsque vint une année de disette, le pain était très cher; depuis deux jours mes deux petites sœurs, Rosaria et Mariuzza et moi n'en ayant pas mangé, nous ramassions dans la rue des tiges de cardons qu'on y avait jetées et nous les mangions. Fr. Félix vint à passer. — « Pourquoi, nous dit-il, mangez-vous ces tiges de « cardons. » — « Pour ne pas mourir de faim, lui répondîmes-nous. » — Le bon Frère leva les yeux au ciel en soupirant, et nous l'entendîmes qui disait : *Que la sainte volonté de Dieu soit faite!* Se tournant alors vers nous, il nous donna trois petits pains qui pouvaient bien peser à eux trois réunis, vingt onces. Nous les fîmes durer trois jours, en n'en mangeant qu'un petit morceau chaque jour ; mais ce petit morceau nous rassasiait tellement, qu'après l'avoir mangé, nous n'avions plus faim de tout le jour. Cette charité de Fr. Félix m'inspira une telle reconnaissance pour lui, que, depuis, chaque fois que je le voyais passer dans la rue, je courais après lui pour baiser sa corde ou son habit. Et lui, chaque fois, me recommandait de ne pas commettre de péchés, d'aimer Dieu de tout mon cœur, et de prier beaucoup la Vierge Marie. »

Quand le Bienheureux apprenait que des enfants avaient commis quelque faute, il les reprenait paternellement, en leur remontrant le tort qu'ils faisaient à leur âme. On lui signala un jour des enfants qui avaient pillé des fruits dans un jardin, il alla vers eux et après leur avoir reproché leur gourmandise et leur vol, il les fit agenouiller et leur fit réciter autant d'*Ave Maria* qu'ils avaient volé de fruits.

Le fait suivant tout en nous disant le zèle de Fr. Félix pour la sanctification des enfants, nous le montre en même temps initié par la lumière divine à la connaissance des cœurs.

« A l'âge de douze ans, rapporte un témoin, mes parents me placèrent au service du baron Sant'Andrea. J'y étais depuis fort peu de temps quand un jour je me disputai violemment avec d'autres domestiques ; j'avais alors le caractère assez difficile. Ce jour-là précisément Fr. Félix vint pour la quête. Jamais auparavant il ne m'avait vu, et personne ne lui avait parlé de moi ; pourtant, dès qu'il me vit dans le vestibule, il me saisit par le bras et me dit : — « Tu « as besoin de te confesser; vas-y au plus vite. Puis, « tu feras bien de dire tous les jours le chapelet pour « que la Vierge t'obtienne la crainte de Dieu et l'esprit « de soumission. »

Cet ami des enfants ne laissait échapper aucune occasion de leur faire du bien. — « Dans mon jeune âge, rapporte un autre témoin, j'avais une frayeur excessive des morts, à ce point qu'en certaines circonstances on avait craint pour ma raison ou pour ma santé. Un jour cependant, une de mes parentes me conduisit au caveau de la sépulture des Capucins; c'était le premier lundi du mois, jour où on y disait des messes, il y venait beaucoup de monde. Arrivé à la porte, j'hésitais à entrer, tout-à-coup Fr. Félix vint à moi, me prit par la main et me conduisit vers un des cadavres qui étaient exposés dans des niches. Me tenant toujours la main il me fit toucher un instant ce cadavre ; depuis ce jour, je n'eus plus jamais la moindre frayeur des morts. »

CHAPITRE XIV
L'Obéissance parfaite

> *Fratres qui sunt subditi recordentur quod propter Deum abnegaverunt proprias voluntates.* — Reg. Fr. Ch. 6.
>
> Les Frères qui sont sujets, se souviennent que pour Dieu ils ont renoncé à leur propre volonté.

SOMMAIRE. — Tout cède à l'obéissance. — *Perindé ac cadaver.* — Dans la tempête. — Par la fenêtre. — Le vin ne coule pas. — L'eau s'arrête dans le canal. — Un seau improvisé. — Le vice-roi de Sicile. — L'huile et la besace. — Soumis à tous. — Les Cédules de Marie-Immaculée. — Fromage frais. — Boulanger sans ustensiles. — Glorieuse campagne de Cerami. — Victoires de l'obéissant.

Après tout ce que nous avons vu dans les chapitres précédents, traiter en particulier de l'obéissance du serviteur de Dieu ne paraîtra-t-il pas chose superflue ? Il le faut cependant ; car il nous reste à voir de grandes merveilles.

La prière, nous l'avons vu, était le grand attrait de Fr. Félix. Mais quelque douceur qu'il y goûtât, il la quittait immédiatement sur la parole ou sur un simple signe de son supérieur. La volonté du supérieur ! Félix la mettait au-dessus de tout ; elle était pour lui l'expression de la volonté de Dieu.

Souffrir avec Jésus-Christ et pour l'amour de Jésus-Christ était le second et tout-puissant attrait de Félix ; il avait vraiment la passion des austérités. Jamais cependant cette passion ne put lui faire transgresser la parole de l'obéissance. Toutes ses inventions de pénitence : privation de sommeil et de nourriture, cilices, disciplines, macérations de tout genre, tout était soumis au P. Macaire qui était en même temps son supérieur et le directeur de sa conscience. Il ne faisait ni plus ni moins que ce que ce dernier lui permettait.

A la quête, si on lui offrait des choses autres que celles que le supérieur lui avaient désignées : — « Je n'ai pas la permission de les accepter, » disait-il simplement ; et, quelques instances dont on usât, il ne les acceptait pas.

Jamais Fr. Félix ne se serait permis la plus légère observation sur les ordres, même les plus bizarres, de son supérieur. Il était à la lettre le *perindé ac cadaver* des auteurs ascétiques : le corps mort que les vivants peuvent placer et déplacer à leur gré, insensible sous la pourpre, insensible sur la cendre ; le bâton pris ou laissé par le voyageur et qui ne manifeste ni peine ni plaisir.

Un jour de grande tempête, le P. Macaire envoya Fr. Félix en ville pour une commission qui aurait fort bien pu être différée. Celui-ci partit. Arrivé au bas de la colline sur laquelle est situé le couvent, la violence effroyable du vent le jeta par terre. Un brave homme qui vint l'aider à se relever voulut l'engager à remettre sa course à un moment plus favorable et à regagner le couvent. — « Certes non, dit énergiquement le Frère; il faut que je fasse l'obéissance. »

Des visiteurs se trouvaient un jour chez le P. Macaire; ils parlaient de Fr. Félix. Le supérieur l'appelle; et, lui présentant une cruche, il lui commande d'aller chercher au plus vite de l'eau bien fraîche à la citerne du cloître. Le Frère prend l'ustensile et se dirige vers le grand escalier. — « Mais, lui dit le supérieur, je vous ai dit que ces messieurs étaient pressés, et vous allez faire un grand tour; vous arriveriez bien plus vite en bas si vous descendiez par la fenêtre. » — Sans mot dire, Fr. Félix enjambe aussitôt la fenêtre, saute sur le toit du petit cloître, et de là dans le préau, au risque de se blesser grièvement. Les visiteurs n'avaient jamais vu pareille simplicité dans l'obéissance.

A la voix de son supérieur, Fr. Félix cessait immédiatement toute occupation, jusqu'à ne pas achever un point de couture ou de cordonnerie. Laissant le fil à demi tiré, il courait où l'appelait l'obéissance; et souvent le miracle témoigna combien cette fidélité était agréable à Dieu.

Le serviteur de Dieu était un jour à la cave, occupé à tirer du vin pour le repas de la communauté, lorsqu'il entend l'appel de son supérieur.

Selon son habitude, il part immédiatement, oubliant de fermer le tonneau ; et il paraît devant son supérieur tenant d'une main le broc à demi plein, de l'autre la cheville du tonneau. — « Que faisiez-vous donc, lui dit le Père; et que signifie cet attirail? » — « Mon Père, répond Fr. Félix, j'étais à tirer du vin; vous m'avez appelé, et je suis venu, sans penser à rien autre. » — « Ah! Frère Misère, tête sans cervelle, s'écrie le Père Gardien, vous n'en ferez donc jamais d'autres ? Comment, vous n'avez pas eu la présence d'esprit de replacer la cheville! Cela ne vous aurait pas cependant coûté beaucoup ! Et voilà que par votre maladresse le vin se sera répandu. Courez donc vite réparer votre faute, si c'est possible. » — Pendant que le pauvre Frère se hâtait de redescendre à la cave, son supérieur venait après pour contrôler le dégât. Tous deux arrivèrent en même temps..... L'orifice du tonneau était béant; mais pendant tout le temps de l'absence du Frère, pas une goutte de vin ne s'en était échappée. A peine Fr. Félix en eût-il approché son amphore que le vin jaillit de nouveau avec force, pendant que le supérieur continuait à maugréer. — « Est-il possible, ne cessait-il de répéter, est-il possible d'avoir de pareilles distractions ? »

Peu de temps après, le Père Provincial vint faire la visite annuelle au couvent de Nicosie. Entendant raconter le fait qu'on vient de lire et d'autres analogues, il voulut s'assurer par lui-même de ce qu'il pouvait y avoir de vrai. Un jour donc, au moment même où Fr. Félix était occupé seul à mettre au four le pain nécessaire à la communauté, le père Provincial l'appelle et lui commande toute autre chose qui demandait une absence un peu prolongée. Fr. Félix ne fait aucune observation et va accomplir ce qui lui était commandé. A son retour, tous les pains étaient dans le four sans que personne s'en fut occupé, et la fournée fut trouvée irréprochable.

Dans l'après-midi d'un autre jour, au moment de la plus grande chaleur, le Père Provincial ordonne à Fr. Félix d'aller arroser le jardin. Immédiatement le Frère va lever la bonde du réservoir, et, armé d'une pioche, se met à diriger l'eau à travers les carrés. Au plus fort de l'opération, soudain le Provincial appelle Fr. Félix, qui aussitôt plante sa pioche au milieu d'un sillon et court vers son supérieur. Celui-ci l'interroge un instant sur diverses choses ; puis il le renvoie à son arrosage et observe attentivement. Grande fut sa stupéfaction quand il vit l'eau comme suspendue dans le canal dont cependant la pente était assez forte, et arrêtée contre la pioche du Frère. Elle reprit son cours régulier lorsque le serviteur de Dieu, armé de son instrument, se remit à la diriger.

Le baron Sant'Andrea, grand ami du couvent, était très désireux de voir de ses yeux un miracle de Fr. Félix. Se trouvant un jour avec plusieurs autres personnes dans la chambre du P. Macaire, il exprima vivement ce désir. Le Père lui fit d'abord observer que les miracles sont l'œuvre de Dieu, qui les opère quand il lui plaît, pour sa gloire et pour le bien des âmes, et jamais pour l'unique satisfaction de notre curiosité. Le baron insistait toujours. Après un instant de réflexion, le P. Macaire, assuré qu'il était de la sainteté de Fr. Félix, et plein de confiance en Dieu, appelle Fr. Félix : « *Fra Scontento !* » — Celui-ci accourt comme à son ordinaire, et le Père lui présente une de ces grosses bouteilles en terre poreuse dont on fait usage dans les pays chauds. — « Ces Messieurs ont grand soif, lui dit-il, allez vite leur chercher de l'eau fraîche à la citerne du cloître. » — Un instant après Fr. Félix reparaît pour s'excuser de ne point apporter d'eau. — « Les cordes sont rompues et les seaux tombés au fond de la citerne. Comment faire ? » — « Ah ! Frère Misère, s'écrie le P. Macaire avec sa rudesse habituelle, vous ne vous tirerez donc jamais d'aucun embarras ? Quoi ! parce que les cordes sont rompues et les seaux tombés au fond, il faudra que ces Messieurs souffrent de la soif, n'est-ce pas ? Ce n'est pas pourtant pas bien difficile de tirer de l'eau. Tenez, pauvre tête, voilà de quoi en puiser, allez vite. » — En même temps le Père présentait à Fr. Félix une cordelette et un chétif petit panier grossièrement fait avec des roseaux. *Soit pour l'amour de Dieu !* répond Félix, et il court vers la citerne. Les assistants étaient stupéfaits. Le baron et quelques autres, s'avançant sur l'escalier, observaient de loin les agissements de Félix. Ils le voient attacher tranquillement la cordelette à l'anse du panier, lancer celui-ci dans la citerne, et l'en retirer plein d'eau qu'il verse dans la bouteille. Ils le voient ensuite, observant que la bouteille n'est point remplie, plonger de nouveau le panier et l'en retirer encore plein jusqu'aux bords. Mais alors le baron se précipite vers Fr. Félix et lui demande de boire à même le panier. Après lui, viennent les autres témoins. Tous boivent à longs traits; et le panier que leur présente Félix ne laisse pas suinter une goutte d'eau. Enfin, la bouteille étant remplie, le serviteur de Dieu va la présenter à genoux à son supérieur, en disant : *Soit pour l'amour de Dieu!* Puis, ayant baisé la terre, il se retire toujours silencieux, toujours impassible. Tous les assistants et le P. Macaire lui-même étaient muets de stupeur.

Ce miracle se renouvela plusieurs fois dans des circonstances analogues. Une fois, entr'autres, en présence du Vice-Roi de Sicile, le marquis de Via Fuillés. Comme dans le fait précédent, le Vice-Roi et ceux de sa suite burent à même le panier, tant qu'ils voulurent; et, comme précédemment, le panier ne laissa pas échapper une goutte d'eau tant qu'il fut entre les mains de Fr. Félix. Un des gentilshommes ayant voulu le lui prendre des mains, l'eau en un instant s'en échappa par toutes les fissures. Le panier demeura vide entre les mains du gentilhomme désappointé.

Un jour Fr. Félix allait partir pour faire la quête du blé et des légumes dans les environs de Léonforte. Comme il demandait la bénédiction du P. Macaire, celui-ci ne lui voyant emporter que sa besace, faite d'une grossière étoffe de laine, lui dit comme pour plaisanter : — « Aujourd'hui, Frère Mécontent, je vois bien que vous n'allez pas quêter de l'huile ; pourtant si on vous en offre, acceptez-la. » — Le Père ne comptait sans doute pas que Fr. Félix prendrait sa parole à la lettre ; c'est pourtant ce qui arriva, et voici comment :

Comme le serviteur de Dieu passait, suivi de son compagnon, devant un grand moulin à huile, un des ouvriers qui y travaillait dit à son patron : — « Voyez-vous ce Frère qui passe avec sa besace sur l'épaule ? C'est un saint ; il fait des miracles. » — Le patron, gros richard sensuel, ne fit que rire de cette parole, Et l'occasion lui paraissant belle pour se moquer devant ses ouvriers de ce Frère auquel on attribuait des prodiges, il l'appelle. Fr. Félix vient, et lorsqu'il est entré dans le moulin, le patron ne lui voyant ni bidon, ni pot, ni ustensile solide d'aucune sorte, mais sa seule besace de laine, lui dit d'un ton goguenard : — « Mon Frère, j'aurais bien voulu vous donner de l'huile ; mais, à ce que je vois, vous n'avez rien pour la recevoir. » — « Oh ! répond Félix, donnez toujours ; mon supérieur m'a justement dit d'en accepter si on m'en offrait. » — « Mais pauvre Frère, reprend l'autre, où la mettrez-vous donc ? » — « Versez-la sans crainte dans ma besace, réplique très tranquillement Fr. Félix ; Dieu peut aussi bien la conserver là que dans n'importe quoi. » — Les ouvriers riaient sous cape et considéraient déjà Félix comme le plus idiot des hommes. Alors le patron voulant pousser jusqu'au bout ce qu'il croyait être de sa part une méchante plaisanterie, verse dans la besace de Fr. Félix une forte mesure d'huile, pensant bien qu'elle allait inonder l'habit de ce pauvre Frère. Pas une seule goutte d'huile ne s'échappa ; l'étoffe même de la besace ne parut pas humectée. Au milieu de la stupéfaction générale, le serviteur de Dieu se confond en remerciements, souhaite à ces gens toute sorte de prospérités, et s'en va d'un pas alègre, portant sur son dos sa besace pleine d'huile, et suivi par son compagnon. Les gens du moulin le suivaient des yeux ; et l'ouvrier qui l'avait fait connaître leur répétait d'un air important : « Je vous le disais bien que c'était un saint ! »

Arrivés au couvent, les deux Frères vidèrent l'huile dans un récipient ; et la besace qui l'avait contenue n'en conserva ni la moindre odeur ni la moindre trace ; « pas plus, disait le compagnon de Fr. Félix, que si elle avait contenu des fleurs. »

Mais ce n'était pas seulement à la personne de ses supérieurs que Fr. Félix était soumis. Pour l'amour de Dieu, il se soumettait à tous, aux Pères, aux Frères, même aux Frères tertiaires lorsqu'ils se trouvaient à travailler avec lui ; tous sans difficulté lui imposaient leur manière de voir. Cette abnégation complète de sa volonté fit supposer à quelques esprits vulgaires que Fr. Félix était dépourvu d'intelligence. Parce qu'il ne parlait jamais; parce qu'il voulait toujours ce que voulaient les autres, ils le traitaient de stupide. Mais sa stupidité était celle que louait le patriarche d'Assise quand il disait dans sa règle :

« Les Frères se souviendront que, pour l'amour de Dieu, ils ont renoncé à leurs propres volontés. »

Ici encore, son obéissance fut souvent couronnée par le miracle.

Fr. Félix avait un jour accompagné un Père qui était allé bénir des troupeaux décimés par une contagion. La bénédiction terminée, le Père ordonna à Félix de distribuer à tous les assistants de ses petites cédules de Marie-Immaculée. Or, il y avait là plus de quarante personnes, et le Frère n'avait apporté avec lui qu'un très petit nombre de cédules. — « Hâtez-vous, lui dit le Père; voyez, les troupeaux sont inquiets et ces bonnes gens sont pressés. Et ne faites pas de jaloux, je veux que vous en donniez à tous. » — Fr. Félix ignorait ce que c'était qu'une observation. Il se mit donc en toute simplicité à distribuer ses cédules; et tous les assistants en eurent.

En un temps de grande récréation, quelques religieux voulant se divertir aux dépens de Fr. Félix, lui jettent quelques vieux chiffons sur les épaules et lui placent sur sa tête une corbeille soigneusement couverte, et qu'ils avaient préalablement remplie de plâtras. — « Voici, lui dirent-ils, lorsque la communauté sera réunie, vous entrerez en criant : *Fromages frais, fromages frais*, comme le font par les rues les petits revendeurs. » L'humble Frère fit exactement ce qui lui avait été commandé, imitant de son mieux les inflexions de voix des revendeurs. Cependant on lui ordonna de déposer sa corbeille sur la table du supérieur. Et voici qu'au lieu du plâtras qu'y avaient mis les autres, elle contenait bel et bien ce que Fr. Félix avait annoncé par obéissance : du fromage frais qui fut trouvé délicieux.

Comme Fr. Félix travaillait un jour à préparer une fournée de pain, en compagnie des Frères Clément et Calcedonio, ces derniers formèrent le projet d'éprouver l'obéissance et la vertu de leur saint compagnon. Lors donc que les pains furent prêts et le four suffisamment chaud, sous prétexte qu'une autre occupation pressante les réclamait, ils dirent à Fr. Félix de terminer seul la besogne commencée. — « Voyez, lui dirent-ils, tout est prêt maintenant ; il n'y a plus qu'à nettoyer le four et à enfourner les pains. » — Or, ils avaient au préalable emporté secrètement le balai et la pelle ; en outre, en se retirant ils fermèrent à clef la boulangerie. Du dehors, ils se mirent à observer par les fissures de la porte comment Fr. Félix allait s'en tirer.

Ils le virent d'abord chercher dans tous les coins balai et pelle, et ne les trouvant pas, venir à la porte qui était fermée. Ils l'entendirent alors se dire à lui-même, mais d'une façon très calme : — « *Soit pour l'amour de Dieu!* je ne les trouve pas ; comment faire ? comment faire ? » — Ils le virent ensuite considérer tantôt ce four qui était à point, tantôt ces pains dont la cuisson serait peut-être compromise par le retard. Soudain, ils le voient se couvrir la tête de son capuce et se hisser dans le four brûlant ; puis avec ses mains et le pan de son habit jeter dehors la braise et les cendres. Cela fait, ils le voient prendre les pains avec ses mains et sans le secours d'aucun instrument, les placer successivement dans le four ; et la pâte ne se rompait pas. Stupéfaits et comme épouvantés, les deux Frères rentrent dans la boulangerie et considèrent attentivement Félix de la tête aux pieds ; la chaleur du four n'avait pas même roussi un seul poil de sa barbe !

A la voix de l'obéissance, Fr. Félix fut tranquillement allé à la mort.

Au mois de mars 1777, à la suite de pluies prolongées, une terrible épidémie s'était abattue sur le bourg de Cerami, à une certaine distance de Nicosie. Epouvantés, et comme affolés, les gens s'enfuyaient dans la campagne, et beaucoup de malades demeuraient sans secours dans les maisons abandonnées. Les principaux du pays vinrent au couvent des Capucins de Nicosie demander des prières et la présence parmi eux de Fr. Félix. Sachant qu'il n'était pas homme à reculer devant le danger, son supérieur l'appelle. — « *Fra Scontento*, lui dit-il, la contagion sévit à Cérami ; ces gens demandent vos services, allez-y ; je vous bénis. Faites pour ces pauvres malades tout ce que le bon Dieu vous inspirera. » — *Soit pour l'amour de Dieu ! Benedicite !* dit Fr. Félix, et, après avoir baisé terre aux pieds de son supérieur, il part immédiatement, sans autre préparatif, par des sentiers affreux. Groupée sur les rochers, la population valide l'attendait. Du plus loin qu'ils l'aperçoivent, tous courent à lui, pleurant et criant. — « Mes amis, leur dit Félix pleurant avec eux, mes pauvres amis, ce sont nos péchés qui attirent sur nous les fléaux. Repentez-vous sincèrement de vos offenses passées; promettez de vivre désormais en vrais chrétiens; puis, espérez en la miséricorde infinie de Dieu et en l'intercession de la Vierge-Immaculée. Par son intercession, vous verrez que tout ira mieux. »

Cela dit, le serviteur de Dieu distribue à tous ses chères petites cédules sur lesquelles on lisait : *Sainte Marie-Immaculée, mère de Dieu, priez pour nous!* Puis il se met à parcourir une à une toutes les maisons infectées par la contagion ; consolant et encourageant les uns, assistant et soignant les autres, en disposant d'autres à bien mourir.

Pendant cinq jours et cinq nuits consécutives, sans prendre un seul instant de repos, cet intrépide héros se dépensa tout entier au service de ces pauvres gens. Au bout de cinq jours, vaincue par le dévouement et les prières de Fr. Félix, la contagion arrêta ses ravages ; elle disparut sans plus laisser de traces. Qui pourrait redire les accents de reconnaissance des habitants de Cerami et des bourgades environnantes !

Mais ces populations n'avaient pas été seulement délivrées du fléau temporel ; elles avaient été rendues en même temps à toute la ferveur d'une vie vraiment chrétienne. On n'entendait plus parmi elles ni blasphèmes, ni imprécations, ni chants licencieux ; la frivolité des habitudes et des amusements avaient fait place à tout le sérieux de la vertu. C'était une rénovation complète.

Ainsi fut vérifiée une fois de plus la parole de nos saints livres : *Vir obediens loquetur victorias*, — l'homme obéissant comptera des victoires multiples. Après la victoire de Cerami, la victoire de Nicosie. C'est le soir même de sa rentrée au couvent, après la pénible mais glorieuse campagne de Cerami, que Fr. Félix, contre toute espérance humaine, rendit à la santé le petit Fr. François de Gangi, dont il a été parlé ailleurs.

CHAPITRE XV

Le Religieux austère.

Propter te, Domine, mortificamur tota die: æstimati sumus sicut oves occisionis. — Psal. 43, 22 et Rom. 8, 36.

Pour vous, Seigneur, nous nous immolons chaque jour : nous apparaissons comme des brebis destinées au sacrifice.

SOMMAIRE. — Jeûne perpétuel. — Vendredis et vigiles. — Pieux artifices. — Le poisson frit. — Les dîners au dehors. Entre les repas. — La soif. — Horribles cilices. — Voyage à Palerme. — Les vers. — Le Promoteur de la foi. — Court sommeil. — La peau sur les os. — Sanglantes flagellations. — Processions de pénitence. — Jamais de délassement. — Silence obstiné. — Au chauffoir. — Les talons cousus. — La sieste. — Pureté angélique.

Par esprit de pénitence et de pauvreté, et dans un but de charité, Fr. Félix s'imposa dès les débuts de sa vie religieuse une abstinence analogue à celle des carêmes les plus sévères. Il ne prenait guère à son repas que le potage et du pain en petite quantité;

quelquefois, mais rarement, il y ajoutait des légumes ou un peu de dessert, comme des figues sèches, des olives ou des fruits communs.

Pour cacher autant que possible ses privations, assistant à la table commune, il prétextait que les mets dont il s'abstenait n'allaient pas à son tempérament, ou étaient contraires à ses goûts.

Jamais il ne touchait aux fruits lorsqu'ils apparaissaient pour la première fois sur la table. Les vendredis, tout plein du souvenir de la Passion du Sauveur, il ne mangeait ni fruits ni choses douces.

Aux vendredis de mars, pendant neuf jours avant chacune des solennités de la Vierge, aux vigiles des fêtes de Notre-Seigneur, de Saint-Joseph, de ses saints patrons et de quelques autres, il se privait même de son maigre potage, et se contentait d'un peu de pain, le plus sec, le plus noir et le plus moisi qu'il pouvait trouver.

Ce qu'il épargnait ainsi sur ses pauvres repas, Fr. Félix, avec la permission de son supérieur, le réservait pour les pauvres de Jésus-Christ, couronnant ainsi sa pénitence par la charité.

Le potage même que l'obéissance l'obligeait à prendre, Fr. Félix cherchait à le rendre insipide en y mêlant de la cendre ou de l'eau froide. Pour que ses voisins de table ne s'aperçussent pas trop de ce mélange, il avait recours à diverses ruses. Tantôt faisant semblant de verser de l'eau dans sa tasse, il la versait en réalité dans son écuelle rapprochée à dessein. Tantôt, après avoir bien ostensiblement versé de l'eau dans sa tasse, il l'approchait de ses lèvres comme pour boire; mais alors abaissant ou retirant sa lèvre inférieure, il faisait découler l'eau sur sa barbe, et de là dans l'écuelle placée au dessous.

On peut dire en toute vérité que Fr. Félix ne se leva jamais de table pleinement rassasié, ni sans avoir industrieusement pratiqué quelque étrange mortification.

La communauté devait avoir un jour du poisson à dîner. Le P. Macaire appelant Fr. Félix lui demande de quelle manière il convenait de l'apprêter. — — « Il vaudra mieux, je crois, le faire frire, répondit simplement le Frère. » — « Ah! gourmand, s'écria le P. Macaire, vous connaissez ce qui est bon. Eh! bien, je vous ordonne de manger aujourd'hui votre portion toute entière. » — Fr. Félix ne savait pas désobéir; mais pour concilier l'obéissance avec la mortification, il trouva le moyen, avant le repas, de porter à la sépulture des religieux la part de poisson qui devait lui être servie. Là, il frotta cette part à des ossements, la saupoudra de la poussière des morts; et un religieux, en ce moment caché dans un coin obscur du caveau, l'entendit se dire à lui-même pendant cette opération : — « Gourmand de corps, comme tu serais content de manger une fois du bon poisson! Tu ne le voudrais pas avec cet assaisonnement, mais tu le mangeras quand même. »

Il arrivait parfois que Fr. Félix était contraint par l'obéissance de dîner hors du couvent; lorsque, par exemple, le P. Macaire allant dîner chez son frère le prenait avec lui, ou bien le donnait pour compagnon au P. Angélique allant dîner chez sa mère. Le serviteur de Dieu mangeait alors modérément et sans difficulté de tout ce qui était servi; mais la nuit suivante il faisait cruellement expier à son corps par de sanglantes flagellations la satisfaction passagère qu'il avait été contraint de lui accorder.

S'il lui arrivait, par suite de ses tournées de quête ou de ses visites aux malades, de rentrer au couvent après la table commune, il se gardait bien de demander quoi que ce soit au cuisinier ou au réfectorier. A moins que le supérieur ne commandât, il attendait pour se restaurer jusqu'au repas du soir, s'il était rentré dans l'après-midi; et s'il était rentré après la collation du soir il demeurait impitoyablement sans rien prendre jusqu'au lendemain à midi.

En dehors des repas, jamais Fr. Félix ne se permit de prendre le plus léger rafraîchissement, même dans ses excursions les plus fatigantes, ou dans le temps des plus rudes travaux. Parfois, dans les plus fortes chaleurs de l'été, s'il était trop tourmenté par la soif, on le vit prendre, bien moins certes pour se désaltérer que pour narguer la nature, soit de l'eau bourbeuse, soit de l'eau de vaisselle, soit même l'eau malpropre dans laquelle les volailles avaient bu.

Cet héroïque amant de la Croix portait autour de ses reins un large et formidable cilice formé de chaînettes et pointes de fer. Des instruments analogues, également en fer, enserraient ses bras et ses jambes. Sur sa poitrine nue, une Croix de bois, armée de cinq pointes acérées, lui rappelait sans cesse la Passion de son bien-aimé Sauveur. Il porta ses divers instruments de supplice, sans jamais les quitter, pendant presque tout le temps de sa vie religieuse. Il les portait depuis quelques années déjà, lorsqu'il adjoignit à la Croix armée de pointes, une plaquette garnie de sept piquants, en mémoire des douleurs de sa bonne et tendre Mère, la Vierge Marie; il porta cette plaquette pendant les trente dernières années de sa vie.

Il ne déposa ces instruments de torture que l'avant-veille de sa mort, sur l'ordre exprès de son supérieur. Seul, le grand cilice qu'il portait autour des reins ne put alors lui être enlevé, tellement il s'était incrusté dans sa pauvre chair. On ne put l'en détacher qu'après sa mort, pièce par pièce.

Le serviteur de Dieu cachait avec un soin extrême toutes ces mortifications. Seul, le P. Macaire, son supérieur et confesseur, en avait connaissance. La Providence permit pourtant, en diverses circonstances, que d'autres fussent initiés au secret de cet héroïque et volontaire martyre.

Pour certaines affaires de son couvent de Nicosie, Fr. Félix fut envoyé pour quelques jours au couvent de Palerme; et pendant son séjour dans ce couvent il vécut de la vie commune comme les autres religieux. En ce même temps, résidaient au couvent de Palerme plusieurs religieux regardés justement comme des saints. C'était d'abord le vénérable

Fr. André de Burgio, vrai prodige de pénitence, et dont la *Cause* est depuis longtemps introduite. C'était le P. Séraphin de Paterno, et le P. Antoine de Partinico, flambeaux admirables de charité et de sincérité évangéliques. C'était enfin Fr. Félix de Sambuca, homme d'une prière continuelle.

Remarquant en Fr. Félix de Nicosie les mêmes allures et la même expression de physionomie que dans les vénérables confrères dont nous venons de parler, les religieux de Palerme le jugèrent un saint lui aussi. Or, il arriva que les deux religieux entre lesquels il avait été placé au réfectoire, eurent tout d'abord le cœur soulevé par l'odeur infecte qu'exhalait le corps de leur voisin de table. Ils en causèrent d'abord entr'eux deux; et, n'ignorant pas que les saints s'assujettissent à des pénitences extraordinaires, ils conjecturèrent que Fr. Félix devait, ou avoir une plaie que par esprit d'austérité il ne soignait pas, ou porter quelque formidable instrument de pénitence qui, par suite des fatigues du voyage, avait dû exercer sur son corps de terribles ravages.

Ils firent part à leur supérieur de leurs conjectures et de ce qui les avait motivées; et le supérieur ordonna à Fr. Félix de se laisser visiter et soigner par ces deux Frères. L'humble Frère ne savait que se soumettre. Quel ne fut pas l'effroi des deux religieux, lorsqu'ayant ôté l'habit de Fr. Félix, ils lui virent tout autour du corps une horrible plaie vive, occasionnée par le cilice qui lui mordait les flancs ! Par suite des chaleurs, des vers s'étaient formés dans cette plaie et rongeaient les chairs saignantes. Emus de pitié à cette vue, ces bons Frères ne purent retenir leurs larmes. Ne pouvant cependant enlever à Fr. Félix l'instrument de son martyre, ils l'obligèrent du moins à laisser laver sa plaie à diverses reprises avec de l'eau aromatisée, jusqu'à ce que les vers et la puanteur eussent disparu.

On rapporte encore que, par un temps de fortes chaleurs, des vers s'étaient également formés sous un des cilices qui meurtrissaient les bras du serviteur de Dieu, et celui-ci s'était bien gardé d'en rien dire à personne. Mais, un jour, comme il baissait le bras pour relever un objet, un de ces vers tomba à terre, et Fr. Félix, ne voulant pas être privé d'un seul de ses instruments de supplice, releva tranquillement le ver et le replaça dans sa manche. Ceci se passait en présence de plusieurs témoins qui l'ont affirmé par serment.

Dans la discussion du procès de béatification du Serviteur de Dieu, cette circonstance de publicité n'a pas manqué d'être relevée par le *Promoteur de la foi*. Chargé par office de relever dans la *Cause* tout ce qui peut être critiqué : « Voyez, a-t-il dit, les Saints ont toujours caché leurs pénitences avec un soin jaloux ; et celui-ci semble les étaler en public... »

— Et l'avocat du serviteur de Dieu a dû prouver surabondamment que Fr. Félix aussi cachait le plus qu'il pouvait ses pénitences et n'en parlait jamais à personne, mais que si l'occasion se présentait sans qu'il l'eut provoquée, d'agir en public, il agissait alors simplement, sans rechercher et sans redouter le regard de ses semblables.

Tout couvert qu'il était d'instruments de pénitence, enveloppé en quelque sorte d'un réseau de tortures, Fr. Félix n'accordait à son pauvre corps qu'un repos bien court, quelques heures seulement. Son grabat consistait en un mince sac de paille jeté sur des ais, avec quatre paquets de sarments pour oreiller. Le plus souvent il dormait sur le plancher nu de sa cellule, ou dans le caveau de la sépulture des Religieux ou agenouillé dans quelque coin, les épaules appuyées contre la muraille.

Dans ses excursions de quête à la campagne où la nécessité le contraignait à recevoir l'hospitalité chez des bienfaiteurs, ceux-ci trouvaient le plus souvent des traces sanglantes au lieu où le serviteur de Dieu avait reposé.

Ces jeûnes continuels, cette perpétuelle abstinence, la privation habituelle de sommeil, le travail incessant avaient réduit Fr. Félix à un tel état de maigreur, qu'il ne lui restait pour ainsi dire plus que la peau sur les os. L'esprit seul vivait en lui, la chair avait à peu près disparu. Cependant pour humilier davantage et pour mâter complètement ce qui lui en restait, et en mémoire de la sanglante flagellation du Sauveur, Fr. Félix se flagellait sans pitié soir et matin. L'approche d'une solennité, la moindre suggestion de l'esprit mauvais, le souvenir des âmes du Purgatoire, la compassion pour les pauvres pécheurs lui devenaient des motifs de multiplier ces terribles flagellations. Souvent on trouva le plancher et les murs de sa cellule couverts de traces sanglantes que l'humble Frère n'avait pas eu le temps de faire disparaître.

Il est, ou du moins il était alors d'usage dans les pays du midi, d'organiser en certaines circonstances critiques des processions dites de *Pénitence*. Les membres de diverses confréries, des religieux, des prêtres y prenaient part ; Fr. Félix n'y manquait jamais. Armés de disciplines, les membres de la procession parcouraient les rues, en récitant des psaumes de pénitence, et en se flagellant. Mais cette flagellation était en réalité pour le grand nombre des assistants, plutôt un acte d'humiliation qu'une pratique pénible de pénitence. Les disciplinants en effet, demeurant vêtus, ne pouvaient guère endommager leurs épaules bien couvertes. Quant à Fr. Félix, il trouvait réellement dans cet acte, et une pratique d'humilité et une pénitence très vraie. Il dirigeait sa discipline de telle façon qu'elle frappait bien moins souvent ses épaules protégées par son habit, que son cou, ses oreilles, sa tête et même son visage. Aussi le vit-on, parfois en ces occasions, ayant la face toute ensanglantée. De cela encore, le Promoteur de la Foi, sut faire une objection à laquelle il fut répondu comme on l'a vu précédemment.

On peut dire en toute vérité que Fr. Félix n'accorda jamais, ni à son esprit ni à son corps, la moindre satisfaction.

Ainsi, jamais il ne prit aucune récréation, si innocente et si légitime qu'elle pût être. Et si parfois il assistait à certaines récréations communes, et y prenait joyeusement part, c'est qu'il y était contraint par l'obéissance, et qu'il trouvait à y exercer comme on l'a vu, l'humilité, la pénitence et le mépris de lui-même. La prière le délassait du travail; le travail le reposait de la prière; ou plutôt sa vie tout entière fut une association continuelle de la prière et du travail.

Jamais on ne le vit errer inoccupé, soit au jardin, soit dans les cloîtres, comme il arrive aux religieux qui ont à se détendre un peu l'esprit, ou à se reposer de quelque travail fatigant. Lorsqu'il n'était pas occupé soit au dehors pour la quête ou pour des courses utiles au prochain, soit au dedans à quelque travail commandé par l'obéissance ou demandé par la charité, on le trouvait invariablement, ou prosterné au chœur, ou agenouillé dans l'oratoire de l'Immaculée-Conception, ou priant à la sépulture des religieux. Après-midi, dans le temps que l'usage des régions méridionales destine à la sieste, Fr. Félix se retirait dans sa cellule; mais sa sieste consistait à se flageller pour les pauvres pécheurs, ou à prier à genoux devant cette image de Marie-Immaculée que trois pointes de roseau fixaient à la pauvre muraille.

Dans ses courses au dehors, jamais Fr. Félix ne prit part à aucune conversation sur des choses indifférentes, telles que la beauté du paysage, les nouvelles du jour, etc.; pas plus avec ses compagnons de voyage qu'avec les séculiers. Si ses compagnons croyaient devoir, par politesse, engager de telles conversations avec les séculiers, Fr. Félix ne les blâmait point, mais il se tenait dans le silence. — « Bien des fois, rapporte Fr. Mariano, son compagnon le plus ordinaire, bien des fois tout en cheminant, j'ai voulu lui parler de choses et d'autres, appeler son attention sur un site, sur quelque beau point de vue; jamais il ne me répondit une syllabe; c'est tout comme si j'avais parlé à une statue. »

Ce silence persévérant et pour ainsi dire obstiné et l'immolation continuelle du sens de la vue sont les traits caractéristiques du B. Félix. C'est par là principalement qu'il s'est différencié de nos autres saints.

Dans les grands froids de l'hiver, lorsqu'on allumait du feu dans la salle commune du couvent, Fr. Félix y paraissait un peu pour ne point trop se singulariser. Mais il se plaçait loin du feu le plus qu'il le pouvait sans paraître ridicule, alléguant que la proximité du foyer pouvait lui occasionner des maux de tête; et au bout de quelques courts instants, sous un prétexte quelconque, il disparaissait.

Fr. Félix portait aux pieds de méchantes sandales informes, faites plutôt, ce semble, pour le gêner que pour lui protéger le pied. Par les temps d'hiver, il se formait à ses talons tout calleux de douloureuses crevasses, contre lesquels il n'employa jamais ni préservatifs, ni liniments. Lorsque ces crevasses devenaient par trop béantes, à l'imitation de notre B. Crispino de Viterbe, il en rapprochait les bords en les cousant avec du fil de cordonnier ; puis il passait un peu de poix sur la suture. — « Etant enfant, rapporte un témoin, bien des fois avec d'autres étourdis de mon âge, j'ai couru par les rues après Fr. Félix, pour voir ses talons cousus. »

Il faudrait un gros volume si l'on voulait raconter en détail toutes les mortifications inventées par ce bourreau de son corps.

Le Prêtre Don François Paterno, dépose qu'étant enfant il avait été envoyé un jour par sa mère demander à Fr. Félix certaines herbes médicinales. C'était l'heure de la sieste. Ne trouvant le serviteur de Dieu ni au jardin, ni au chœur, il fut le chercher dans sa cellule qu'on lui avait indiquée. — « Etant entré sans frapper d'abord, dit-il, je trouvai Fr. Félix dans une position semblable à celle de l'apôtre saint Pierre dans son crucifiement. Son habit étant rattaché à ses chevilles, il avait les pieds attachés bien haut, je ne sais comment; sa tête et ses épaules touchaient le sol, ses bras étaient étendus en forme de croix. Cette vue à laquelle j'étais loin de m'attendre me fit une telle impression que je me retirai sans oser exposer pour le moment le but de ma visite. »

C'est dans ces raffinements de pénitence que Fr. Félix employait le temps destiné au repos.

Il demeure donc avéré que Fr. Félix immola sans cesse son corps et ses sens. Il demeure avéré que jamais il n'accorda à la nature la moindre satisfaction.

Sera-t-il nécessaire, après cela, de parler de sa **pureté angélique**?

Tous ceux qui vivaient avec lui, ceux même qui l'approchaient passagèrement, ressentaient la conviction intime qu'il avait gardé son innocence baptismale. Cette conviction doit naître au cœur de tous ceux qui liront le récit véridique de sa vie admirable.

Adolescent, il se bouche les oreilles pour ne pas entendre la parole dangereuse ; il étonne les vieillards par sa réserve et l'horreur que lui inspire tout ce qui est mal ; il ne connaît que le foyer si chrétien de ses pieux parents, l'atelier où il travaille, et l'église où il prie.

Religieux, pour que le souvenir même le plus fugitif de la créature ne puisse traverser son âme, il s'interdit la vue de tout visage humain. La curiosité la plus indiscrète ne peut parvenir à discerner la couleur de ses yeux.

Dans ses rapports continuels avec le monde, quelle réserve ! Un jour, sur la parole de Fr. Félix, son compagnon Fr. Mariano donna un pain à une pauvre femme. Celle-ci toute reconnaissante crut pouvoir, grâce à la familiarité méridionale, tendre la main à Fr. Mariano ; Mais Fr. Félix d'un geste l'en empêcha.

— « Non, dit-il, cela ne doit pas se faire. »

« Fr. Félix pendant sa vie toute entière, déclare Léon XIII dans le bref de béatification du serviteur de Dieu, eut une telle horreur du péché même le plus léger, que lorsqu'il venait se jeter aux pieds de son confesseur, celui-ci ne pouvait découvrir en la conscience de son pénitent rien qui dût être expié. —
Exinde peccatum velle vissimum totius vitæ curriculo

tàm diligenter vitavit, ut nihil in eo cùm se sacerdoti sisteret, expiatione dignum videretur. »

Oui, notre B. Félix a su garder toujours blanc et embaumé le lys de sa pureté virginale. Mais aussi, il l'avait planté dans le jardin de Marie, la Reine des Vierges, « et il l'environna toujours des épines de la vigilance et de la mortification, comme d'une haie protectrice (1). » — « Et le céleste Epoux qui se plaît parmi les lys avait manifestement établi en lui sa demeure (2). »

---

(1) Paroles de S. S. Pie IX, dans le Décret sur l'héroïcité des vertus. (V. *Documents*, III).

(2) Paroles de S. S. Léon XIII, dans le Bref de Béatification. (*Docum.* VI).

CHAPITRE XVI

Humilité, Pauvreté, Patience

Caveant Fratres ab omni superbia, vana gloria, invidia, avaricia... sed attendant... habere humilitatem et patientiam. — Reg. S. Fr. ch. X.

Que les Frères se gardent de tout orgueil, vaine gloire, envie, avarice... mais qu'ils cherchent à avoir l'humilité et la patience...

SOMMAIRE. — Frère Misère. — Pourquoi les saints sont-ils si humbles ? — Heureux d'être humilié. — Gêné des témoignages de respect. — Ceci est béni. — Pauvre cellule. — Chétive couche. — Méchant habit. — Il ne laisse rien perdre. — Les saints ne se plaignent jamais. — Soit pour l'amour de Dieu. — L'étincelle sur le pied.

La méditation continuelle de la grandeur et de la majesté de Dieu, de sa bonté infinie pour les hommes; le souvenir incessant des actions héroïques des saints, entretenait dans l'âme de notre Bienheureux un vif sentiment de son néant.

Aussi n'était-il point troublé de s'entendre appeler par son supérieur et par ses Frères : Fr. *Misère,* Fr. *Propre-à-Rien,* etc.; et il prenait au sérieux ces invectives qui ne lui étaient adressées qu'en vue de l'éprouver. Plusieurs fois, fondant en larmes, il tomba aux genoux de son supérieur en lui disant : — « Mon Père, je reconnais que je suis inutile et insupportable ; et je mériterais d'être chassé de cet Ordre auquel je ne rends aucun service. Mais, par charité, supportez-moi ; je suis votre compatriote, ayez pitié d'un pauvre *pays.* » — Il disait ces choses avec un tel accent de sincérité que le P. Macaire, ému lui-même jusqu'aux larmes, et ne voulant pas qu'il le vit pleurer, se hâtait de le renvoyer en lui commandant un travail quelconque.

Ces accents d'humilité n'étaient certes pas étudiés chez Fr. Félix ; ils étaient l'expression vraie de ses sentiments. En réalité, il n'y a nulle proportion entre nos sacrifices passagers et l'éternité de Dieu et de ses récompenses ; nulle proportion entre nos faibles actes et la grandeur de Dieu. Fr. Félix ne perdait pas un instant, il travaillait, pour ainsi dire, nuit et jour ; pourtant il croyait ensuite n'avoir rien fait ; parce qu'il avait sans cesse devant les yeux de son âme l'immensité, la majesté, l'amour infini de Dieu. Si les hommes vulgaires s'estiment quelque chose, c'est que toujours occupés de la créature, ils se comparent à elle : les saints, au contraire, s'estiment moins que rien, parce que toujours en face de Dieu, ils voient clairement que lui seul est tout.

Lorsqu'on voulait rappeler à Fr. Félix certains prodiges insignes opérés par lui, certains travaux considérables qu'il avait menés à bonne fin : — « C'est Dieu qui a tout fait, disait-il. Et pour faire éclater plus visiblement sa puissance et sa bonté, il s'est plu à choisir un méchant instrument, un homme de rien comme moi, un pauvre frère convers, un néant. »

Tout plein de cette conviction, Félix pendant les longues années de sa vie religieuse sut toujours accepter avec une parfaite égalité d'humeur toutes les humiliations de quelque part qu'elles lui vinssent. Mieux que cela, il les désirait et les recherchait comme l'avare désire et recherche la richesse ; et lorsqu'elles lui arrivaient, il s'en réjouissait comme d'un gain assuré.

Si le supérieur l'accusait de quelque chose qu'il n'avait point fait, il n'avait garde de s'excuser. Loin de là, toutes les fois qu'il le pouvait, il s'offrait aux pénitences que d'autres avaient méritées. Si, par exemple, il s'était brisé quelque ustensile dans le couvent, et si le délinquant ne s'en accusait point à la coulpe, vite Félix courait chercher un des morceaux de l'objet brisé et l'exhibait au milieu de la communauté assemblée, comme s'il eut été lui-même l'auteur de la maladresse. C'était pour le P. Macaire de belles occasions d'invectiver contre l'humble Frère ; et, pour celui-ci, c'était un bonheur d'être humilié avec Jésus-Christ.

Vraiment heureux quand on l'humiliait, il se sentait au contraire gêné et comme vexé lorsqu'on lui témoignait du respect et de la confiance. Lorsque par exemple, on se recommandait à ses prières, en montrant qu'on y attachait beaucoup de prix, il haussait les épaules d'un air contristé. — « Recommandez-vous à Dieu, à la Vierge et aux Saints, disait-il alors, et non pas à un pécheur tel que moi. »

En opérant les nombreux prodiges dont sa vie est toute pleine, il procédait de façon à ce que sa personnalité disparut le plus possible. Le plus souvent il se servait de moyens de l'ordre surnaturel, comme les cédules de Marie-Immaculée, de petites croix, l'huile de lampe du Très-Saint-Sacrement ou de l'oratoire de la Vierge, son chapelet ou sa corde. Mais il employait aussi parfois des moyens de l'ordre humain, qui cependant n'avaient aucun rapport avec l'effet à produire, par exemple : une bouchée de pain, quelques gorgées d'eau pure, un morceau de viande, un mets quelconque. — « Prenez cela avec confiance, disait-il, Dieu est assez puissant pour vous rendre la santé par ces choses-là. » — En un mot, l'humble Frère cherchait à s'effacer lui-même et à mettre uniquement en relief le grand crédit de la Vierge et des saints, et surtout la puissance infinie de Dieu.

Une pauvre femme dont l'enfant était très gravement malade se jeta tout en larmes à genoux aux pieds de Fr. Félix, en lui criant : — « Ayez pitié de moi, mon Frère, ayez pitié de moi. » — « C'est à Dieu seul qu'il faut dire cette parole, répondit vivement le Frère, oui à Dieu seul, car c'est lui qui fait tout. »

En bien des contrées catholiques, mais particulièrement en Italie, il est d'usage que l'on baise la main aux prêtres et à toutes les personnes auxquelles on doit le respect. Voulait-on la baiser à Fr. Félix, il la retirait aussitôt et présentait à baiser ou l'extrémité de sa manche, ou le pan de son manteau, ou sa corde ou son chapelet. — « Ceci est béni, disait-il, vous pouvez le baiser en toute confiance. » — Si on insistait : — « C'est aux prêtres seuls, disait-il alors, qu'on doit baiser la main, parce qu'elle touche tous les jours le corps de Jésus-Christ. »

Avec l'humilité, la pauvreté sa compagne inséparable.

Dès son arrivée à Nicosie, Fr. Félix avait accepté, ou plutôt choisi, sous un prétexte quelconque, la cellule la plus étroite et la plus incommode. Il la garda jusqu'à la fin de sa vie, et ne voulut jamais se prévaloir de son ancienneté ou de ses infirmités pour en réclamer une plus agréable. Cette cellule ne fermait point à clef, et il n'y eut jamais au dedans ni meuble, ni coffre fermant à clef. Il y demeurait du reste si peu de temps qu'on peut presque dire qu'il n'avait pas de cellule à lui.

Voici quel était l'ameublement de ce réduit. Son pauvre grabat était composé d'un bien mince sac de paille sur des ais durs ; pour oreiller, une pièce de bois ou quelques paquets de sarments. Sur le tout, était jetée une méchante couverture en laine noire, toujours la même pendant quarante-trois ans. Sur une vieille petite table bien délabrée, on voyait les trois petits livres de piété dont il a été parlé ailleurs; à côté, quelques outils de cordonnier dont Fr. Félix se servait soit pour confectionner les sandales des religieux, soit pour réparer les chaussures des pauvres; avec les objets servant à la prière et à la méditation, les ustensiles du travail. Près de la table, était un chétif escabeau de bois sans dossier; dans un coin de la cellule, la besace du Frère quêteur, et une *sporta*, sorte de panier étroit et profond dont l'anse est formée par une lanière de cuir. Aux murs étaient fixées par de petites pointes de roseau deux images en papier, représentant : l'une le Bon-Pasteur portant sur ses épaules la brebis égarée; l'autre, l'Immaculée-Conception. Il n'y eut jamais que cela dans cette pauvre cellule.

Jamais Fr. Félix ne réclama habit ou manteau neuf; il n'en accepta que contraint par l'obéissance. Pour faire durer ses vieux vêtements le plus longtemps possible, il usait largement de la permission que donne la règle de les raccommoder. Dans ce but, il utilisait les débris de vêtements laissés par d'autres religieux; on le vit même ramasser des pièces jetées au rebut et déjà mêlées aux balayures. Par moquerie, les petits enfants l'appelaient parfois le *Frère rapiécé;* tellement son habit et son manteau apparaissaient chargés de pièces de nuances diverses.

Ses sandales avaient été tant de fois recousues et raccommodées qu'elles en avaient quasi perdu leur forme première, et elles étaient pour son pied bien moins une protection qu'une gêne; à nul autre on n'en voyait de si misérables.

Sa tabatière était faite d'un gros bout de roseau évidé, auquel il avait ajouté pour fermeture une petite plaque en tôle de fer.

Il n'avait jamais par devers lui une grande provision de ces cédules de Marie-Immaculée qu'il distribuait aux fidèles et avec lesquelles il opérait des prodiges. Au fur et à mesure, il allait en demander humblement par *charité* à son supérieur.

Ce fidèle observateur de la pauvreté ne laissait absolument rien perdre. Allant et venant par les cloîtres et les corridors, il recueillait soigneusement tout ce que laissait traîner le sans-gêne ou l'inadvertance de quelques-uns : bouts de fil et de corde, papiers, épingles, clous, etc... Tout cela, soigneusement et méthodiquement mis en réserve par lui, servait, à l'occasion ou pour ses confrères, ou pour les pauvres. Par exemple, avec les bouts de ficelle, il fabriquait des disciplines qu'il distribuait ensuite aux personnes animées de l'esprit de pénitence ; il en avait toujours en réserve pour les confrères de Notre-Dame-des-Miracles.

S'il lui arrivait de casser quelque ustensile, si par mégarde il laissait tomber à terre quelques gouttes d'huile ou quelques grains de riz, il s'en accusait avec la plus grande confusion comme d'un manquement à la pauvreté.

« Les saints ne se plaignent jamais, » a dit de nos jours le vénérable curé d'Ars. Fr. Félix était un saint, aussi jamais ne se plaignit-il de rien ni de personne, jamais on ne l'entendit parler des défauts des autres; jamais non plus, même dans sa dernière maladie, on ne l'ouït dire : Je souffre, ou je suis fatigué, ou il fait froid, ou il fait chaud, ou autre chose semblable. Tout semblait être pour lui absolument égal.

Lorsque des pauvres ou des bienfaiteurs venaient lui demander de ces plantes médicinales, qu'il cultivait, telles que bourrache, mélisse et autres, immédiatement il allait au jardin pour les cueillir. Parfois, à peine était-il de retour à la porte, d'autres solliciteurs se présentaient demandant semblable chose. Et lui, sans témoigner jamais ni impatience, ni mauvaise humeur, ni lassitude, il retournait aussitôt au jardin, quelque temps qu'il fît; par la pluie ou le vent, sans même ramener son capuce sur sa tête chauve. Et il s'en revenait toujours calme, toujours égal à lui-même.

« Un jour, dit un témoin, Fr. Félix entra dans l'atelier de mon patron. On l'invita à s'asseoir, et au moment où il allait le faire, nous, jeunes ouvriers étourdis, nous retirâmes brusquement le siège, en sorte que le pauvre Frère tomba lourdement à terre. Sans trouble et avec un doux sourire, il se releva en disant : *Soit pour l'amour de Dieu!* Et il s'assit comme si rien n'était arrivé. »

Souvent lorsqu'il faisait sa station accoutumée au monument de l'*Addolorata*, en sortant du couvent ou en y rentrant, les petits enfants le tiraient par le manteau, par le capuce, en lui criant de ces injures que savent dire aux capucins les enfants mal élevés de tous les pays. Ils lui jetaient des pierres ; mais lui ne se retournait seulement pas. Si pourtant le coup avait été plus fort, il se retournait à demi et leur disait : *Soit pour l'amour de Dieu!*

Fr. Félix se trouvait un jour dans l'atelier de forge de Philippe Potenza au moment où celui-ci battait sur l'enclume une grosse pièce de fer incandescent. Sous le choc du marteau, une énorme étincelle de fer enflammé rejaillit sur le pied du Frère qui ne fit pas un mouvement; on l'eut dit insensible. — « Mais voyez donc, Fr. Félix, lui dit un des témoins, vous ne sentez donc pas le feu sur votre pied ? » — « Ce n'est rien, répond Félix, le bon Dieu me l'envoie pour me faire pratiquer la pénitence. » — Et il demeura immobile jusqu'à ce que l'étincelle s'éteignit d'elle-même. Il lui en demeura une plaie qui dût le faire cruellement souffrir.

CHAPITRE XVII
La glorification

EXTASES. — CONNAISSANCE DES CŒURS. — PROPHÉTIES

> *Si gloriari oportet... veniam autem ad visiones et revelationes Domini.* — 2 Cor. 12, 1.
>
> S'il faut se glorifier... je parlerai des visions du Seigneur et des révélations qu'il m'a faites.

SOMMAIRE. — Extases. — Au chœur. — Dans la campagne. — Dans le cellier. — Chez Cotiletti. — Connaissance des cœurs. — On ne ment pas. — Les projets pour la loterie. — Le jeune libertin. — Le notaire qui veut une messe courte. — Les trois voleurs. — Prophétie. — Le P. Mathieu. — Rosalie Messina. — Le petit Rosario. — Raphaël ne sera pas prêtre. — Carmelo Porcello. — Enfermé dans la chapelle. — Le Dr Gabriel Bonelli.

Le serviteur de Dieu fut vu souvent ravi et élevé au-dessus du sol. Et ces prodiges, manifestant l'union de sa sainte âme avec Dieu, n'arrivèrent pas seulement en présence de l'autel et du tabernacle ; on les vit se renouveler dans la pauvre cellule du Bienheureux, dans les maisons des bienfaiteurs, par les chemins, en pleine campagne.

Le P. Gaëtan de Naso, capucin, lorsqu'il était encore simple étudiant en théologie, étant venu prier au chœur une nuit, aperçut à la clarté de la lampe Fr. Félix immobile, planant en l'air à la hauteur de trois palmes. La curiosité juvénile le porta à s'approcher et à chatouiller avec ses ongles la plante des pieds du Frère pour voir si celui-ci en éprouverait quelque sensation ; mais le Bienheureux demeura aussi insensible qu'une statue.

Ce même P. Gaëtan, étant encore diacre, fut un jour adjoint à Fr. Félix pour une tournée de quête dans la campagne. Comme ils cheminaient, Félix, se sentant sans doute envahi par l'Esprit de Dieu, proposa à son compagnon de se reposer un peu de temps dans une ferme qu'ils apercevaient à quelque distance. Mais avant d'y entrer, le serviteur de Dieu sous un prétexte quelconque se dirigea seul vers un petit bosquet situé non loin de là. Après avoir attendu assez longtemps dans la ferme, Fr. Gaëtan, inquiet de ne pas voir revenir Fr. Félix, se mit à sa recherche. Il le trouva dans le bosquet, ravi en Dieu, élevé de quatre palmes au-dessus du sol.

Un religieux entrant un jour à l'improviste dans la cellule du serviteur de Dieu, le trouva également en extase, élevé de terre. A ses pieds le plancher était rougi par le sang qui découlait des plaies occasionnées par les cilices dont il était couvert.

Ecoutons le témoignage de Fr. Mariano, le compagnon le plus ordinaire de Fr. Félix. — « Nous allions tous deux par la campagne; j'étais à quelque distance devant lui. Tout-à-coup, n'entendant plus le bruit de ses pas, je me retourne, et je le vois immobile au milieu du sentier. Je l'appelle, il ne me répond pas. Je l'appelle plus fort, il ne me répond pas davantage. Je reviens alors vers lui, et je m'aperçois qu'il était ravi en Dieu et complètement insensible. Et cet état de chose dura assez longtemps. »

Fr. Félix était allé un jour quêter du vin chez la baronne Garigliano. La dame elle-même le conduisit au cellier; mais comme le vin ne coulait que par un petit filet, elle s'en alla en lui disant de remplir à loisir son outre. Au bout d'un long temps, ne le voyant pas revenir, elle redescendit au cellier, et y trouva le serviteur de Dieu ravi en extase, élevé en l'air à la hauteur de quatre palmes.

Un Père Capucin donnait les exercices de la mission au petit village de Saint-Michel ; et comme il était d'usage d'adjoindre à chaque missionnaire un Frère convers pour le service de la maison et de l'église, on avait donné Fr. Félix pour compagnon à celui-ci. Tous deux étaient logés dans la maison d'un brave paysan nommé Michel-Ange Cotiletti, qui leur avait cédé pour la nuit une chambre unique, mais assez grande, et dans laquelle se trouvaient deux alcôves. Une nuit, Cotiletti dut se lever pour aller à l'étable mettre en ordre ses bêtes de somme, et il lui fallut traverser la chambre où dormaient les deux religieux. Quelle ne fut pas sa stupéfaction, en passant devant l'alcôve où reposait Fr. Félix, de le voir à demi étendu et gracieusement replié sur lui-même, comme un enfant dans son berceau, mais élevé en l'air, planant à égale distance du lit et du plafond. Il ne pouvait se lasser de le contempler, mais il retint toute exclamation et jusqu'à son souffle, pour ne pas troubler le sommeil extatique du saint Frère.

Il raconta ce prodige à sa femme et à ses enfants, afin d'augmenter leur vénération pour Fr. Félix et l'attention que déjà ils donnaient à sa parole. Après la mission, Cotiletti fit placer les couchettes de ses deux petits garçons dans l'alcôve du miracle, pour que les mérites du serviteur de Dieu obtinssent à ses enfants de grandir dans l'innocence et la vertu. C'est précisément un des deux fils de Cotiletti qui a témoigné de ces choses. — « Mon père, disait-il, nous l'a rapporté bien des fois, en nous disant : Vous devriez être des saints, puisque vous dormez tous les jours au lieu même où un saint a été ravi en Dieu. »

« Que peuvent-ils ignorer ceux qui voient face à face Celui qui sait toutes choses ? » — Ainsi parle saint Augustin des saints dans le ciel ; *quid nesciunt qui scientem omnia vident?* — Cette parole, toutes réserves faites, ne peut-elle pas être dite des saints qui cheminent encore sur la terre ? Continuellement en face de Dieu, ils peuvent quand il lui plaît voir en lui toutes choses, même les secrets des cœurs. C'est ce que les *Actes* nous apprennent de notre Bienheureux.

Il avait reçu dans une large mesure la connaissance des plus secrètes pensées de ceux qui l'approchaient. Souvent on l'entendit répondre précisément à la question qu'on s'apprêtait à lui poser. On le vit parfois se détourner tout-à-coup de son chemin pour aller reprocher à certaines personnes soit la pensée qu'elles venaient d'avoir, soit la parole qu'elles avaient prononcée, mais trop loin de lui pour qu'il eut pu l'entendre. Il agissait ainsi simplement, naturellement; comme sous l'empire d'un souvenir ou d'une notion acquise par ailleurs, comme sans se rendre compte de ce qu'il y avait de surnaturel dans ces révélations.

Il adressait un jour quelques remontrances à une mère de famille ; et pendant qu'il parlait, celle-ci songeait à lui présenter des excuses mensongères. Comme elle ouvrait la bouche, mais avant qu'elle eut articulé une syllabe, le serviteur de Dieu l'arrêta brusquement d'un geste : «— Qu'est-ce que cela signifie? lui dit-il, on ne doit pas dire des mensonges. » — Toute interdite, la pauvre femme dut reconnaître humblement ses torts.

Deux personnes s'entretenaient entr'elles des chances de la loterie lorsque, voyant de loin Fr. Félix qui passait, il leur vint à toutes deux la pensée de lui demander, à la prochaine occasion, l'indication des numéros qui auraient plus de chances de gagner. Soudain elles voient le Frère se détourner de son chemin et se diriger droit vers elles. — « Tous vos raisonnements sont bien inutiles, leur dit-il sans préambule, et tous vos projets sont déraisonnables.

Pour réussir ici-bas, il n'est rien de tel que de travailler et de se confier à la Providence. » — Et ayant salué ces personnes, il s'éloigna.

Un jeune homme de Nicosie se dirigeait un jour vers une maison dans laquelle il n'aurait pas dû aller. Chemin faisant, mais bien loin de là, il rencontre Fr. Félix qui, à brûle-pourpoint, lui reproche son dessein coupable et le menace de la colère divine. Le jeune homme alors paraît acquiescer aux bons conseils du Frère, il lui jure qu'il renonce à aller dans cette maison, et effectivement il prend une autre direction. Cependant, après avoir un peu erré par les rues, il revient par des voies détournées à la maison qui l'attirait ; et voici que tout auprès dans la rue, se tenait Fr. Félix priant et attendant. Le coupable, voyant que le Frère avait pénétré sa pensée, renonça à ses projets.

Un bon notaire de Nicosie, D. François Garigliano, avait l'habitude d'entendre tous les jours la sainte Messe. Il était allé un matin dans cette intention à l'église des PP. Carmes, mais s'apercevant que le célébrant n'était pas très expéditif, entendant d'ailleurs au même instant la cloche de l'église voisine de Saint-Gaëtan qui annonçait une messe, il s'y rendit, dans l'espoir de trouver là un prêtre moins lent. Or il se trouva que le prêtre qui allait dire cette messe était connu de toute la ville pour son extrême lenteur. Dépité, le notaire sortit encore de cette église et se dirigea vers le couvent des capucins. C'était le premier lundi du mois, jour où plusieurs messes successives étaient célébrées dans la crypte sépulcrale des religieux. — « Là, se disait le bon notaire, je serai servi à souhait. » — Or, tous les premiers lundis, F. Félix faisait de longues stations au tombeau de ses Frères. Dès qu'il vit entrer D. Garigliano, il alla droit vers lui, et le prenant par la main sans rien lui dire, il le conduisit dans le corridor du couvent, en face du portrait du P. François de Grattieri, dont nous avons déjà parlé. — « Voyez-vous, dit-il, le portrait de ce saint religieux ? D'ordinaire il consacrait plusieurs heures à la célébration du saint sacrifice, c'est ainsi qu'il s'est sanctifié. Et vous, pour avoir une messe plus courte, vous courez trois églises ! » — Le notaire était stupéfait, car il n'avait parlé absolument à personne des divers incidents de cette matinée. Sur ce, Fr. Félix lui parla en termes touchants de la valeur infinie du sacrifice eucharistique, des grâces qui en découlent, et du respect avec lequel on doit y assister.

A la faveur des ténèbres de la nuit, trois jeunes étourdis avaient mis au pillage le jardin des capucins; racines, choux, légumes de tout genre, tout avait été enlevé ou saccagé. Les voleurs se croyaient bien à l'abri de tout soupçon, lorsqu'un jour, comme ils causaient tranquillement sur la place publique, Fr. Félix alla droit à eux. — « Vous autres trois, leur dit-il brusquement, vous ne pouvez pas faire votre salut si vous ne réparez pas le dommage que vous avez fait. C'est vous trois qui, l'autre soir, pendant que j'étais au chœur, avez saccagé notre pauvre jardin ; pensez à votre âme » — Tout surpris de voir leur méfait si bien connu, les trois étourdis s'exécutèrent de bonne grâce, et réparèrent dans la mesure du possible le tort qu'ils avaient fait.

Quelques chanoines vinrent un jour demander au P. Macaire la permission de s'entretenir en particulier avec Fr. Félix et de lui demander la solution de certains doutes; le Père ordonna à l'humble Frère de conduire ces Messieurs dans sa cellule et de répondre à leurs questions. La conférence fut assez longue, et nul ne sut jamais quel en avait été l'objet; mais au sortir de la cellule du Frère, on vit les chanoines se faire certains signes indiquant tout à la fois l'étonnement et la satisfaction.

Le serviteur de Dieu fut initié aussi à la connaissance des choses futures.

Le P. Mathieu de Mistretta, capucin, prêchant le carême à Saint-Philippe d'Argiro, tomba dangereusement malade pendant sa station et on vint quérir Fr. Félix pour l'assister. Le P. Macaire lui ayant ordonné d'y aller, il demanda aussitôt le *Benedicite;* — « Je vais faire l'obéissance, dit-il en se relevant, mais je ne trouverai certainement pas le Père en vie. » — En effet, comme il approchait du bourg de Saint-Philippe, les cloches annonçaient la mort du P. Mathieu; et Fr. Félix, s'arrêtant sur le chemin, commença à réciter les suffrages usités dans l'Ordre.

Rosalie Messina, jeune fille de dix-huit ans, était gravement malade. Ses parents éplorés recoururent au thaumaturge et le supplièrent de venir auprès de leur fille. Il vint; et comme il montait l'escalier conduisant à la chambre de la malade, s'arrêtant tout-à-coup, il s'écria d'un ton joyeux : *Paradis, paradis!* Et il resta là immobile un petit instant. Arrivé près de la malade : — « Ma fille, lui dit-il sans autre préambule, ne voudrais-tu pas aller en paradis avec la Madone du Carmel ? » — « Oh ! de tout mon cœur, » répondit la jeune fille, qui était précisément animée d'une tendre et toute particulière dévotion envers Marie sous le titre du Carmel. — « Eh ! bien, ma fille, reprit le Frère, encore deux jours d'attente, prépare-toi bien, et mercredi à midi la Vierge du Carmel t'ouvrira les portes du paradis. » — Au jour indiqué, comme l'*Angelus* sonnait au coup de midi, la jeune fille appela sa mère : — « Mère, mère voici la Madone du Carmel qui vient me chercher. » — Et aussitôt elle rendit le dernier soupir. Les parents pleurèrent leur chère Rosalie, mais leurs larmes ne furent point trop amères, car la parole de Fr. Félix leur disait qu'elle était heureuse pour l'éternité.

Maître Sigismond Ferro, habitant de Nicosie, vint un jour au couvent des Capucins avec son petit garçon de deux ans et demi, nommé Rosario, bel enfant, frais et d'une santé florissante. Fr. Félix les rencontre : — « Oh ! Maître Sigismond, s'écria-t-il, le beau petit enfant que vous avez là ! » — Puis se penchant vers l'enfant, il le caressa avec affection. Le prenant ensuite entre ses bras : — « Mon petit Rosario, lui dit-il, ne veux-tu pas aller au paradis ? »

— « Oh ! oui, » répond l'enfant en inclinant gracieusement sa petite tête bouclée. — « Eh ! bien, reprit le Frère, samedi prochain la Madone t'y fera entrer; elle te veut près d'elle avec ses anges. » — C'était le jeudi que ces choses furent dites. Le soir même un bouton apparut à l'épaule de l'enfant; le bouton devint une tumeur, et le samedi, malgré tous les soins, le petit Rosario rendait le dernier soupir. Maître Ferro se souvint alors des paroles de Fr. Félix, auxquelles il n'avait pas d'abord attaché d'importance; il vint se plaindre amèrement à lui. — « Mon ami, lui dit le Frère, il faut adorer en silence, et respecter les secrets de Dieu. Votre enfant est bien heureux; vivez de telle sorte que vous puissiez être avec lui au jour de la résurrection. »

Une mère de famille avait le désir de faire arriver au sacerdoce un de ses enfants nommé Raphaël, qui montrait certaines dispositions. Dans ce but, elle s'imposait de grands sacrifices pour le maintenir aux écoles. Fr. Félix étant un jour venu chez elle : — « Mon Frère, lui dit-elle, priez bien pour mon Raphaël, afin qu'il devienne un bon prêtre. Priez aussi pour moi car j'ai bien du souci. » — « Pauvre femme, lui répondit le Frère, vous dépensez bien mal à propos votre argent; votre fils ne sera certainement point prêtre. » — La mère cependant s'obstina dans son idée; mais quelques années plus tard, Raphaël déclara ne ressentir aucune inclination pour l'état ecclésiastique; il resta dans le siècle, se maria, et devint un bon père de famille.

Cette même mère avait un autre fils plus jeune, nommé Josué, qu'elle avait mis en apprentissage chez un maître cordonnier; elle en parla à Fr. Félix. — « Du temps perdu, répondit le Frère, vous verrez que votre Josué ne sera pas longtemps cordonnier. » — En effet, après avoir bien appris cet état, et l'avoir exercé un peu de temps, il s'en dégoûta et voulut être cultivateur.

Un homme de Gangi, nommé Carmelo Porcello, avait conduit sa femme chez le Dr Laporta pour lui faire suivre un traitement. Le médecin constatant que la maladie était déjà ancienne et très compliquée, et ayant sans doute plus de confiance dans le pouvoir miraculeux de Fr. Félix que dans les ressources de la science, engagea Porcello à réclamer les prières et la visite du saint Frère. Celui-ci vint en effet; et après avoir prié en silence pendant une grande heure auprès de la malade, prenant Porcello à part : — « Ne vous faites pas illusion, lui dit-il, votre femme n'a plus que vingt-neuf jours à vivre. Qu'elle mette ordre aux affaires de son âme, et si besoin est, à ses affaires temporelles. » — Le pauvre mari voulut insister, supplier; dès les premiers mots Fr. Félix l'arrêta, en lui disant d'un ton grand grave : *C'est la volonté de Dieu.* La malade mourut en effet, au jour fixé par le thaumaturge.

Le baron de Spartaro, grand ami des Capucins, avait un fils unique marié, mais qui n'avait eu jusqu'alors que des filles. La jeune baronne étant de nouveau sur le point d'être mère, le vieux baron désirait vivement savoir si cette fois elle mettrait au monde un fils ; il fit prier Fr. Félix de venir chez lui. Félix vint, le baron recommanda à ses prières la situation de sa bru, et lui exprima tout son désir de savoir ce que serait l'enfant. Il conduisit alors le Fr. Félix dans sa chapelle domestique et l'y enferma à clef, et voici qu'au bout de quelques instants, Fr. Félix frappait à la porte, demandant à sortir. S'imaginant que pour obtenir de Dieu quelque communication il fallait beaucoup plus de temps, le baron ne voulait pas ouvrir. — « Pas encore, criait-il, pas encore, je ne vous ouvrirai que quand vous m'aurez dit ce que je désire savoir. » — « Et, répliqua le Frère, il ne faut pas tant de temps pour cela. Sachez donc que demain dimanche, à quatre heures et demie précises de l'après-midi, la jeune baronne vous donnera un beau petit-fils. » — Et la chose arriva telle absolument que l'avait prédite Fr. Félix. Le fait a été attesté au procès par celui-là même qui avait été l'objet de la prédiction. — « Dès mon enfance, ajoutait-il, ma mère et tous mes parents n'ont cessé de me raconter la chose avec tous ses détails. »

Au procès de 1830-1832, le docteur Gabriel Bonelli, parent sans doute de ce bon docteur Joseph Bonelli, qui assista Fr. Félix dans sa dernière maladie, dépose sous la foi du serment : — « Mes parents avaient eu avant moi plusieurs enfants qui tous étaient morts en bas âge. A mon tour, n'ayant pas encore deux ans, je tombe gravement malade et on ne voit nul espoir de guérison. Mes parents désolés vont chercher

Fr. Félix et le conjurent de venir prier près du berceau où j'agonisais déjà. Le Frère vient, et après avoir prié un instant en silence : — « Consolez-vous, dit-il à mes parents, l'enfant ne mourra pas ; il parviendra à un âge avancé, et après ma mort il sera pendant longtemps le médecin de notre couvent. » — La double prophétie du saint Frère s'est réalisée en ma personne. Je suis sans infirmités malgré mes soixante ans, et depuis déjà bien des années je suis heureux de donner les secours de mon art aux confrères du Vénérable Fr. Félix. »

Le docteur Gabriel se déclarant âgé de soixante ans en 1831, la prophétie qui le concernait devait donc avoir été émise et recueillie en 1773, c'est-à-dire environ quatorze ans avant la mort du serviteur de Dieu.

CHAPITRE XVIII.

Encore la glorification.

EMPIRE SUR LES ANIMAUX ET SUR LES DÉMONS. — MIRACLES DIVERS.

> *Signa autem eos qui crediderint, hæc sequentur : in nomine meo dæmonia ejicient,.... super ægros manus imponent et bene habebunt.* — Marc. 16, 17.
>
> De nombreux prodiges marqueront les pas des hommes de foi : en mon Nom, ils chasseront les démons,..... ils imposeront les mains sur les malades, et les malades seront guéris.

SOMMAIRE. — *Les Saints franciscains.* — Le pigeon de l'ermite. — Le chien enragé. — Le bœuf sauvage. — Les animaux malades. — La mule qui revient à la vie. — Le jardinier. — Le manteau tiré et les limites du champ. — L'épileptique. — Pour que le fil ne casse pas. — N'en vendez pas. — Les agonisants. — Résurrection d'un enfant. — Le diable dans la bergerie.

Quiconque a lu la vie du Patriarche d'Assise, a dû remarquer avec quel amour le saint traitait les créatures irraisonnables, comment il leur donnait les noms de *frère* et de *sœur,* et comment il se faisait obéir même des animaux les plus féroces; l'histoire du loup de Gubbio est assez connue. Cette même tendresse de cœur pour toutes les créatures de Dieu, ce même empire sur les animaux, nous les remarquons en tous les saints Franciscains comme un héritage de famille; et nous les trouvons dans une large mesure en notre B. Félix.

Semblable à un grand fleuve qui ne peut être contenu dans ses digues, son immense charité, après s'être exercée sur ses semblables, débordait jusque sur la créature irraisonnable. Quelle différence entre notre B. Félix et tant d'hommes de nos jours! Ces derniers se posent en bienfaiteurs et en amis de l'animal; ils provoquent ou réclament sans cesse en sa faveur des mesures protectrices, tandis qu'hélas! ils n'ont souvent qu'indifférence et dureté pour leurs frères souffrants. Selon la parole de Tertullien, notre Frère Félix avait grand'pitié des animaux, en lesquels il voyait la créature de Dieu; mais il avait d'abord et surtout pitié des hommes créés à l'image de Dieu. *Justus jumentorum miseretur; quanto magis et hominum!*

A l'ermitage de Sainte-Lucie, près de Nicosie, vivait un brave ermite qu'on appelait Fr. Michel. Ce bon homme, apprenant un jour que Fr. Félix était malade, eût l'idée de lui apporter quelque chose dont il put se bien régaler. Il choisit à cet effet son plus beau pigeon, et pensant bien que le serviteur de Dieu n'aurait pas le courage de tuer le volatile, il le tua lui-même et l'apporta ainsi. Fr. Félix ayant reçu le pigeon, se mit à le caresser en disant : « Gracieuse petite bête du bon Dieu, pourquoi t'a-t-on donné la mort ? » — Comme il disait ces mots, en passant doucement la main sur le plumage de l'oiseau, celui-ci revint à la vie et vola sur l'épaule du saint Frère. Félix ouvrit la fenêtre : — « Va, dit-il, va, petite créature de Dieu, retourne vite à ton colombier. » — Le pigeon partit à tire d'ailes, et lorsque l'ermite revint à Sainte-Lucie, il le vit qui roucoulait joyeusement et fièrement sur le petit toit.

Un fait analogue se reproduisit, dit-on, à la maison de campagne du baron Sant'Andrea, au territoire de Paravola. Ce jour-là, le baron régalait sa famille; tous étaient à table lorsque Fr. Félix se présenta; on peut penser si ce vieil et saint ami fut reçu avec joie. Il s'assit ; mais contrairement à son habitude d'accepter modérément de ce qui était servi chez les séculiers, il ne voulut absolument rien prendre. On insista; mais il trouvait de si gracieuses raisons pour colorer ses refus, que nul ne s'en offusqua. On le voyait pourtant regarder avec un certain air un grand plat tout plein de petits oisillons; et on l'entendait par moments se dire à lui-même : — « Pauvres petits oiseaux, ils chantaient si bien ! Pourquoi les avoir tués ? » — « Fr. Félix, lui dit tout-à-coup le baron d'un ton de plaisanterie, si ces petits oiseaux vous intéressent, je vous les donne, faites-en ce que vous voudrez. Vous pouvez même,

si cela vous convient, les faire envoler par la fenêtre. »
— Un sourire de béatitude se dessina alors sur les traits du saint homme. — « Petites créatures de Dieu, s'écria-t-il, puisque celui à qui vous appartenez vous rend la liberté, partez vite. Retournez à vos bosquets et à vos frais ombrages. » — Au même instant, le plat se trouva absolument vide; les oisillons subitement ressuscités et remplumés, s'envolèrent d'un élan rapide par la fenêtre ouverte, et on entendit leur mélodie variée retentir joyeusement dans les charmilles tout autour du château. A ce prodige inattendu, toute conversation avait cessé, les convives stupéfaits et émus se regardaient en silence; Fr. Félix ramena la gaîté. — « Maintenant, dit-il, que les petits chantres du bon Dieu célèbrent si bien sa gloire, il ne nous est pas permis d'être tristes; je veux faire fête avec vous. » — Et, à la grande joie de tous, il prit part au repas de la famille.

En faisant la quête dans la campagne, Fr. Félix vint un jour chez un grand propriétaire dont le chien de garde était atteint de la rage. Comme le propriétaire tenait beaucoup à cet animal, il lui avait répugné de le faire abattre; et il l'avait étroitement enfermé dans un cabanon. Entendant les hurlements sauvages du chien, Fr. Félix en demanda la cause, on la lui exposa. — « Ce n'est rien, ce n'est rien, dit-il, la Vierge-Immaculée peut bien guérir cette pauvre bête; laissez-moi seulement la voir. »
— Mais le propriétaire et tous ses gens jetèrent les hauts cris, en disant qu'il y avait un péril imminent

à entr'ouvrir seulement la porte de la cabane où était enfermé un chien enragé de cette taille. — « Cette porte, dit le propriétaire, ne s'ouvrira que losque le chien sera mort. » — Fr. Félix insista néanmoins de telle sorte qu'on le laissa faire; mais par prudence les gens se réfugièrent dans la maison, se contentant de regarder à travers les grilles des fenêtres. Félix, ayant fait sur lui le signe de la Croix, alla droit à la cabane, en ouvrit la porte toute grande, et présenta un morceau de pain imbibé de sa salive à l'animal qui le mangea tranquillement. Immédiatement tous les signes extérieurs de la rage disparurent; le chien était guéri; il s'élança hors de la cabane sur les pas de son libérateur, en flattant de la queue et en poussant de joyeux aboiements. — « Venez, mes amis, cria Fr. Félix aux gens qui n'osaient sortir de la maison, venez remercier la Vierge-Immaculée; c'est elle qui a guéri ce fidèle animal. » — Les gens sortirent enfin, et Félix leur fit réciter séance tenante, trois *Ave Maria*, en l'honneur de l'Immaculée-Conception; plus, un *Pater* et un *Ave* en l'honneur de saint Vite, jeune martyr romain.

Une année où devait se tenir le Chapitre provincial, un grand nombre de religieux étrangers devaient recevoir l'hospitalité au couvent de Nicosie. En bon gardien, le P. Macaire se préoccupa d'avance des moyens de pourvoir à la subsistance de tous ces étrangers, et un jour où il eut l'occasion de voir un grand propriétaire de troupeaux de bœufs, et qui en faisait abattre périodiquement, il lui demanda s'il ne pourrait pas lui donner un quartier de bœuf. — « Oh ! répondit le propriétaire, je vous donnerai même un bœuf tout entier, si votre Frère quêteur peut le prendre. Voici : c'est un animal d'une sauvagerie féroce qui se tient dans les taillis, à l'écart du troupeau. Malheur aux autres bœufs qui s'approchent de lui ; malheur aux gardiens s'ils ont l'air de s'avancer vers lui. Il épouvante tous mes bergers ; et nul même des plus forts et des plus habiles n'a pu seulement l'approcher. Déjà j'avais songé à le faire abattre à coups de fusil, mais si votre Fr. Félix peut faire ce tour de force de le prendre, je le lui donne. »

Le P. Macaire appelle Fr. Félix, fait répéter devant lui par le propriétaire ce que celui-ci vient de dire ; puis : — « *Fra Scontento*, dit-il, vous avez entendu ; voulez-vous aller prendre cet animal? » — « Mon Père, répond simplement le Frère, j'irai, si vous me dites d'y aller. » — « Eh bien, allez, » riposte le P. Macaire. « *Benedicite*, » dit Fr. Félix, et il part aussitôt dans la direction des montagnes à la recherche de la bergerie qu'on lui a indiquée. Y étant arrivé, il expose au maître berger le but de sa course. — « Pauvre homme, répond celui-ci, notre propriétaire s'est tout simplement moqué de vous ; et si vous ne comptez pour recevoir vos gens que sur la chair du bœuf qu'il vous a désigné, vous pouvez être assuré qu'ils mourront de faim. Vous ne savez donc pas ce qu'est l'animal en question ? » — Sur ce, le brave berger se met à faire une nouvelle et terrifiante description du bœuf que réclame Félix. — « Je n'ai pas à me préoccuper de cela, dit tranquillement celui-ci. Votre propriétaire a dit qu'il donnait le bœuf; mon supérieur m'a commandé de venir; je fais l'obéissance et je ne doute pas que l'animal ne me suive. Montrez-moi seulement où il est. » — « C'est votre affaire, répond le berger; je vous ai dit, moi, tout ce que je pouvais vous dire. Tant pis pour vous, si la chose ne vous réussit pas. Tenez, ajouta-t-il, le voilà là-bas dans ces buissons; justement il voit que nous nous dirigeons vers lui, et il commence à nous regarder de travers; je me sauve. » — Sur ce, le berger détale au plus vite, pour s'arrêter à quelque distance à l'abri d'un rocher; et de là il observe ce qui va advenir du Capucin. Fr. Félix demeuré seul s'agenouille, récite un *Ave Maria*, se relève en faisant le signe de la Croix et se dirige droit vers l'animal. A la vue de cet étranger, le bœuf commence à mugir d'une façon peu rassurante et se précipite vers le Frère. — « Qu'as-tu donc, créature de Dieu, lui dit doucement Fr. Félix, qu'as-tu donc? Allons suis moi. » — Le bœuf alors s'approche paisiblement de Félix qui de la main le flatte sur la tête, puis lui attache à la corne l'extrémité de son cordon. Il marche; le bœuf le suit tranquillement. Les bergers n'en peuvent croire à leurs yeux. Redoutant toujours un retour de la férocité de l'animal, ils suivent à quelque distance, prêts à porter secours au Frère s'il en est besoin. Arrivés à l'embranchement de la grande route de Nicosie, Fr. Félix détache sa corde de la tête du bœuf qui continue à le suivre docilement comme un petit agneau; les bergers comprenant alors que leur assistance est complètement inutile s'en retournent à la montagne. Quant à Fr. Félix et à sa conquête, avant de rentrer à Nicosie, ils traversèrent des villages populeux, et rencontrèrent des gens et des animaux de toute sorte; le bœuf ne poussa seulement pas un mugissement, et suivit tête baissée son bienheureux guide.

Un des biographes de notre héros ajoute que le propriétaire ayant appris comment les choses s'étaient passées, soit qu'il eut du regret d'avoir donné le bœuf tout entier, soit pour tout autre motif, réclama à toute force une large part des chairs de l'animal.

Les gens de la campagne lorsque leurs animaux étaient malades, venaient réclamer l'assistance de Fr. Félix. Il se rendait à leurs désirs si son supérieur le lui permettait, ou bien il leur remettait des images ou des cédules de Marie-Immaculée, et ces images aussi bien que sa présence opéraient des effets merveilleux.

« En un temps de contagion, dit un témoin, j'avais perdu cinq bœufs dans l'espace de huit jours; il ne m'en restait que trois, encore étaient-ils déjà atteints de la même maladie qui avait emporté les autres. Ne sachant plus que faire, j'allai trouver Fr. Félix. Il me remit une image de la Bienheureuse Vierge Marie, en me disant de l'appliquer avec confiance sur mes bœufs malades. Je le fis comme il me l'avait dit, et mes trois bœufs guérirent. Dans une autre circonstance, mes mules de travail furent atteintes d'une maladie terrible; il leur vint aux jambes des ulcères qui se remplirent de vers. Cette fois je ne me contentai pas d'aller trouver Fr. Félix, je le priai de venir près de mes animaux malades. Il vint, et tout en priant, il palpa et caressa de la main les pauvres mules qui étaient dans un bien triste état. Dès ce moment, elles reprirent leur vigueur première et une magnifique apparence. »

Un petit cultivateur habitant les faubourgs de Nicosie avait acheté une mule au marché de Castrogiovanni. Comme il rentrait en ville avec son acquisition, la mule qui sans doute avait été surmenée, tomba raide morte en gravissant une rue escarpée. Il se forma aussitôt à l'entour un groupe de gens du peuple, vociférant et exprimant à grand bruit leur opinion sur le fait. Quelques-uns essayèrent de ramener à la vie le pauvre animal, mais tous leurs efforts n'aboutirent qu'à faire constater avec plus de certitude la mort de la mule. C'était une perte très sensible pour ces pauvres gens; aussi la femme de l'acquéreur se lamentait bruyamment en s'égratignant le visage, selon l'usage des gens du petit peuple en ces contrées. Un des témoins de ce désespoir crut n'avoir rien de mieux à faire que d'aller quérir Fr. Félix et de l'amener en ce lieu. A peine arrivé et mis au courant du fait, le serviteur de Dieu se met à frapper doucement sur la mule avec l'extrémité de sa corde, en disant : — « Allons, lève-toi, et va à ton écurie; tu vois bien que ta pauvre maîtresse a beaucoup de chagrin. » — Aussitôt la mule revint à la vie; elle se leva pleine de vigueur et suivit son nouveau propriétaire, escortée par toute la multitude qui avait été témoin du prodige.

Michel Garzia, pauvre jardinier du territoire de Sperlinga, voyant son jardin tout dévasté par les insectes, recourut à Fr. Félix et réclama son assistance. Celui-ci vint; récita pieusement un *Ave Maria* et fit le signe de la Croix sur les carrés ravagés; tous les insectes malfaisants disparurent et on ne les revit plus jamais. Par les mêmes procédés, le serviteur de Dieu fit disparaître des serpents venimeux d'une propriété qu'ils avaient envahie, au grand détriment du propriétaire.

Au bourg de Capizzi, un grand procès était imminent entre deux bonnes familles de propriétaires, au sujet de certaines terres qu'elles possédaient dans le territoire de Sanfratello. L'un des deux voisins avait en divers temps déplacé les bornes qui marquaient la séparation des deux héritages, et sa possession se trouvait ainsi augmentée au détriment de celle du voisin. Il s'agissait pour ce dernier de démontrer juridiquement l'injustice dont il avait été victime et de fournir les preuves de la contenance primitive de sa terre. Grosse affaire, qui allait demander une énorme procédure, de grands frais, de nombreux déplacements, sans que l'on put prévoir avec quelque certitude si le bon droit finirait par triompher. Sur ces entrefaites, Fr. Félix vint à Capizzi avec deux compagnons, les Frères Mariano et Clément. Dans la maison du propriétaire qui avait été spolié, comme on vient de le dire, les gens parlèrent avec angoisse à Fr. Félix de ce procès qu'ils étaient contrains d'entreprendre, sans en pouvoir préjuger l'issue. Le serviteur de Dieu les écouta avec patience mais sans leur répondre un seul mot. Tout-à-coup on le vit étendre par terre son manteau, s'agenouiller dessus et en tirer fortement les bords en divers endroits comme pour l'élargir. Il avait l'air de prendre grandement à cœur cette besogne que ne pouvaient s'expliquer ni ses deux compagnons, ni les gens de la maison ; nul cependant n'osa se permettre de l'interroger. Quand il se releva : — « Ayez bon courage, dit-il au chef de la famille; vous verrez que sans procès vous trouverez votre terre telle qu'elle doit être. » — Le lendemain, le propriétaire alla voir son champ. Quelle ne fut pas sa surprise quand il vit les bornes placées comme elles l'étaient avant les empiètements du voisin, et disposées de telle façon qu'elles semblaient n'avoir pas été touchées depuis des siècles; une herbe déjà ancienne les entourait et la terre ne paraissait pas avoir été remuée. Il interrogea des paysans qui travaillaient aux alentours et leur demanda si, les jours précédents, ils n'avaient rien aperçu d'insolite sur sa terre. — « Rien, lui répondirent-ils, sauf hier, où nous avons vu le Capucin Fr. Félix. Il était agenouillé au bord de votre champ et allongeait les mains à droite et à gauche, comme un homme qui cherche un objet perdu. » — Toutes informations prises, il se trouva que ces paysans avaient vu là Fr. Félix à l'heure où dans la maison du propriétaire il était vu agenouillé sur son manteau dont il avait l'air d'allonger l'étoffe. Le procès n'eut pas lieu.

Un gentilhomme s'était attiré l'inimitié de divers puissants personnages, en telle sorte qu'il avait toujours à redouter de leur part quelque violence grave, aussi n'osait-il guère paraître en public. En grand secret il vint confier ses angoisses au charitable Fr. Félix, et celui-ci, ému de pitié, lui mit à la main son propre bâton en lui disant : — « Ayez-le toujours avec vous dès que vous sortirez de votre demeure, soit pour venir en ville, soit pour circuler dans la campagne; et soyez assuré que par la permission divine il ne vous arrivera rien de fâcheux. » — Le gentilhomme se conforma en toute simplicité à la recommandation du serviteur de Dieu, et le pauvre bâton de celui-ci, comme un précieux talisman, le préserva de tous les assauts de ses adversaires. Avec le temps, plusieurs de ces derniers quittèrent le pays, d'autres moururent; les survivants finirent par renoncer à leurs projets de haine. Jusqu'à sa mort, le gentilhomme conserva avec respect, comme une relique, le bâton de Fr. Félix ; après lui, ses héritiers le remirent aux PP. Capucins qui furent doublement heureux de le recevoir.

Un prêtre de Nicosie racontait que dans sa jeunesse il avait été sujet à de violentes et fréquentes crises d'épilepsie. — « Me voyant, disait-il, repoussé du sanctuaire par ce triste mal, j'allai conter ma peine à Fr. Félix qui me donna de ses cédules de Marie-Immaculée, en me recommandant de me les appliquer fréquemment sur la tête et sur le bras. Il me recommanda aussi de me faire des onctions aux mêmes endroits avec l'huile de la lampe du Très-Saint-Sacrement. Plein de docilité et de foi, je fis exactement ce que me conseillait ce saint homme; le terrible mal disparut complètement, et j'ai pu, grâce à Fr. Félix, arriver au sacerdoce. » — Les historiens ajoutent que cet ecclésiastique, d'une vie très édifiante, parvint à un âge très avancé sans souffrir d'aucune infirmité.

Par des onctions faites avec l'huile de la lampe qui brûlait devant l'image de Marie-Immaculée, Fr. Félix fit disparaître instantanément une énorme tumeur qui s'était formée sur le corps de D. Fidèle Gangi, prêtre de Petralia.

Une pauvre femme de Cerami, nommée Nimpha Ficarra, gagnait sa vie à tisser de la toile pour les gens de la campagne. En une circonstance, soit par suite de la très grande sécheresse, soit à cause de la mauvaise qualité du fil, soit pour tout autre motif, à chaque coup qu'elle donnait elle voyait se rompre bon nombre de fils, en sorte qu'une grande partie de sa journée se passait à les renouer, et l'ouvrage n'avançait pas. Elle raconta sa peine à Fr. Félix quand il passa par là. — « Ce n'est rien, ce n'est rien, lui dit-il. Le bon Dieu a voulu vous éprouver un peu, mais il aura pitié de vous. Voici donc comme vous vous y prendrez désormais quand vous voudrez faire marcher votre métier. Vous ferez tout d'abord, et avant tout travail, un bon signe de Croix; puis vous réciterez à genoux avec grande confiance un *Ave Maria*. N'en doutez pas; la puissante Reine du ciel vous obtiendra cette grâce de ne plus voir vos fils se rompre si facilement. » — La bonne femme se conforma simplement aux avis du serviteur de Dieu, et elle put constater l'accomplissement de la promesse qu'il lui avait faite.

Fr. Félix était allé un jour dans une maison pour la quête du vin. — « Mon bon Frère, lui dit la maîtresse de la maison, comment voulez-vous que je vous en donne? Il ne m'en reste seulement pas une goutte pour mon mari qui travaille ». — « Oh ! répond le Frère, Dieu est bien puissant, il peut bien vous faire trouver encore un peu de vin là où vous croyez qu'il n'en reste plus. Allons voir votre tonneau. » — Pour ne pas le contrarier, la femme le conduit au cellier. Là, le serviteur de Dieu s'agenouille, récite un *Ave,* puis avec un peu de salive il colle sur le tonneau vide une cédule de Marie-Immaculée. — « Tirez maintenant la cheville, » dit-il à la femme. Celle-ci obéit et le vin jaillit avec impétuosité. — « Ah ! mon Dieu, s'écria hors d'elle-même la bonne femme, il vient donc de revenants par ici ! » — « Il n'est pas question des revenants, reprend Fr. Félix; n'ayez pas peur. C'est Dieu qui par l'intercession de Marie a amené ce vin dans votre tonneau. Usez-en raisonnablement pour vous et votre maison, donnez-en largement aux pauvres, continuez à en faire la charité aux Capucins comme par le passé, mais gardez-vous bien de chercher à en tirer du profit. Le jour où vous vendrez de ce vin, il cessera de couler. » — Plusieurs mois se passèrent, la bonne femme selon les conseils de Fr. Félix donna largement de ce vin; bien des personnes mises au courant du prodige en venaient demander par dévotion, on leur en donnait, il en coulait toujours. Cependant le temps des vendanges arriva; et la bonne femme, ne pouvant s'imaginer que le prodige durerait indéfiniment, eut l'idée de vider complètement le tonneau pour le disposer à recevoir la récolte nouvelle. Elle remplit donc divers barils et tonnelets, puis divers autres ustensiles; le vin coulait toujours, et il ne restait plus dans la maison ni pot ni baquet où on put le recueillir. — « Il ne doit pourtant plus guère y en avoir, se dit la bonne femme, si je vendais ce qui reste, mon tonneau serait vide. » — Mais à peine en avait-elle vendu une petite mesure, que le vin cessa de couler. La bonne femme se rappela alors la parole de Fr. Félix. Pour en avoir le cœur net, elle enleva la trappe du tonneau et regarda au-dedans; le tonneau était aussi sec que s'il n'avait pas contenu du vin depuis six mois, la lie était toute rassemblée dans le milieu, sèche et dure comme une pierre.

La mère de Philippe Messina de Nicosie était dangereusement malade, déjà munie des derniers Sacrements, et condamnée sans rémission par plusieurs médecins. Ses enfants, ne pouvant se résoudre à la voir mourir, vinrent tout en larmes implorer l'assistance de Fr. Félix. Il les suivit sans dire un mot, et tout absorbé en Dieu selon son habitude. Entrant dans leur maison, il dit à haute voix : — « Loué soit Jésus-Christ ! Paix à cette maison et à ceux qui l'habitent. » — Arrivé près du lit de la malade qui paraissait insensible à tout, il se prosterna la face contre terre et pria un instant. S'étant ensuite relevé, il s'approcha de la pauvre agonisante, récita une courte prière, et fit sur elle le signe de la Croix avec l'extrémité de sa corde. Tirant alors de sa manche deux petits morceaux de viande : — « Au nom de Dieu et de la Vierge-Immaculée, lui dit-il, mangez cette viande en toute confiance, et par elle le Seigneur vous rendra sûrement la vie. » — A ces mots, la malade ouvrant les yeux comme si elle se réveillait d'un profond sommeil, regarda lentement d'un air étonné tous ceux qui étaient là; puis elle prit ce que lui présentait Fr. Félix et le mangea de bon appétit. Dès ce moment, elle fut hors de danger, et en très peu de jours elle fut complètement guérie.

Maître Antoine Fego, de Cerami, était déjà à l'agonie, sans parole et sans connaissance. Ses parents inconsolables, apprenant que Fr. Félix était venu dans le bourg, coururent à lui et le prièrent de venir près du pauvre malade; il les suivit. Comme il approchait de la maison, voici que le malade retrouva la parole et dit : — « Quel bonheur ! Fr. Félix vient me voir. » — Etant arrivé, le serviteur de Dieu pria tout d'abord, puis il demanda un peu d'eau pour la donner au malade. Comme il n'y en avait point là, plusieurs des assistants coururent en chercher à la cuisine. Cependant Fr. Félix apercevant un verre sur la table de nuit, s'en était emparé, et à peine l'avait-il eu en mains que ce verre était apparu plein jusqu'aux bords d'une eau limpide, au grand étonnement des assistants. — « Buvez, mon ami, dit-il au malade, par cette eau le Seigneur vous rendra la santé. » — Le malade but à longs traits, avec une satisfaction visible, et aussitôt il recouvra la parole et les forces.

Fr. Félix traversait un jour la ville de Nicosie, en compagnie du R. P. Thomas de Rocca, qui prêchait alors le carême à l'église collégiale de Sainte-Marie. En passant devant une maison ils entendirent des cris, des lamentations, des sanglots; enfin tout le triste concert d'une violente douleur de plusieurs personnes. — « Entrez donc dans cette maison, dit le P. Thomas à Fr. Félix; voyez quelle est la cause du chagrin de ces pauvres gens, et tâchez de les consoler de votre mieux. » — Le serviteur de Dieu ne savait qu'obéir; il pénètre dans la maison désolée, et à sa vue les lamentations redoublent. — « Ah! Fr. Félix, lui crient ces gens, quel malheur pour nous, notre petit enfant est mort! » — Et ils sanglottent à fendre l'âme. — « Ne pleurez pas, mes amis, leur dit le bon Frère, votre enfant n'est qu'endormi, vous allez voir qu'il va se réveiller. » — Sur ce, il s'approche du petit cadavre, le prend par la main et l'attire à lui; l'enfant se réveilla plein de vie et de santé. Les larmes des parents continuèrent à couler, mais c'étaient maintenant des larmes de joie et de reconnaissance.

Le fait suivant, si extraordinaire qu'il puisse paraître, est appuyé de telles preuves que nous manquerions à notre mission d'historien si nous le passions sous silence; cinq témoins oculaires, tous très dignes de foi, l'ont attesté dans les *Actes*.

Dans les hautes montagnes qui environnent Nicosie, était une importante bergerie appartenant à un propriétaire nommé Carmelo Falco, sous les ordres duquel de nombreux bergers soignaient les troupeaux et préparaient le laitage. Parmi ces ouvriers, se trouvait depuis peu de temps un jeune étranger qui avait déclaré se nommer Agostino. Il n'avait pas d'emploi spécial, mais tantôt il suppléait ceux des bergers qui venaient à manquer pour une cause quelconque, tantôt il aidait à la besogne de tous. Doué d'une force extraordinaire, il transportait sans peine les plus lourds fardeaux, remuait et portait comme un brin de paille d'énormes pièces de bois que plusieurs hommes robustes avaient peine à soulever. Avec cela, toujours de bonne humeur, toujours prêt à rendre service, il s'était rendu cher à tous les bergers et au propriétaire lui-même. On avait bien remarqué, après les premiers jours, qu'il souriait d'un air d'incrédulité quand on allait faire la prière, qu'il n'y répondait jamais, qu'il trouvait assez souvent des prétextes pour la faire manquer à d'autres, particulièrement aux plus jeunes, qu'il cherchait à détourner ceux-ci de la récitation du Rosaire. On avait aussi remarqué en lui une certaine licence de paroles et de plaisanteries dont l'effet immédiat était de diminuer l'horreur du vice en ceux qui les entendaient. Mais il était, avec cela, si complaisant et si serviable qu'on le supportait quand même, espérant toujours qu'il finirait par s'amender; il se contentait d'ailleurs d'un salaire assez modique.

Sur ces entrefaites, une violente épidémie éclata parmi les troupeaux de Maître Falco. Celui-ci ayant plus de confiance dans les moyens surnaturels que dans les remèdes des empiriques, alla en grand secret et sans avoir communiqué son dessein à personne, prier le P. Gardien des Capucins de Nicosie de lui envoyer un Père pour bénir ses troupeaux; il demanda en même temps que Fr. Félix fut adjoint à ce Père.

Au jour fixé, Maître Falco, sans en dire la raison à ses bergers, fit réunir tous ses troupeaux devant les bâtiments de la bergerie, à l'heure à laquelle il attendait l'arrivée des deux Capucins. Ceux-ci arrivèrent en effet, et aussitôt le Père procéda selon toutes les prescriptions du rituel à la bénédiction des troupeaux; Fr. Félix répondait aux invocations formulées par le prêtre. La bénédiction étant terminée : — « Serviteurs de Dieu, dit le propriétaire, j'ai fait préparer une modeste collation; vous ne me refuserez pas, je l'espère, l'honneur de vous voir assis à mon humble table. » — Fr. Félix ne prenait jamais la parole quand il se trouvait avec un religieux honoré du sacerdoce ; mais pour cette fois il dérogea à son habitude. — « Nous acceptons bien volontiers votre offre, dit-il ; mais à la condition que tous vos bergers prendront part à la collation. » — Maître Falco ne faisant aucune objection, convia en quelques mots tous ses hommes à répondre au désir des bons Religieux, en partageant avec eux les rafraîchissements préparés. Lorsqu'on fut dans la pièce où la collation était servie : — « Est-ce que tous vos hommes sont ici présents ? » demanda Fr. Félix au propriétaire. — « Mais je le pense, répondit celui-ci ; pourquoi donc n'y seraient-ils pas tous ? » — « Regardez-bien, dit le Frère, il doit en manquer un. » — D'un coup d'œil Maître Falco inspecta ses hommes ; effectivement il en manquait un : le fameux Agostino. — « Allez le chercher, dit le Maître à un de ses bergers, qu'il vienne, puisque c'est le désir de ces bons Pères. »

Le berger, après avoir appelé Agostino de divers côtés sans obtenir de réponse, se mit en devoir de le chercher dans les bâtiments de la bergerie. En visitant le réduit où on préparait le laitage, il le trouva tapi sous la grande chaudière qui servait à faire bouillir le lait. — « Que signifie cette comédie ? demanda le berger ; je t'appelle de tous côtés, tu ne réponds pas ; et il faut que je te trouve ici ! Allons, viens vite rejoindre les autres, le patron le veut. » — « Oh ! répond l'autre avec un air étrange, s'il n'y avait que le patron et les bergers, j'irais bien ; mais il y a ces deux maudits *barbus* qui ont juré une haine à mort à mon père. Non, je n'y vais pas. » — Le berger sans demander aucune explication voulut prendre Agostino par le bras pour le contraindre à le suivre ; mais celui-ci lui lança un regard tellement féroce que le pauvre jeune homme s'enfuit épouvanté et vint dire à l'assemblée ce qu'il avait vu et entendu. — « Ah ! il ne veut pas venir, s'écria Fr. Félix ; et je vous dis, moi, que Dieu va le contraindre à venir et à dire ce qu'il est. » — Sur-le-champ, le serviteur de Dieu se dirige vers l'endroit indiqué, jette l'extrémité de sa corde sur les épaules du soi-disant Agostino, et l'y maintenant, lui dit d'un ton solennel : — « Au nom de Dieu, suis-moi. » — L'autre suit, comme s'il eût été attaché, mais il marchait sur ses pieds et ses mains à la façon des bêtes, et il faisait pour résister à la force spirituelle qui l'entraînait les mêmes contorsions que fait une bête furieuse que l'on a attachée par le cou, et qui ne veut pas suivre.

Arrivé au lieu où tous étaient réunis, Fr. Félix maintenant toujours sa corde sur les épaules du malheureux, lui crie : — « Au nom de Jésus-Christ et de sa mère Marie, la Vierge immaculée, je te commande de dire qui tu es, et pourquoi tu es venu dans cette bergerie. » — Les traits de l'autre se contractent alors d'une façon hideuse ; il écume de rage ; il rugit comme une bête sauvage, et finalement il déclare être un démon de l'enfer. — « Je suis venu ici, ajouta-t-il, pour faire aux troupeaux tout le mal possible ; mais je suis venu surtout pour dégoûter peu à peu les bergers de la prière, les rendre vicieux, afin de pouvoir un jour les entraîner en enfer. » — « Au nom de Jésus-Christ en qui repose toute ma confiance, reprit d'un ton grave Fr. Félix, je te commande, démon maudit, de retourner dans l'abîme d'où tu es sorti. Et je te défends de nuire en quoi que ce soit aux hommes ou aux choses. »

On vit alors se renouveler ce que l'Evangile rapporte des démons chassés par le Sauveur au territoire des Géraséniens. Avant de quitter les corps des deux malheureux qu'ils possédaient, ils demandèrent à passer dans les corps des porcs qui pacageaient aux environs. Le Sauveur le leur ayant permis, ils envahirent ces animaux et les précipitèrent dans le lac, où le troupeau tout entier fut noyé en un instant. (Math. VIII, 28 et seq. — Marc V, 1. et seq. — Luc, VIII, 24 et seq.)

Au milieu de rugissements effrayants, le démon qu'exorcisait Fr. Félix demandait à commettre quelque dégât avant de rentrer dans l'abîme. — « Non, lui disait Fr. Félix lui maintenant toujours sa corde sur les épaules, tu ne nuiras à rien et tu partiras. » — Après avoir proposé successivement divers dégâts auxquels le serviteur de Dieu s'opposait toujours : — « Du moins, reprit l'esprit mauvais, permets-moi de faire ma proie de ce petit veau qui n'est amené que d'hier dans la bergerie et qui est encore attaché près de la porte. » — Fr. Félix allait encore lui interdire ce dommage, mais les gens de la bergerie et le propriétaire lui-même, épouvantés plus qu'on ne peut le dire de tout ce qu'ils venaient de voir et d'entendre, conjurèrent le serviteur de Dieu d'accorder au démon ce qu'il demandait. — « Fr. Félix, s'écriaient-ils, permettez-lui ce dégât, pourvu qu'il s'en aille au plus vite et ne reparaisse plus. » — « Eh ! bien, dit Fr. Félix, je te le permets ; fais ta proie de ce petit animal ; mais disparais à jamais de ces lieux et rentre dans l'abîme. »

A l'instant s'évanouit la forme humaine d'Agostino ; on vit comme un éclair, on entendit un hurlement prolongé, puis tout rentra dans le silence. Quant au pauvre veau, il n'en restait que des cendres et quelques fragments calcinés. Tous les assistants étaient muets de crainte et de stupeur. — « Qu'il vous en souvienne, leur dit Fr. Félix d'une voix grave. Vous l'avez entendu, l'esprit mauvais a été contraint de le déclarer ; c'est en inspirant aux hommes le dégoût de la prière et en les inclinant par degrés vers le vice qu'il espère les entraîner en enfer. Tenez-vous sur vos gardes. »

Ce prodige fut bien vite connu au loin. Sa divulgation, tout en glorifiant le nom de Fr. Félix, réveilla dans un grand nombre d'âmes la crainte de Satan et de ses pièges, l'horreur du blasphème et des paroles licencieuses, la fidélité à la prière et la dévotion à Marie-Immaculée.

CHAPITRE XIX

Bienheureuse Mort

Educ de custodia animam meam ad confi-
tendum nomini tuo ; me expectant justi, donec
retribuas mihi. — Psal. 141, 10.

Seigneur, tirez mon âme de sa prison pour qu'elle aille louer éternellement votre saint nom ; les justes m'attendent, car vous allez me donner la récompense.

SOMMAIRE. — La fièvre. — Dernier travail. — Le Dr J. Bonelli. — Fr. Félix prédit sa mort. — Toujours obéissant. — La Confession générale. — La désappropriation. — Le saint viatique. — Ravissement. — Transfiguré. — L'*Addolorata*. — Concours du peuple. — Angoisses du P. Macaire. — Etrange conduite. — Le mort vivant. — Les adieux suprêmes. — Dernières paroles. — La fin.

Depuis près de quarante-quatre ans, Fr. Félix vivait sous le joug d'une sévère observance. Depuis près de quarante-quatre ans, le saint religieux exerçait les humbles et pénibles fonctions de quêteur et d'infirmier; il était entré dans sa soixante-douzième année. Le Seigneur voulut enfin l'appeler du travail au repos, du champ de bataille aux lauriers de la victoire.

Avant sa dernière maladie, le serviteur de Dieu eut-il révélation de sa fin prochaine? Nous ne pouvons que le supposer. Fidèle jusqu'à la fin à ces habitudes de silence et d'humble réserve, qui nous ont caché les communications divines dont il était favorisé, Fr. Félix ne fit entrevoir à personne la proximité de sa mort.

Un beau matin, c'était le 28 mai 1787, le saint vieillard sentit tous ses membres envahis par une faiblesse extraordinaire et agités en même temps par les frissons d'une forte fièvre. Son visage apparaissait plus défait et plus terne que de coutume; mais comme il gardait malgré cela son expression de douce sérénité, personne ne s'en préoccupa. Pour lui, il ne se plaignit à personne.

Ses pieux exercices du matin étant terminés, cet intrépide travailleur, voulant succomber les armes à la main, se traîna comme il put à son petit jardin pharmaceutique, situé dans le préau du cloître intérieur et se mit en devoir de le cultiver encore. Mais bientôt les forces lui faisant défaut, il fut contraint de s'étendre sur le sol. Là, appuyé sur le coude gauche, de sa main droite demeurée libre il continuait à arracher les herbes parasites, cueillait ou remettait en bon ordre les plantes médicinales.

Ce jour-là même, le Dr Bonelli était venu au couvent visiter quelques religieux fatigués. En descendant de l'infirmerie, passant par le cloître intérieur, il voit Fr. Félix étendu par terre, au milieu du préau, présentant un visage tout décomposé, il s'approche de lui, lui prend le pouls, et constate une fièvre très intense. Aussitôt remontant aux cellules, il va trouver le P. Macaire. — « Mon Père, lui dit-il, Fr. Félix est bien malade ; faites-le porter au plus vite à l'infirmerie. » — Immédiatement le Père donna les ordres nécessaires, et Fr. Félix tout en remerciant affectueusement le médecin et son supérieur, se laissa transporter où on voulut.

La journée du 28 et la nuit qui suivit n'amenèrent aucune amélioration dans l'état du malade. Pour lui, certain qu'il était arrivé au terme de son pèlerinage ici-bas, il se réjouissait d'aller voir Dieu ; l'expression de son visage le disait assez. Mais toujours semblable à lui-même, toujours silencieux, il ne parlait que lorsqu'on l'interrogeait ; et ses réponses, bien que pleines de douceur et de suavité, étaient toujours très brèves.

Le 29 au matin, de très bonne heure, le bon Dr Bonelli revint. Constatant chez le malade une notable aggravation de la fièvre, il se mit en devoir de prescrire divers médicaments. Alors Fr. Félix, le regardant fixement, ce qu'il n'avait jamais fait jusque-là, lui dit d'un air tout joyeux : — « Mon bon docteur Joseph, ne vous donnez pas tant de souci. C'est ma dernière maladie, et tous vos remèdes ne me guériront pas. » — C'était la première fois qu'il parlait de sa mort prochaine. Ces paroles allèrent au cœur du P. Macaire, qui était présent ;

mieux que personne il savait à quoi s'en tenir sur l'esprit prophétique du serviteur de Dieu. Il regarda néanmoins comme un devoir pour lui de faire exécuter à la lettre toutes les prescriptions du médecin, et il commanda au malade de s'y conformer exactement. Le précepte n'eut pas à être renouvelé. Obéissant jusqu'à la mort, Fr. Félix accepta sans observation aucune tout ce qu'on lui présenta, toutes les fois qu'il plut à son infirmier, et il se laissa docilement appliquer tout ce qu'avait prescrit le médecin.

Le P. Macaire ordonna en même temps à Fr. Félix de déposer tous les instruments de pénitence qui le martyrisaient depuis près de quarante ans. Immédiatement l'humble Frère détacha de ses bras et de ses jambes les cilices qui les meurtrissaient et enleva de sa poitrine la croix et la plaquette armées de piquants; mais il ne put parvenir à détacher de ses reins l'horrible cilice qui s'y était incrusté; on dut le lui laisser.

Le malade pria alors le P. Macaire de vouloir bien entendre sa confession générale. Les sentiments d'humilité et de componction avec lesquels il fit l'aveu de tout ce que put lui rappeler sa mémoire se traduisirent par ses soupirs et ses larmes.

Après cette confession suprême, Fr. Félix fit entre les mains de son supérieur, selon les usages de l'Ordre, l'acte de *désappropriation* de toutes les choses concédées à son usage. Le détail n'en était pas grand: une méchante tunique, un pauvre linge de corps, des sandales informes, la Règle franciscaine, deux petits livres de piété, un bâton, quelques outils de cordonnier; c'était tout. Humblement, il demanda à son supérieur de vouloir bien, par charité, lui laisser jusqu'à la fin l'usage de ce qu'il avait sur le corps. Quant aux quelques outils de cordonnier, dont il s'était servi pour l'utilité des religieux et pour les pauvres, il pria qu'on voulut bien les réserver à son frère en mémoire de lui.

Libre alors de toute préoccupation terrestre et du souvenir de ce qu'il appelait ses péchés, il réclama le saint Viatique. Pendant que le P. Macaire faisait préparer toutes choses, le malade, à demi couché sur son pauvre lit, les épaules appuyées contre la muraille nue, les yeux fermés, se préparait en silence à la visite de son Sauveur. Lorsqu'il entendit la clochette annonçant l'approche du cortège, d'un mouvement énergique, ce fervent adorateur de l'Eucharistie se jeta à bas de sa couche et se mit à genoux, la corde au cou, les mains croisées sur sa poitrine. C'est dans cette attitude d'humilité et de foi, le visage tout ruisselant de larmes de tendresse, qu'il reçut Celui dont l'amour était sa vie. Au moment de la communion, son visage se revêtit d'une indicible expression de bonheur; tous les assistants en furent émerveillés et attendris.

Le malade regagna sa couche pour continuer son action de grâces; et aussitôt, visiblement ravi en Dieu, il demeura un long espace de temps absolument insensible. Que se passa-t-il alors entre le maître et le serviteur? Nul ne put le savoir; car Félix ne parlait jamais des communications divines. Mais il nous est bien permis de nous représenter ce colloque suprême. A celui qui l'étreignait de toutes ses puissances, le divin Maître dut sans doute dire : — « Tant de fois, depuis les jours de ton enfance, tu m'as appelé : *Veni, Gesuzzu...* Viens, Jésus, viens... Me voici, je viens te prendre avec moi pour toujours. »

Le saint Viatique opéra spirituellement et physiquement sur Fr. Félix les mêmes effets qu'avait toujours produits en lui la sainte communion. Revenu à lui, il se trouva merveilleusement consolé en son âme et singulièrement fortifié en son corps. Il se mit alors à formuler à haute voix son action de grâces, tandis qu'avant la communion il semblait ne pouvoir articuler une parole. Il exprima ses sentiments de foi, d'espérance et de charité avec de tels accents que tous les assistants, religieux et séculiers, ne pouvaient s'empêcher de pleurer aussi.

Tout le reste de la journée du 29 mai, la nuit qui suivit, toute la journée du 30, ainsi que la nuit d'après furent un continuel entretien de Fr. Félix avec Dieu et les Saints. Tantôt il parlait avec une éloquence toute séraphique des félicités du ciel ; tantôt il s'entretenait avec Jésus, l'amour de sa vie, avec Marie-Immaculée, sa douce et tendre Mère. Selon ses désirs, on avait placé près de lui une image de l'*Addolorata*, sur laquelle il attachait par moments ses regards avec une affection inexprimable. Il invoquait tour à tour le grand saint Joseph, qu'il avait tant aimé, le céleste archange saint Michel son protecteur, et le séraphique Père saint François.

Au matin du 31 mai, le P. Macaire arma son disciple pour le dernier combat en lui administrant le sacrement de l'Extrême-Onction; Fr. Félix la reçut avec une humilité et une componction incroyables. N'ayant plus dès lors rien à attendre ici-bas, il se sentit plus que jamais embrasé du désir de voir se briser les liens de sa mortalité et son âme prendre son essor vers les régions éternelles.

Cependant toute la ville de Nicosie était en émoi. Dès le matin du 28 mai, où avait été publiée la maladie grave de Fr. Félix, la foule s'était précipitée vers le couvent des Capucins. Le couvent avait été littéralement envahi par des prêtres et des laïques de toutes conditions. Tous voulaient voir encore une fois le serviteur de Dieu, se recommander à ses prières, avoir de lui une parole, réclamer quelque objet qu'il eût touché. Tous auraient voulu être témoins de ses derniers instants. Depuis les premières clartés de l'aurore jusqu'à la nuit tombée, le couvent ne désemplissait pas.

Cette affluence, toute sympathique qu'elle était pour l'Ordre, tout honorable qu'elle était pour le saint malade, ne laissait pas de préoccuper vivement le P. Macaire. D'une part, il était très heureux que la vertu de son disciple brillât aux yeux de tous jusqu'à la fin; mais il craignait d'autre part que cette foule toujours mouvante ne troublât le calme du moribond à ses derniers instants. Il redoutait surtout le tumulte qui ne manquerait pas de se produire parmi ces pieux enthousiastes après le dernier soupir du serviteur de Dieu. On va voir de quelle étrange façon il amena, telle qu'il la voulût, la solution du problème.

Le saint moribond gisait plutôt assis qu'étendu sur son pauvre grabat, les épaules appuyées contre la muraille nue, les mains croisées sur sa poitrine, les yeux à demi fermés selon l'habitude de sa vie. Continuellement il s'entretenait avec Dieu, parfois à voix haute, mais le plus souvent en silence. De moment en moment, le P. Macaire, dont la cellule était voisine, venait près de lui et échangeait avec lui quelques courtes paroles. Par ce fréquent va-et-vient, l'aspect imposant et le regard solennel du P. Macaire maintenaient dans le calme la foule qui se pressait dans le corridor et les escaliers. Ainsi se passa cette journée du 31 mai jusque dans l'après-midi.

A trois heures précises, au moment où, selon l'usage, toutes les cloches de la ville, sonnant comme pour le glas, rappelaient aux fidèles la Passion de Notre-Seigneur Jésus-Christ, le malade dit à Fr. Séraphin, son infirmier, d'aller prier le P. Macaire, son supérieur et père spirituel, qu'il voulut bien venir lui donner sa bénédiction, « parce que, dit-il, ma dernière heure est arrivée. » — La cellule du P. Macaire étant toute voisine de celle du moribond, la commission fut bientôt faite. Mais le Père pour éprouver jusqu'au bout la patience de son humble disciple, se mit à crier de sa voix la plus sévère, et de façon à être bien entendu du malade : — « Voyez-vous cet hypocrite, cet orgueilleux ! Jusqu'à son dernier souffle, il veut faire le petit saint ! Parce qu'il voit autour de lui une foule de gens, il veut leur faire croire qu'il connaît l'heure de sa mort ! Allez ; je vous dis, moi, qu'il ne mourra pas encore. » — Fr. Séraphin retourna près du moribond. — « Fr. Félix, lui dit-il, vous avez entendu ce qu'a dit le Père Gardien ? — « Que la sainte volonté de Dieu soit faite ! » — répondit simplement le serviteur de Dieu. Et il reprit tranquillement ses colloques avec son Sauveur.

Deux grandes heures se passèrent ainsi. Alors le malade envoya de nouveau son infirmier quérir le P. Gardien. — « Cette fois, dit-il, mon heure est sûrement arrivée. » — A l'instant le P. Macaire sort de sa cellule et vient sur le seuil de la chambre du malade : — « Comment le savez-vous, lui crie-t-il, que l'heure de votre mort est venue ? Avez-vous eu une révélation ? Votre ange gardien vous a-t-il parlé ? Est-ce que vous pouvez, d'ailleurs, partir de ce monde sans la permission et la bénédiction de votre supérieur. Or, je ne vous donne ni l'une ni l'autre. » — Et il rentra dans sa cellule. — « Que la sainte volonté de Dieu soit faite ! » — dit tranquillement le malade.

Entendant toutes ces paroles, et voyant l'impassibilité du P. Macaire, les assistants pensèrent que la mort du serviteur de Dieu n'était pas imminente et qu'il passerait bien la nuit. Ils se retirèrent donc successivement par petits groupes, à mesure que le jour baissait. Sur le soir il ne restait plus qu'un petit nombre d'intimes. C'était précisément ce qu'avait voulu le P. Macaire.

A l'entrée de la nuit, le Dr Bonelli revient. S'approchant du malade, il le palpe, le pouls était absolument insensible. Il l'ausculte, le cœur ne battait plus ; les poumons ne fonctionnaient plus ; aucun des signes extérieurs de la vie. Il adresse la parole à Fr. Félix ; celui-ci répond avec une parfaite lucidité Immédiatement le docteur se précipite chez le P. Gardien : — « Mon Père, lui dit-il, Fr. Félix est certainement mort depuis trois heures au moins ; pourtant son âme est encore en lui. Je n'y comprends rien. — « Savez-vous, répond le P. Macaire le plus tranquillement du monde, savez-vous pourquoi Fr. Félix est encore de ce monde, bien que tous les signes de la vie aient disparu en lui ? C'est que je n'ai pas voulu lui permettre encore de mourir. » — Le bon docteur fut profondément ému. — « Eh ! pourquoi donc, s'ecria-t-il, ne le laissez-vous pas quitter cette vallée de larmes ? Pourquoi ne le laissez-vous pas aller prendre possession des joies éternelles ? » — Déposant alors le masque d'impassibilité qu'il n'avait gardé que pour en imposer à la foule, le P. Macaire fondit en larmes. Il alla vers le malade : — « Fr. Félix, lui dit-il, si c'est la volonté de Dieu que vous quittiez maintenant cette terre, au nom de l'adorable Trinité, au nom de notre séraphique Père saint François, je vous bénis. »

A ces paroles, les traits du moribond s'illuminèrent d'une indicible expression de joie; il semblait déjà savourer la félicité du paradis. Il baisa la main de son supérieur; il voulut embrasser tous les religieux; et pendant qu'ils s'approchaient tour à tour, il les remerciait en termes affectueux de la charité avec laquelle ils l'avaient si longtemps supporté, lui *chétif* et *plein de défauts*. Il les remerciait en particulier des soins dont ils l'environnaient en cette dernière maladie. Les adieux suprêmes étant terminés, Fr. Félix se tourna vers son supérieur. — « Mon Père, lui dit-il, aidez-moi à faire encore les actes de foi, d'espérance et de charité. » — Le Père Macaire, s'approchant du malade, récita lentement, d'une voix émue mais retentissante, les actes demandés; puis, tombant à genoux, il commença les prières de la recommandation de l'âme, et les continua jusqu'à la fin.

Lorsqu'elles furent terminées : — « Et maintenant, mon Père, dit Félix, bénissez-moi encore une fois et recommandez-moi aux *mains clouées.* » — C'est ainsi, on l'a vu, qu'il désignait saint François. — « Mon fils, dit le P. Macaire d'une voix solennelle, en union avec notre séraphique Père, je vous bénis pour l'éternité, au nom du Père, et du Fils, et du Saint-Esprit! » — Frère Félix eut encore la force de dire intelligiblement : *Soit pour l'amour de Dieu! Jésus! Marie!...* Et, jetant un regard de feu sur l'image de l'*Addolorata*, et inclinant doucement la tête sur l'épaule gauche, il rendit en paix son âme à son

Dieu. C'était le vendredi, 31 mai 1787, vers les huit heures et demie du soir. Le serviteur de Dieu était âgé de soixante-onze ans, six mois et vingt-six jours; il avait passé quarante-quatre ans moins dix-neuf jours dans le rigide institut des Capucins.

Autour de sa sainte dépouille tous pleuraient. Mais nul de songeait à implorer la divine miséricorde pour cette âme qui venait de quitter la terre; tous, au contraire, convaincus que cette âme était déjà avec Dieu, se recommandaient à son intercession.

CHAPITRE XX
Les Funérailles.

> *Sepelierunt Stephanum viri timorati, et fecerunt planctum magnum super eum.* — Act. 8, 2.
>
> Des hommes craignant Dieu l'ensevelirent, et ils firent ses funérailles en grande solennité.

SOMMAIRE. — Le saint corps. — L'héritage. — Immense concours. — Trois fois dépouillé. — Le Sénat de Nicosie. — Miracle — L'oraison funèbre. — Obéissant après la mort. — Le sang frais. — La sépulture.

Selon l'antique usage, les religieux voulurent laver le corps de leur bienheureux confrère. Plusieurs personnages marquants, qui avaient assisté aux derniers moments du serviteur de Dieu, et parmi eux le chanoine D. Gabriel Provinzale, réclamèrent l'honneur d'assister les Capucins dans cet office de piété. Alors apparut aux regards de tous le terrible cilice dont les pointes avaient profondément pénétré dans le saint corps; le chanoine Provinzale le détacha pièce à pièce; et tous les assistants en réclamèrent un débris.

L'*héritage* du serviteur de Dieu fut bientôt partagé. C'étaient : ses divers cilices; la discipline de fer avec laquelle il s'ensanglantait tous les jours pour les pécheurs; les deux gravures qui lui étaient particulièrement chères : le bon Pasteur et l'Immaculée-Conception; trois petits livres : la *Règle franciscaine*, l'*Horloge de la Passion*, la *Conduite intérieure*; un pauvre mouchoir de poche; un linge de corps tout rapiécé; une corde; un bâton bien simple; une besace; une tabatière faite d'un bout de roseau. Chacun des assistants faisait valoir avec instances ses titres à réclamer tel ou tel objet; lorsqu'il ne resta plus rien, ils s'en prirent aux cheveux et à la barbe du mort.

Cependant le saint corps, après avoir été lavé et de nouveau revêtu de son habit religieux, fut déposé dans un cercueil tout enguirlandé de branches de laurier, et transporté pour la nuit dans une autre chambre.

Le lendemain, 1er juin, dès l'aube du jour, les tintements lugubres de la petite cloche des Capucins, puis bientôt le glas funèbre de toutes les cloches de la ville, annoncèrent aux habitants de Nicosie la mort du serviteur de Dieu. Ce fut alors une explosion universelle de douleur, un deuil vraiment public. Se précipitant hors de leurs demeures, les habitants s'interpellaient sur le triste événement; puis, par grandes bandes, ils se dirigeaient vers le couvent des Capucins. En quelques instants, le couvent fut envahi. Les cloîtres, le préau, les escaliers, les corridors, l'église et la cour qui précède étaient pleins de gens pleurant et criant : *Il est mort le père des pauvres ! Il est mort le consolateur des affligés ! Il est mort cet ange de Dieu ! Il est mort ! Oh ! qu'il doit être heureux en paradis !* Et tous voulaient voir et vénérer la dépouille du *saint Frère ;* ils se poussaient et se bousculaient.

Les religieux étaient impuissants à contenir les flots impétueux et toujours grossissants de cette foule avide. En un clin d'œil, l'habit religieux qui recouvrait le saint corps fut mis en pièces; quelques-uns prenaient de la barbe du serviteur de Dieu; d'autres coupaient les ongles de ses pieds et de ses mains. Comme il devenait impossible de faire la cérémonie des obsèques, le P. Gardien dut envoyer auprès des magistrats pour leur demander conseil et main-forte. Une compagnie de gardes armés, envoyée à la hâte par le Sénat de la ville, parvint à comprimer la foule, et on put transporter le saint corps à l'église. Mais alors la multitude des derniers arrivés, grossie par le flot des campagnards qu'attirait depuis quelques heures le glas incessant de toutes les cloches, se précipita sur le cercueil; c'était un tumulte indescriptible. Le second habit dont on avait revêtu le cadavre, fut mis en pièces comme le premier; il fallut le remplacer par un troisième.

En présence de l'effervescence du peuple, le Sénat demanda que la sépulture du serviteur de Dieu fût différée de trois jours, pendant lesquels sa dépouille demeurerait exposée; les supérieurs y consentirent;

et sur cette promesse la foule devint plus calme. On profita bien vite de cet apaisement pour dresser un catafalque très élevé, au haut duquel fut placé le saint corps, en telle sorte que tous pouvaient le voir, mais nul ne pouvait s'en approcher. De moment en moment, des religieux recevaient les objets que présentait la foule contenue par des barrières, et les faisaient toucher aux précieux restes. Pendant ces trois jours, l'église fut constamment pleine. A grand'peine la nuit arrivée, les gardes pouvaient-ils faire retirer la foule et fermer les portes jusqu'aux premières lueurs de l'aurore. On venait par troupes de Mistretta, de Cerami, de Santo-Mauro, de Gangi, de Geraci, de Troina, de Capizzi, et d'autres localités encore plus éloignées. Si ce concours était grandement imposant aux yeux des hommes, il n'était pas moins agréable aux yeux de Dieu, qui se plut à l'illuminer de la splendeur des prodiges.

Un de ces trois jours, en effet, au moment où la foule était le plus compacte, se présenta une mère de famille, nommée Jeanne Saucoccia. Elle portait entre ses bras son petit garçon de huit ans, dont les jambes, depuis longtemps contractées, ne lui permettaient pas même de se tenir debout. A grand'peine la pauvre mère peut fendre la presse et arriver près du catafalque. Pleine de foi, elle en approche les jambes mortes de son enfant; tout le peuple a l'œil sur elle. Une première et une deuxième fois, elle n'obtient rien ; mais sa confiance n'est pas ébranlée. Lorsque, pour la troisième fois dans une prière fervente, elle fait toucher les jambes de son enfant aux bois qui supportent la sainte dépouille de Fr. Félix, l'enfant pousse un cri, et, s'arrachant aux bras de sa mère, il se met à bondir. Une immense clameur de tout le peuple répond au cri de l'enfant ; des larmes coulent de tous les yeux.

Tous les magistrats de la ville, tous les Ordres religieux, le clergé des deux collégiales, Sainte-Marie-Majeure et Saint-Nicolas, voulurent intervenir aux funérailles du serviteur de Dieu. On y voyait aussi toutes les confréries, et, au premier rang, celle des *Capucinelli*, qui se glorifiait à juste titre d'avoir compté le saint Frère parmi ses membres. — « Enfin, dit un témoin, on fit à Fr. Félix des funérailles telles qu'on n'aurait pu en faire de semblables que pour un pape ou pour un roi. » — Le clergé de Saint-Nicolas réclama et obtint l'honneur de chanter la messe solennelle le troisième jour ; et un des bénéficiers de cette église, don Nicolas Nicosia, prononça l'oraison funèbre. En un langage élevé, il dépeignit les vertus du serviteur de Dieu et ses dons surnaturels ; puis il pleura la mort de cet illustre enfant de Nicosie ; toute l'assistance fondait en larmes. Les sanglots du peuple se mêlaient aux chants sacrés du clergé et à l'écho du glas que les cloches n'avaient cessé de faire entendre pendant ces trois jours. C'était un spectacle inoubliable.

Le troisième jour, les offices solennels étant terminés, un grand nombre d'entre les assistants, ecclésiastiques et laïques, demandèrent avec instances qu'en présence de tout le peuple on ouvrît une veine du saint corps. Ils mettaient en avant deux motifs.

D'abord, si le sang coulait de ce saint corps, ce serait, disaient-ils, une preuve irrécusable de sa conservation miraculeuse, et, par suite, un signe évident de la sainteté du serviteur de Dieu. En recueillant ce sang dans des linges, ajoutaient-ils, on satisferait la piété de cette foule avide, en lui offrant la plus précieuse des reliques. Le P. Macaire opposa d'abord aux solliciteurs un refus énergique. Ce serait en quelque sorte, disait-il, vouloir tenter Dieu. Et il ajoutait avec raison qu'une telle opération, accomplie devant le peuple, provoquerait inévitablement un tumulte et un désordre dont il ne voulait pas assumer la responsabilité.

Cependant des religieux distingués et de vénérables ecclésiastiques continuaient à insister avec une telle force que le Père Macaire à la fin se laissa fléchir. Il consentit; mais à la condition formelle que la chose se ferait portes closes, et en présence seulement d'un nombre restreint de témoins honorables. Il ne fut pas facile de faire sortir de l'église la foule qui s'y pressait ; plusieurs des assistants cédèrent aux supplications ; mais il fallut faire violence au plus grand nombre. Enfin les portes purent être fermées et il ne demeura autour du catafalque que la communauté, quelques ecclésiastiques et religieux d'autres Ordres, et quelques laïques de marque.

Le saint corps fut transporté dans le caveau de la sépulture des religieux. Là, deux Capucins, les

Frères Onofrio de Castelbuono et Clément de Nicosie interpellèrent ainsi le défunt : — « O Frère Félix, comme vous avez été obéissant dans votre vie, soyez-le aussi dans la mort. » — Cela dit, Frère Onofrio, armé de ciseaux, mais sans s'inquiéter de chercher une veine quelconque, et sans avoir pratiqué aucune ligature fit, comme au hasard, une entaille au bas de la jambe du serviteur de Dieu, un peu au-dessus du pied. Un jet de sang frais et rouge jaillit aussitôt d'une façon continue ; on en imbiba quantité de mouchoirs et de linges. Le sang coulait toujours, mais Frère Onofrio posa son doigt sur l'entaille en disant : — « C'est assez, le miracle est visible. » — Aussitôt le sang cessa de couler.

Les précieux restes du serviteur de Dieu déposés dans un cercueil solide, fermant à deux clefs, furent ensevelis sous un des soupiraux du caveau, à droite en entrant.

L'une des deux clefs du cercueil fut remise au premier magistrat de la cité, l'autre demeura entre les mains du Père Gardien.

CHAPITRE XXI

La Tombe glorieuse

Cujus ob præstans meritum frequenter
Ægra quæ passim jacuere membra,
Viribus morbi domitis, saluti
  Restituuntur. — Hymn. Conf.

Par ses grands mérites, les malades qui gisaient çà et là ont été délivrés de la violence de leurs maux, et rendus à la santé.

SOMMAIRE. — La mémoire des justes. — Les foules au tombeau. — Préférences de Fr. Félix. — Estropié et muet. — Antonio Traspanti, le petit aveugle. — Les incendies. — Muette et possédée. — Un énergumène. — Du lait pour mon enfant. — Le jeune phtisique. — Le P. Philippe de Centorbi. — Fr. Rosario de Nicosie.

« La mémoire des méchants, dit le Psalmiste, disparaît avec l'écho du bruit qu'ils ont fait pendant leur vie, mais le Seigneur demeure éternellement. *Periit memoria eorum cum sonitu; et Dominus in æternum permanet.* (Psal. 9, 7.) » — A cette pérennité de la gloire du Seigneur sont associés tous ceux qui se sont étroitement unis à lui; et ce n'est que justice. Ainsi, tandis que l'éclat éphémère des grandeurs purement humaines vient échouer au tombeau, c'est au contraire au tombeau que commencent vraiment pour les Saints la glorification et la renommée.

Cette vénération affectueuse que le peuple de Nicosie et des cités environnantes avait témoigné à notre Fr. Félix pendant sa vie et au jour de ses funérailles, ne descendit pas avec lui dans la tombe. Elle demeura vivace dans les cœurs et gagna de proche en proche la Sicile entière. Partout dans l'île on s'entretenait du thaumaturge, du *Saint* de Nicosie. Les foules se pressaient à son tombeau et réclamaient avec confiance son intercession. Ceux qui ne pouvaient accomplir ce pieux pélerinage réclamaient de loin une relique ou tout au moins une image du saint Frère; et ces choses étaient pour eux un trésor grandement apprécié. De la Sicile, la renommée de Fr. Félix gagna le continent ; bientôt dans tous les cercles religieux de la Péninsule, on s'entretint du serviteur de Dieu, on parlait de sa tombe comme d'une source féconde de prodiges.

En effet, le Seigneur qui avait honoré Fr. Félix du don des miracles dans une large mesure pendant sa vie, voulut que ce don apparut magnifiquement après sa mort. Il voulait ainsi donner à tous la preuve manifeste de la gloire dont ce serviteur fidèle jouissait près de lui. Il voulait, par la voix puissante des miracles, dominant le fracas de tous les événements qui allaient bouleverser l'Europe pendant vingt-cinq ans, contraindre en quelque sorte son Eglise à glorifier tôt ou tard l'humble Félix.

Innombrables furent les miracles opérés au tombeau du serviteur de Dieu ou par son intercession; nous ne pouvons, on le comprendra facilement, en rapporter qu'un bien petit nombre. En eux on voit se continuer les prédilections constatées et admirées du vivant de Fr. Félix; les enfants, les petits, les pauvres, ses confrères les Capucins demeurent ses préférés; les riches cependant ne sont pas oubliés.

Carmelo, fils de Mathias d'Andra et d'Antonine San-Filippo, étant âgé de huit mois tomba des bras de la personne qui le portait et eut les deux jambes brisées. Par suite de cet accident, il demeura tellement estropié que, parvenu à l'âge de cinq ans, il ne pouvait ni se mouvoir, ni même se tenir debout; il ne pouvait qu'être assis, ou couché, ou porté sur les bras de quelqu'un. Pour comble de malheur, il était sourd-muet. La pauvre Antonine était grandement affligée de cette double infirmité de son enfant; elle était mère, et elle était pauvre, et la triste situation de son enfant l'enchaînait au logis tandis que le travail la réclamait au dehors. Entendant un jour parler des nombreux prodiges opérés au tombeau de Fr. Félix, à l'instant même prenant son enfant entre ses bras, elle le porte et le dépose sur cette glorieuse tombe. A peine y avait-il reposé un instant qu'il se met à parler et à bondir. On peut se faire une idée de la joie et de la reconnaissance de la mère. Reconduit à la maison paternelle, le petit Carmelo, comme pour donner à tous la preuve de sa complète guérison, se met à monter et à descendre en courant les escaliers, s'élançant ensuite dans la rue après les enfants de son âge, par de joyeuses plaisanteries il les défie à la course. Si les parents de Carmelo étaient heureux et émus du prodige, les voisins en étaient émerveillés, et tous bénissaient Dieu et le saint Fr. Félix.

Antonio Traspanti, âgé de trois ans et deux mois, fils de Paul et de Vincenza, était complètement aveugle. Ses paupières demeuraient toujours fermées; et si on les soulevait, on n'apercevait dans l'orbite que des chairs informes, toutes dégoûtantes de pus. Les cruelles et continuelles douleurs occasionnées par cet état de choses ne laissaient aucun repos à l'enfant; sa vie n'était qu'une plainte. Vainement ses parents affligés l'avaient présenté à quantité de médecins et de chirurgiens renommés. Aucun traitement n'avait pu même le soulager. En cette extrémité, Vincenza porte un jour son enfant sur la tombe du serviteur de Dieu. — « Fr. Félix, dit-elle, dans mon malheur je viens à vous qui avez consolé ici-bas tant d'affligés. Et je vous le déclare, je ne me retire pas d'ici que vous n'ayez rendu la vue à mon enfant. »
— Pendant de longues heures, elle pria et pleura, n'interrompant sa prière que pour calmer par quelques caresses les gémissements plus plaintifs du petit Antonio, et s'assurer que sa tête souffrante était bien en contact avec le vénéré sépulcre. Cependant l'heure était arrivée où on devait fermer l'église, et le pauvre

petit être gémissait toujours. Avec de bonnes paroles les religieux amenèrent pourtant Vincenza à se retirer. — « Vous n'avez pas encore obtenu ce que vous désirez, lui dirent-ils, mais votre prière demeure au tombeau de l'ami de Dieu. Continuez à l'invoquer, et espérez. » — Vincenza partit. A peine était-elle hors de l'église, que son enfant s'endormit entre ses bras d'un sommeil doux et calme ; c'était déjà d'un bon augure. Lorsqu'elle rentra dans sa demeure, Antonio continuait à dormir, elle le déposa sur son petit lit et se mit à prier. Quelques heures après, survint une voisine, Anna Pecoroni. Celle-ci voyant l'enfant se remuer, s'approcha de lui et lui vit les paupières un peu entr'ouvertes ; au-dessous, l'œil semblait se dessiner vif et brillant. — « Vincenza, s'écria-t-elle, venez voir. Les yeux de votre enfant brillent comme des étoiles. » — Elle présente alors un fruit à Antonio qui se hâte de le saisir ; il y voyait donc, bien que ses paupières fussent à demi fermées. Les deux femmes pleurèrent de joie. C'était le soir ; elles approchèrent de la lampe allumée l'enfant qui semblait prendre un singulier plaisir à voir la lumière et à en suivre tous les mouvements. Peu après, Antonio fut remis dans son lit, et aussitôt il s'endormit d'un doux sommeil qui se prolongea jusqu'au grand jour du lendemain. A son réveil, d'une voix qui n'avait plus rien de plaintif, il appelle sa mère ; elle accourt et elle voit à son Antonio, cette fois tout grands ouverts, les plus beaux yeux du monde. Tout vestige de suppuration et de décomposition avait disparu. Ivre de joie et de reconnaissance, Vincenza s'élance hors de sa maison en criant : *Miracle! Miracle! Vive le saint Fr. Félix!*

Il n'est pas rare dans les pays méridionaux de voir au temps des fortes chaleurs des incendies éclater dans les moissons ou dans les forêts, soit par l'imprudence des chasseurs ou des enfants, soit à la suite de quelque coup de vent qui a transporté au loin une étincelle. Ces incendies occasionnent parfois de très grands ravages.

Au mois d'août, trois mois après la mort du serviteur de Dieu, dans la propriété d'un nommé Monacello, le feu prit aux chaumes restés après la moisson, et, se propageant avec rapidité, il atteignit la forêt du duc de Sperlinga. Bon nombre de gens des villages voisins essayaient d'arrêter les progrès de l'incendie, mais tous leurs efforts étaient inutiles; il ne leur restait plus qu'à assister impuissants et consternés à la ruine totale de la contrée. Un des assistants, nommé Vincent Imbarrato, se souvenant alors qu'il portait sur lui une parcelle du vêtement de Fr. Félix, l'attacha à un caillou qu'il projeta ensuite de toutes ses forces au lieu où les flammes étaient le plus intenses. A l'instant même, l'incendie s'éteignit sur tous les points, et on n'eût à constater que des dégâts insignifiants. Un an après, le même fait se reproduisit dans la propriété de la Zammara, affermée à Michel Bracciaventi. Même chose, quatre ans après, dans la propriété del Casale. Même prodige en 1792, dans la terre de Samiuli; l'incendie avait commencé cette fois par le moulin de Cavalieri. Et de même en maint autre endroit.

Les époux Gangitano, de Nicosie, avaient une gracieuse petite fille, âgée de cinq ans, et malheureusement elle était sourde et muette de naissance. En même temps, se manifestaient en elle divers phénomènes que nul ne pouvait expliquer et qui mettaient ses parents en grand souci. Dès l'âge de deux ans, on l'avait vue transporter de çà et de là de lourds fardeaux qu'un jeune homme fort et robuste aurait à peine pu soulever. Parfois elle se lançait et courait plus vite qu'un cheval au galop. On la voyait se dresser sur l'étroite balustrade du balcon, et courir d'un bout à l'autre sans appui. D'autres fois elle glissait comme un serpent entre les barreaux de ce même balcon, ayant ainsi par moments le corps presqu'entier en dehors du point d'appui. Elle sautait dans des armoires pleines de vaiselles, et serpentait entre tous ces objets fragiles sans en endommager un seul. On la voyait soudain ramper sur l'étroite bordure du toit de la maison. D'autres fois, pendant de longues heures, elle hurlait comme une bête fauve, à épouvanter tout le quartier. — « La petite Gangitano est folle, » disaient les uns. — « Elle est possédée du démon, » disaient les autres. Et ses pauvres parents étaient dans des terreurs continuelles. Un soir, sa mère se sentit fortement inspirée de recourir au vénérable Fr. Félix; tombant à genoux, elle le conjura de toute son âme de prendre sa fille en pitié. Sa prière terminée, elle se coucha et s'endormit.

Dans la nuit, en un demi-sommeil, il lui sembla voir, debout au milieu de sa chambre, un vénérable vieillard en costume de Capucin. — « Je suis Fr. Félix de Nicosie, lui dit l'apparition. Va au plutôt avec ta fille au couvent des Capucins. Tu t'y confesseras et tu y recevras la sainte Communion; puis tu iras à mon tombeau; tu en approcheras ta fille, et elle y trouvera la santé. » — Fortement impressionnée, la femme s'éveilla complètement; elle se leva, regarda attentivement dans la chambre, rien d'insolite n'y apparaissait, il était trois heures un quart du matin. Elle se recoucha mais ne put retrouver le sommeil. Et voici que de très grand matin elle entendit une voix qui l'appelait : — « Mère, j'ai faim; donne-moi vite à manger. » — C'était la voix de sa fille; l'enfant parlait pour la première fois de sa vie. On peut penser si l'heureuse mère mit du retard à accomplir l'ordre qu'elle avait reçu en songe. Le jour même, de très bonne heure, elle s'achemina vers l'église des Capucins; et, après une humble confession et une communion fervente, elle alla avec sa fille au tombeau du saint Frère. A partir de ce jour, la petite fille entendit et parla librement, comme si elle eût entendu et parlé depuis longtemps; et plus jamais on ne vit reparaître en elle ces étranges symptômes, nerveux ou diaboliques, qui avaient tant attristé ses parents.

Peu d'années après la mort de Fr. Félix, il y avait dans la commune d'Argirò un pauvre énergumène qui par ses hurlements et ses menaces épouvantait tout le monde. On le conduisit un jour au tombeau du serviteur de Dieu, et le P. Macaire qui vivait encore, se mettant à la tête des assistants, supplia le vénérable Frère d'avoir pitié de cet infortuné et de le délivrer de sa triste situation. A l'instant le possédé, poussant un cri terrible, sauta en l'air par trois fois, puis tomba par terre évanoui et comme mort près de la tombe. — « Suivez-moi tous, » dit le P. Macaire aux assistants. Il sortit alors du caveau, et tous le suivirent dans le vestibule. Peu d'instants après, le possédé apparaissait à son tour, avec un air parfaitement calme et tranquille. Et depuis, il ne fut plus jamais tourmenté par l'esprit du mal.

Michelle Laporta était devenue mère d'un petit garçon qu'on avait nommé Sigismond. Mais hélas! le sein de la pauvre femme était aride, elle ne pouvait nourrir sa progéniture; et comme il lui était impossible de payer les frais d'une nourrice, elle était condamnée à voir dépérir à bref délai son enfant. De bonnes âmes lui ayant conseillé de recourir au vénérable Fr. Félix, elle alla à son tombeau, sur lequel elle déposa son pauvre petit. Elle invoqua alors avec larmes celui qu'on appelait toujours *le père des pauvres, le consolateur des malheureux, l'ami des enfants.* Au bout d'un longtemps, comme elle se retirait, l'heureuse mère sentit son sein se gonfler de lait; sa demande était exaucée. En reconnaissance, elle s'imposa, de concert avec son mari, de réciter tous les jours, tant qu'elle vivrait, un *Pater* et un *Ave* en l'honneur du B. Félix.

Antonin Russo, de Pettinco, âgé de treize ans, était parvenu au dernier degré de la phtisie; sa faiblesse était telle qu'il ne pouvait plus même se tenir un instant debout. Son père, D. Félix Russo, plein de dévotion au Vén. Fr. Félix, fit prier le P. Gardien des Capucins de Nicosie de vouloir bien lui envoyer un de ses Pères avec une relique du serviteur de Dieu, pour la faire toucher au jeune malade. Le soir même, en effet, le Père Capucin arriva. — « Avez-vous foi et confiance au Vén. Félix? » demanda-t-il à D. Russo. — « Grande foi, répondit celui-ci, et c'est sous l'impulsion de cette foi que je vous ai demandé. » — « Eh! bien, reprit le Père, demain matin nous mettrons dans la boisson de votre fils une pincée de poussière que j'ai recueillie moi-même dans le cercueil où a reposé le serviteur de Dieu. » — Il fut fait comme l'avait dit le P. Capucin; et telle fut l'efficacité de ce médicament d'un nouveau genre, que le matin même l'enfant se leva, promena librement, se mit ensuite à table avec ses parents émerveillés, et mangea de fort bon appétit. Trois jours après, il allait à la chasse par monts et par vaux avec ses jeunes amis; la santé et les forces lui étaient pleinement revenues.

Nous ne pouvons rapporter même la centième partie des miracles opérés au tombeau du serviteur de Dieu ou par le contact de ses reliques. Qu'il nous suffise de dire que par ce contact des estropiés furent guéris, des aveugles recouvrèrent la vue, des muets obtinrent la parole, des blessés virent leurs plaies, parfois épouvantables, instantanément fermées et guéries.

Mais le charitable serviteur de Dieu qui opérait tant de merveilles en faveur des étrangers, ne pouvait oublier ses confrères, enfants comme lui de la Religion Capucine.

Le P. Philippe de Centorbi, prêtre Capucin, fut atteint à la jambe d'une plaie maligne qu'aucune médication ne put ni guérir ni soulager. Voyant l'inutilité des remèdes humains, il s'adressa avec grande confiance à Fr. Félix et promit, si le vénérable le guérissait, de célébrer soixante messes en son honneur. A peu de jours de là, un beau matin, sa jambe malade se trouva parfaitement saine, contrairement à tous les pronostics.

Fr. Rosario de Nicosie, à la suite d'une longue et violente inflammation des yeux, était devenu complètement aveugle. Cette cécité l'affligeait depuis vingt-trois jours, et les médecins avaient déclaré qu'il n'y avait nul espoir de la voir cesser. Un soir avant de prendre son repos, le pauvre infirme s'adressa avec grande confiance à l'ange gardien du Vén. Fr. Félix; puis il s'endormit profondément. Pendant son sommeil il vît en songe le serviteur de Dieu debout près de son lit, avec les mains croisées sur sa poitrine, comme il les tenait d'habitude pendant sa vie. — « Fr. Félix, s'écria le malade, priez la Vierge très sainte de guérir mes pauvres yeux. » — L'apparition étendant alors la main droite toucha les yeux du malade; et celui-ci put saisir et baiser cette main consolatrice. Il éprouva alors un tel saisissement qu'il s'éveilla. Voulant s'assurer immédiatement de la réalité de l'apparition il courut ouvrir le volet intérieur de sa fenêtre; c'était au printemps vers les quatre heures du matin: les premières lueurs de l'aurore illuminaient le sommet des coteaux environnants. Depuis de longs mois Fr. Rosario avait eu grand'peine à distinguer le jour d'avec la nuit; depuis vingt-trois jours, il était dans des ténèbres complètes ; quelle ne fut pas sa stupéfaction et sa joie quand il vit, sans effort aucun, les jeux de la lumière sur le paysage, les arbres, les maisons, tout enfin ! Oubliant que les religieux reposaient encore, il sort de sa cellule et se met à crier par les corridors: *Vive le Vénérable Félix !* Réveillé en sursaut par ces cris, les religieux sautent à bas de leur couche et sortent à moitié endormis de leurs cellules pour s'enquérir du motif de ces clameurs.

Et bientôt, informés du prodige, tous d'une commune voix louèrent Dieu, admirable dans ses saints.

CHAPITRE XXII.

La Béatification

Iste cognovit justitam, et vidit mirabilia magna, et exoravit Altissimum; et inventus est in numero sanctorum. — Off. Couf. R. III.

Celui-ci a connu et pratiqué la justice ; il a vu de grandes merveilles; il a prié le Très-Haut de toute son âme; et il est compté maintenant parmi les Saints.

SOMMAIRE. — Raisons du retard de la cause. — Les suppliques à Grégoire XVI. — Les deux procès apostoliques. — Les témoins. — Dans un précipice. — Le P. Angélique de Sperlinga. — Le petit muet. — Deuxième recognition du corps. — La nièce de Fr. Daniel. — Grazia Romeo. — Vincent Abate. — Le P. Joseph d'Aderno. — Le Dr Reina. — Conclusion de la cause. — Solennités de la Béatification. — Où est le corps ? — *Deus venerunt gentes*.

Quarante-trois ans s'étaient écoulés depuis la précieuse mort du serviteur de Dieu, et toute la Sicile et même l'Italie toute entière avaient retenti du glorieux nom de Fr. Félix et du bruit de ses nombreux prodiges; rien cependant n'avait été fait en vue de sa béatification. Seuls quelques pieux particuliers s'étaient occupés de réunir divers documents sur le saint Frère et sur les prodiges de sa vie. Ce fut seulement au commencement de 1830, que Mgr Gaëtan-Marie Avarna, évêque de Nicosie, commença, de son autorité épiscopale, les premières informations officielles sur le serviteur de Dieu.

Nul ne doit s'étonner qu'on ait tant tardé à s'occuper d'une cause si glorieuse. L'Eglise laisse ordinairement s'écouler plusieurs années après la mort des serviteurs de Dieu, avant de s'occuper de leur glorification; et en cela sa conduite est très sage. L'effervescence du premier moment calmée, l'exaltation des foules diminuant avec le temps, l'Eglise peut plus sûrement démêler la vérité des faits d'avec les exagérations parfois incroyables d'un enthousiasme passager. On suivit donc pour notre Fr. Félix cette règle de procédure.

Mais après la période accoutumée, lorsqu'on eut pu légalement s'occuper de la cause du serviteur de Dieu, l'Europe entière était bouleversée par la révolution; elle dut ensuite subir les entreprises et les guerres de l'empire français. Ebranlée par toutes ces commotions politiques et religieuses, l'Italie voyait Pie VI violemment arraché à la capitale du monde chrétien et emmené dans l'exil où il devait mourir. Le Pontificat presqu'entier de Pie VII allait être une lutte incessante pour l'indépendance du Saint-Siège; et, pendant cette lutte, le Pape devait subir une longue captivité, à Savone d'abord, puis à Fontainebleau. La violence allait disperser les cardinaux et le personnel des congrégations romaines, et rendre impossible le fonctionnement régulier des institutions ecclésiastiques. La Sicile, à la vérité, devait échapper à l'invasion étrangère ; mais, séquestrée en quelque sorte de l'Europe entière jusqu'à la chûte de l'empire napoléonien, elle ne pouvait pas ne pas souffrir le contre-coup des malheurs de l'Eglise et des révolutions politiques du continent. En quelques mots, telles furent les causes du retard apporté à la glorification de notre Bienheureux.

Les premières informations de l'Ordinaire pour préparer la béatification de Fr. Félix furent donc commencées dans les premiers mois de l'année 1830; elles durèrent jusqu'en 1832. On y entendit quatre-vingt-trois personnes, dont cinquante-cinq témoins oculaires. A cette occasion, le corps du serviteur de Dieu fut retiré, en février 1830, du caveau où il avait reposé jusqu'alors. Après la recognition et les constatations d'usage, ce saint corps fut déposé dans un cercueil fermé par trois clefs, qui furent confiées : l'une à l'évêque, l'autre au premier magistrat de la ville, et la troisième au P. Gardien des Capucins. Ainsi fermé et scellé, ce cercueil fut enfermé en un sépulcre disposé pour cela dans l'église supérieure, tout près de l'autel de saint François.

En 1834, Mgr Avarna jugea à propos de compléter ses premières informations par un procès complémentaire où furent entendus huit témoins, dont six témoins oculaires. Cela fait, le prélat envoya le résultat de son enquête au Souverain-Pontife Grégoire XVI, avec de très humbles instances pour que la cause fut étudiée au plutôt.

Pendant qu'on examinait à Rome le compte-rendu des informations de l'Ordinaire, de nombreuses suppliques arrivaient de toutes parts au Souverain-Pontife. La famille royale de Naples, plusieurs Cardinaux, bon nombre d'Archevêques et d'Evêques, des Vicaires Capitulaires, des Chapitres de Cathédrales et de Collégiales, des supérieurs d'Ordres religieux, des magistrats de cités notables, en leur nom et au nom de leurs administrés, des corporations et quantité de personnages marquants suppliaient le Saint-Père de hâter la glorification de Fr. Félix.

En 1837, Grégoire XVI, daigna signer de sa propre main le décret d'introduction définitive de la cause ; Fr. Félix recevait par là même le titre de *Vénérable*. Peu après, l'évêque de Nicosie était délégué par la S. Congrégation pour faire au nom du Saint-Siège de nouvelles informations sur la renommée de sainteté du serviteur de Dieu et sur ses vertus en général. Ces informations furent faites en 1842 ; on y reçut trente-quatre dépositions, dont vingt-trois de témoins oculaires. L'année suivante, ce procès était reconnu valide, et l'évêque était délégué de nouveau pour informer cette fois avec des détails plus circonstanciés, sur les vertus et sur les miracles du Vén. Félix. Ce second procès apostolique, commencé en 1846, fut terminé en 1848; on y entendit cinquante-cinq témoins oculaires et vingt-neuf autres. Sur ce nombre de quatre-vingt-quatre témoins, vingt seulement avaient été entendus dans les informations précédentes.

Cent-quatre-vingt-neuf témoins différents furent donc entendus au cours de ces divers procès, et sur ce nombre, on ne compte que dix religieux capucins, très peu de religieux d'autres Ordres et d'ecclésiastiques séculiers. L'immense majorité des déposants étaient des laïques, et les rangs les plus élevés de la société comme les conditions les plus humbles trouvaient parmi eux des représentants.

Tous ces divers procès furent solennellement approuvés par Pie IX, le 30 septembre 1852.

Les autres actes subséquents relatifs à la cause du Vén. Fr. Félix sont rapportés ci-après dans les *documents*; mais il nous paraît glorieux à Dieu et à son serviteur de rapporter ici quelques-uns des miracles opérés dans le cours même de toute cette procédure, et ayant avec elle des rapports directs.

Les informations venaient d'être commencées, et on recueillait de çà et de là des aumônes pour les frais de la cause, lorsqu'un jour, un nommé Louis Scellato voyageait par un chemin très périlleux. En un certain endroit la bête de somme qui portait le voyageur fit un faux pas; bête et cavalier roulèrent dans un affreux précipice. En ce danger, le pauvre voyageur s'écria : *Bienheureux Félix, secourez-moi !* A l'instant il se sentit comme soutenu doucement, et se trouva sain et sauf au bas des rochers ; sa monture également n'eut aucun mal. Revenu de la première émotion, Scellato s'écria : — « B. Félix, je vous remercie de m'avoir sauvé la vie. Rentré chez moi je donnerai un beau sac de froment pour les frais de votre cause. » — En effet, dès son retour chez lui, il se mit en devoir d'accomplir son vœu.

« A l'âge de vingt-trois ans, étant déjà religieux capucin, dépose en 1834 le P. Angélique de Sperlinga, je fus atteint d'une fistule intestinale dont je souffris pendant quatre ans, et malgré toutes mes répugnances, il me fallut subir une opération, je fus ensuite assez bien pendant trois mois, puis la maladie revînt, et je dus me soumettre à une seconde opération qui me fut faite à Syracuse par un éminent chirurgien. De nouveau, je fus tranquille pendant quatre mois, puis la maladie revînt encore, plus tenace et plus douloureuse qu'auparavant, j'en supportai les douleurs jusqu'à ma trentième et unième année ; mais alors, force me fut de me soumettre à une troisième opération qui me fut faite par un habile chirurgien anglais de passage en nos pays. L'opération terminée, cet homme me dit avec le flegme caractéristique des gens de sa nation, de bien me garder, si la maladie revenait, de recourir à une quatrième opération. — « Ou bien elle ne réussira pas, me dit-il, ou bien elle provoquera des désordres mortels. » — Le mal revint en effet ; mais, effrayé par la parole du spécialiste anglais, j'en supportai les douleurs et les inconvénients jusqu'à la cinquante-septième année de mon âge. A cette époque de ma vie, je me trouvais de résidence au couvent de Nicosie, lorsqu'eut lieu, en février 1830, l'exhumation et la recognition du corps du Vén. Fr. Félix. Témoin du concours et de la grande dévotion du peuple envers cet admirable religieux, je me sentis vivement inspiré de recourir à lui dans l'état très misérable où je me trouvais ; prosterné à son tombeau, je l'implorai de toute mon âme. Le soir avant de me coucher, j'appliquai sur moi une image du Vénérable et un petit morceau de sa tunique ; le lendemain matin je me trouvai complètement guéri. Plus de trois ans se sont écoulés depuis lors, j'ai maintenant dépassé la soixantaine, et à dater du jour dont je parle, j'ai été aussi tranquille, aussi exempt de toute incommodité, que si jamais je n'avais été malade. »

Ce que le P. Angélique déclarait vrai en 1874, fut vrai bien longtemps encore. Complètement délivré de la fâcheuse maladie qui l'avait molesté pendant trente-quatre ans, il parvint sans infirmités à un âge très avancé. Etant âgé de soixante-quatorze ans, ainsi que nous le dirons plus loin, il fut l'occasion d'un des deux miracles solennellement discutés et reconnus indubitables en vue de la béatification du Vén. Fr. Félix.

Les époux Mancuso, habitant la campagne de Nicosie, avait un fils qui était muet de naissance ; c'était un grand chagrin pour eux, et en particulier pour la mère qui ne passait pas jour sans pleurer. L'enfant avait déjà atteint sa cinquième année, lorsqu'un jour du mois de juillet, comme Mancuso était sur l'aire à battre du froment, survint le Frère quêteur des Capucins demandant des aumônes pour la cause de Fr. Félix. — « Ah! s'écria Mancuso, si votre Fr. Félix est un Saint qu'il obtienne la parole à mon petit Gaëtano; je vous promets alors pour sa cause un beau sac de froment. » — Le Frère quêteur ne répondit rien; mais prenant une image du Vénérable, il la glissa sur la poitrine de l'enfant; puis il partit. De l'intérieur de sa maison, la femme Mancuso, avait tout vu et tout entendu; aussi invoquait-elle de toute son âme le Vén. serviteur de Dieu. A un moment donné, comme elle relevait sa chevelure, ses boucles d'oreilles en se balançant attirèrent les regards du petit Gaëtano qui trottinait par la chambre. S'approchant de sa mère, il lui dit tout-à-coup dans le dialecte du pays : — « *Mamma, miti i zerzei da mi.* (Maman, mets-moi donc les boucles d'oreilles.» — La femme pousse un cri; son mari accourt, et l'enfant se précipite au-devant de lui en lui demandant à goûter. Gaëtano parlait librement et tranquillement, comme s'il eut entendu et parlé toute sa vie. Pendant qu'il continuait son gracieux ramage, ses parents muets d'émotion ne pouvaient lui répondre que par leurs larmes. Le premier moment de stupeur étant passé, Mancuso songea à sa promesse. — « Puisque ce Fr. Félix fait si bien les choses, pensait-il, ne pourrait-il pas me ménager quelque bonne occasion d'aller lui porter mon offrande?» — A peine achevait-il de formuler sa pensée, survint un de ses voisins lui demandant d'aller faire pour lui à Nicosie certaines commissions qui nécessitaient l'emploi de la charrette, et lui offrant pour cela une bonne rétribution. Doublement reconnaissant, Mancuso profita de l'occasion pour porter au couvent des Capucins une belle aumône de froment au profit de la cause du Vén. Félix.

Au cours du deuxième procès apostolique (1844-1848), la S. Congrégation avait ordonné une nouvelle recognition du corps du serviteur de Dieu, et sa déposition dans un cercueil solide muni des sceaux de l'Ordinaire. Cette recognition fut faite le 4 février 1847, par Mgr Rosario Benza, évêque de Nicosie.

A cette occasion, il vint à l'église des Capucins une telle multitude que le vénérable évêque, pour éviter tout désordre, dut faire transporter le saint corps dans la sacristie. Là seulement il put examiner en paix les vénérés ossements, et apposer ensuite les sceaux sur le nouveau cercueil. Avant la cérémonie, le prélat avait rappelé au peuple qu'il ne pouvait pas donner au serviteur de Dieu le titre de *Bienheureux*, mais seulement celui de *Vénérable*, l'Eglise n'ayant point encore porté son jugement. Toutes les formalités de l'examen du corps étant terminées, avant de fermer le cercueil, le pieux Evêque, se jetant à genoux devant ces précieux restes, recommanda au Vén. Fr. Félix par une fervente prière son ministère pastoral et les âmes de tous ses diocésains. Soudain, une émotion extraordinaire s'empara de lui; des flots de larmes jaillirent de ses yeux; et emporté par l'enthousiasme il s'écria : *Vive le Bienheureux Félix!* — Le cri involontaire de l'Evêque fut répété avec transport par la foule qui se pressait dans l'église et la sacristie, et à ces clameurs de la terre, le Ciel répondit par la voix puissante des prodiges.

Plusieurs furent accomplis en ce jour, et le premier d'entr'eux fut en faveur d'une pauvre mère de famille, nommée Nicole Capra, épouse de Michel La Vecchia. Ecoutons le récit qu'elle en fit peu de jours après devant les juges de la cause.

« J'ai une petite fille nommée Marie, âgée de trois ans et demi. A l'âge d'un an elle avait commencé à marcher seule ; mais l'ayant un jour portée aux champs à l'époque de la moisson, elle y contracta les fièvres, perdit toute sa fraîcheur et cessa de marcher. Selon l'usage des pauvres gens, je ne consultai aucun médecin; seulement cheminant un jour avec l'enfant sur mes bras, je rencontrai le Dr Paul Sampieri. Après l'avoir attentivement examinée, il me dit que cette maladie pouvait provenir des vers, et il m'ordonna pour l'enfant un remède que pourtant je ne lui fis point prendre. Cette fièvre continua à tourmenter par intervalle ma petite Marie, et finalement elle disparut. Mais l'enfant demeura avec les jambes molles et insensibles, en telle sorte qu'elle ne pouvait être qu'assise ou couchée; pour tous les actes nécessaires il fallait absolument la soulever et la tenir; c'était une grande affliction pour moi. Mon frère qui est Capucin sous le nom de Fr. Daniel, connaissait parfaitement mon chagrin et la maladie de ma fille. Sachant que le 4 février dernier on devait ouvrir le tombeau du Vén. Fr. Félix, il m'engagea à apporter de bonne heure ma petite Marie pour la faire toucher aux saintes reliques du serviteur de Dieu. Ce jour-là donc de bien bonne heure, je pris l'enfant dans mes bras, et accompagnée de mon autre fille Carmela, je montai aux Capucins. Mais arrivée sur la place devant l'église, je trouvai une telle foule qu'il me fut absolument impossible de me frayer un passage. Je dûs alors faire appeler Fr. Daniel, qui, se chargeant de l'enfant, put la porter jusque près du saint corps. Là, le R^{me} Evêque, Mgr Benza, prit de ses mains l'enfant et la fit toucher aux ossements du Vén. Félix, puis il la remit à Fr. Daniel qui me la rapporta. Désolée de m'en retourner sans avoir vu le corps du serviteur de Dieu, je déposai l'enfant près de sa sœur Carmela et j'essayai de nouveau de fendre la presse. En me voyant la quitter, la petite Marie se dressa sur ses pieds, ce qu'elle n'avait pas fait depuis plus de deux ans, et elle voulut courir après moi; Carmela dut la retenir. J'étais tellement ahurie par les cris et le mouvement de la foule que je ne fis d'abord pas attention à cela; et, après quelques vaines tentatives pour pénétrer dans l'église, tourmentée par la pensée d'un petit nourrisson de quelques mois laissé à la maison, je repris dans mes bras ma petite Marie, et je m'en retournai bien vite, suivie de Carmela. En rentrant chez moi je déposai la petite en un coin, comme je faisais d'habitude; mais elle, se dressant toute seule, se mit à trotter joyeuse par la maison. Jugez des sentiments que j'éprouvai en ce moment. Je courus appeler mes voisines, entr'autres Carmela La Giglia et Vincenza La Porta, et toutes, ayant constaté le prodige opéré, s'associèrent à mon bonheur. Quelle joie ce fut pour mon mari, lorsque sur le soir revenant de son travail des champs, il vit sa petite fille courir gracieusement à sa rencontre !

Dona Grazia Maria, fille du baron Ciancio Romeo, d'Aderno, avait au cou une tumeur de mauvais augure, et les chirurgiens déclarèrent qu'une opération était indispensable. A cette annonce, l'enfant s'écria : « Non, le fer ne me touchera jamais. » — D'accord avec sa mère, elle fit alors le vœu de donner une certaine somme d'argent pour la cause du vénérable Fr. Félix, s'il lui obtenait sa guérison. Le soir, avant de se coucher, elle appliqua sur le siège du mal une image du serviteur de Dieu; et le lendemain matin toute trace de tumeur avait disparu; le chirurgien ne put s'empêcher de reconnaître qu'il y avait là du prodige. Cependant la famille attendait toujours une occasion favorable pour faire le voyage de Nicosie; un an se passa, et le vœu n'était pas accompli. Voici qu'alors la tumeur revint, au même endroit qu'auparavant, et avec les mêmes fâcheux caractères. De nouveau le chirurgien déclara qu'une opération était indispensable. — « Non, s'écria de nouveau la jeune fille, non, le fer ne me touchera pas, je recourrai à un *meilleur chirurgien.* » — Elle renouvela son vœu, invoquant avec humilité et confiance le serviteur de Dieu, et elle fut guérie, tout comme auparavant. Cette fois la famille ne mit aucun retard à l'accomplissement de son vœu; et la maladie ne reparut plus.

Voici maintenant le récit des deux miracles minutieusement examinés par la Sacrée-Congrégation, et reconnus indubitables. Le premier fut en faveur d'un pauvre ouvrier de Palerme; l'autre en faveur d'un religieux Capucin.

I. — Vincent Abate, de Palerme, homme d'une santé vigoureuse et d'une force plus qu'ordinaire, gagnait sa vie en exerçant l'humble et pénible métier de porte-faix. Il avait atteint sa trentième année, lorsqu'un jour il ressentit une certaine douleur à l'intérieur du coude droit. Il y regarda et y aperçut un petit bouton. Comme la douleur était supportable, Vincent n'y fit pas autrement attention et continua son travail ordinaire. De jour en jour cependant la douleur augmentait; le bouton enflait. Un jour vint où l'enflure prit de telles proportions, et où les douleurs devinrent si intenses que le pauvre ouvrier dut cesser tout travail; c'était la misère pour lui et sa famille. Alors apparurent au même endroit deux autres tumeurs qui s'ouvrirent en peu de jours comme la première; et de toutes trois découlait une sanie abondante, de couleur rougeâtre, et d'une fétidité insupportable; le bras était enflé au double de sa grosseur ordinaire; l'intensité des douleurs ne laissait aucun repos au pauvre ouvrier.

Les médecins consultés déclarèrent unanimement qu'il fallait une douloureuse opération, et très probablement l'amputation du bras ; la carie ayant gagné les os, et la plaie présentant tous les signes de la gangrène. Mais Vincent était résolu à mourir plutôt qu'à se laisser tailler le bras. En attendant, continuellement tourmenté par de violentes douleurs, sans appétit, miné par la fièvre, il dépérissait de jour en jour ; l'ouvrier robuste d'autrefois était devenu comme un squelette.

En cette extrémité, et toute espérance humaine ayant disparu, un des voisins de Vincent lui conseilla de recourir au Ciel par l'intercession du Vén. Fr. Félix de Nicosie dont on instruisait la cause. Vincent ne se le fit pas dire deux fois ; le jour même, sa femme et lui allèrent à l'église des Capucins de Palerme où était exposé un tableau du serviteur de Dieu. Tous deux prièrent avec grande foi, pleurant aux pieds de celui qui avait secouru tant de pauvres et consolé tant d'affligés. Avant de se retirer, Vincent approcha du tableau son bras malade, et les religieux lui ayant donné une petite image du Vénérable, il l'appliqua séance tenante sur son horrible plaie. Tout à l'instant, il ressentit intérieurement une forte impression, comme une certitude de guérison prochaine. Cependant, tant à l'aller qu'au retour, les douleurs furent les mêmes ; elles continuèrent toute la journée ; l'enflure du bras persistait ; l'humeur fétide coulait toujours.

Ce soir-là même pourtant, avant de se coucher, Vincent, qui depuis de longs mois portait continuellement son bras en écharpe, l'étendit sans trop de difficultés, puis il s'endormit profondément. Pendant son sommeil, il lui sembla ressentir sur ce bras malade, une pesanteur énorme, comme si une lourde charrette l'eût écrasé. Eveillé en sursaut, il s'appuie des deux mains sur son lit pour se soulever, et il n'éprouve aucune douleur. Appelant sa femme : — « Je ne sens plus aucune douleur, lui dit-il; et il me semble que mon bras est redevenu souple et élastique comme auparavant; regarde-donc. » — La femme détache avec précaution les bandages..... O merveilles de la bonté divine ! Toute enflure avait disparu; le bras droit était en tout semblable à l'autre; les plaies étaient fermées; plus de puanteur; aucune trace même de suppuration; et, sur la peau redevenue parfaitement saine, reposait, sèche et nette, l'image qui avait été appliquée sur une plaie purulente. Qui pourrait redire les émotions et les actions de grâces de ce couple, la veille encore si malheureux, et ramené ce jour-là au comble du bonheur.

Vincent voulut cependant s'assurer de la réalité de sa guérison. De son bras droit saisissant un meuble il le traîna à son gré dans toutes les directions. Le matin venu, il appela ses voisins pour les rendre témoins de sa joie. Devant eux tous il souleva une lourde pierre et la porta avec autant d'aisance qu'auparavant.

Le jour même, il retourna aux pénibles occupations de son état; publiant à tous les bontés de Dieu et le puissant crédit du vénérable Fr. Félix.

II. — Guérison du P. Joseph-Antoine d'Aderno, prédicateur Capucin, racontée par lui-même.

« Au mois de juillet 1845, me trouvant au couvent d'Aderno, mon pays natal, je fus atteint d'une fièvre gastrico-bilieuse qui m'occasionna des désordres au cerveau. On me fit, par ordre du médecin, une application de sangsues aux membres inférieurs; ma tête alors redevint libre, la fièvre disparut; mais j'éprouvais une violente douleur provenant d'une tumeur dans les instestins. A la suite d'une nouvelle application de sangsues, la tumeur se manifesta à l'extérieur et d'elle-même commença à suppurer. Le malaise cependant continuait toujours; et, au mois de novembre, le médecin me déclara que j'avais une fistule dans le rectum. Je me rendis alors à Catane, où se trouvent d'excellents chirurgiens. J'y reçus les soins du Dr Euplio Reina, éminent professeur de chirurgie, renommé par son habileté dans les opérations les plus délicates, bien connu dans le monde savant par ses doctes publications, et en même temps excellent chrétien. Il me fit l'opération le 11 décembre.

« Pendant qu'il surveillait la cicatrisation de la plaie, il découvrit une seconde fistule, qu'il opéra sans m'en avoir préalablement averti. Peu de jours après, les deux plaies suppurant toujours, il découvre une troisième fistule plus profondément enfoncée que les deux premières, et il me disposa à subir une troisième opération qu'il effectua le 2 janvier 1846. Cette opération fut excessivement douloureuse, et il en résulta une telle irritation de tous les organes, une telle désorganisation des entrailles que je vomissais tout ce que je prenais ; je ne pouvais pas même prendre un peu d'huile de ricin qui m'avait été prescrite pour combattre le météorisme dont j'étais envahi. J'étais dans un état bien misérable ; autour de moi, non-seulement on ne croyait pas à mon rétablissement, mais on regardait comme très probable ma fin prochaine.

« Le 7 janvier, je m'aperçus de l'existence d'une quatrième fistule placée plus profondément que les premières, et je la fis constater au docteur. Celui-ci la fit observer aux jeunes élèves qu'il amenait avec lui ; il en parla à quelques religieux, et leur manifesta son dessein de me faire une quatrième opération à mon insu, car je lui avais déclaré ne vouloir pour rien au monde la subir, tant que les plaies produites par les précédentes incisions ne seraient pas cicatrisées. Il résolut de faire cette opération le lendemain même.

Or, dans la soirée de ce même jour, 7 janvier 1846, je reçus la visite de notre confrère, le P. Angélique de Sperlinga, alors âgé de soixante-quatorze ans. Il me raconta en grand détail comment à l'âge de cinquante-sept ans il avait été radicalement guéri d'une maladie semblable à la mienne, par l'intercession du vénérable Fr. Félix de Nicosie (*voir précédemment, page* 301). Ce récit excita en moi une grande confiance; je me recommandai de toute mon âme au vénérable serviteur de Dieu, et je priai qu'on me procurât une image de lui, et, s'il était possible, une de ses reliques. Peu d'instants après, arrivait dans ma cellule le P. Joseph de Santo-Stefano, alors secrétaire provincial; il m'apportait une petite parcelle de la tunique de Fr. Félix. — « Voici, me dit-il en me remettant la relique; qu'il vous soit fait *secundum fidem tuam* (selon votre foi). » — « Oui, répondis-je tout ému, *secundum fidem meam* (selon ma foi). » — Je mis tout simplement la relique dans ma pectorale, en me recommandant au vénérable, puis je m'endormis tranquillement.

« Le lendemain 8 janvier, ainsi que je l'ai dit, était le jour où le Dr Reina devait me pratiquer à mon insu la quatrième opération. Pour que je ne m'aperçusse pas de son dessein, avant d'entrer dans ma cellule il avait confié ses instruments à ses élèves qui les tenaient cachés, et il se présenta à moi n'ayant à la main que le *speculum*. M'examinant attentivement, il ne découvrit nulle trace de fistule; pourtant il ne me dit rien, et me recommanda au contraire de garder le lit comme précédemment. Le 7 et le 8 janvier il continua ses observations et il put constater que toute trace du mal avait disparu. Le 10 au matin, me sentant tout-à-fait dispos, j'allai célébrer la sainte Messe, bien que le docteur m'eût répété la veille encore de garder le lit jusqu'à nouvel ordre, et je ne me sentis nullement incommodé. Or, ce même jour, avant de m'avoir rien dit, le docteur alla trouver notre P. Provincial et lui déclara que ma guérison était aussi complète qu'instantanée et qu'il y avait certainement dans ce fait quelque chose d'inexplicable. Le P. Provincial savait que j'avais recouru au Vén. Fr. Félix, il le dit au docteur, et tous deux demeurèrent convaincus du prodige. Les religieux furent appelés, devant eux le docteur répéta ses entretiens avec le P. Provincial, tous aussitôt vinrent m'offrir leurs félicitations. — « Vous êtes guéri, me dirent-ils, complètement guéri, le docteur l'a déclaré. » — On peut juger de mon émotion.

« J'étais en effet tellement guéri que, peu de semaines après, j'allai prêcher le carême entier à Chiaramonte, j'y eus énormément de travail, et je n'en fus pas plus fatigué que si jamais je n'avais été malade. »

Le Dr Reina fut appelé devant la Curie épiscopale de Nicosie pour donner des explications sur le fait qui vient d'être dit. Ses déclarations très nettes méritent d'être rapportées. — « Je n'ai pu douter, dit-il, de l'existence chez le P. J.-A. d'Aderno d'une quatrième fistule plus volumineuse et plus maligne que les trois autres précédemment opérées par moi, je m'en suis assuré par l'examen le plus attentif, fait en présence de mes élèves auxquels je faisais constater les divers signes du mal. Le 8 janvier au matin, je me suis aperçu que cette fistule avait subitement et complètement disparu, en même temps, le rectum était parfaitement net et exempt de toute trace de sanie. Je trouvai également sèche et intacte la charpie apposée sur les trois plaies résultant des opérations précédentes. Cependant comme j'avais vu d'autres fois de semblables ulcères se fermer momentanément, mais pour se rouvrir bientôt après d'une façon plus maligne, je résolus de continuer les applications de charpie, et de recourir s'il le fallait à un autre traitement. Au sortir du couvent, je m'entretins sérieusement avec mes élèves de ce que je venais d'observer, et je ne leur cachai ni mon étonnement ni mes appréhensions. Mon étonnement grandit les deux jours suivants pendant lesquels je ne vis reparaître ni le moindre indice de fistule, ni la plus légère trace de suppuration. Enfin, le 11, n'y tenant plus, je déclarai que le Père était guéri complètement, et que sa guérison était pour moi humainement inexplicable. Je suis certain en outre qu'il n'est survenu aucune cause physique ou morale qui ait pu amener cette guérison. »

Le bon Dr Reina demeura si convaincu du pouvoir miraculeux de Fr. Félix que, dans les cas très graves, il engageait lui-même ses malades à recourir à l'intercession du Vén. Serviteur de Dieu. Par ses conseils, une religieuse du monastère de Sainte-Claire de Catane, qui souffrait d'une maladie analogue à celle du P. d'Aderno, se recommanda à Fr. Félix et obtint une guérison complète. Dans une maladie très grave d'un de ses enfants, le docteur invoqua le Thaumaturge, et sa prière fut exaucée. Sur ses conseils encore, un Père Carme de Catane, le P. Joseph Budano, qui souffrait cruellement d'une lésion à l'estomac, recouvra la santé en invoquant l'humble Frère Capucin.

Après mûr examen, les deux miracles nécessaires à la béatification du serviteur de Dieu furent déclarés indubitables par la S. Congrégation le 25 mai 1886, cette sentence fut solennellement approuvée et publiée par S. S. Léon XIII, le jour de la Présentation de Marie, 21 novembre de la même année. *(V. ci-après, Documents, n° IV.)*

Le 19 avril 1887, la S. Congrégation déclarait qu'on pouvait en toute sûreté procéder à la béatification du Vén. Fr. Félix; cette sentence était approuvée et publiée par le S. Père en la fête de tous les Saints, 1er novembre de la même année. *(V. ci-après, Docum. n° V.)*

Enfin, à l'occasion des solennités de son jubilé sacerdotal, notre glorieux et bien-aimé Pontife Léon XIII a mis le comble à mes vœux en décernant les honneurs de la béatification au Vén. Fr. Félix. La solennité a eu lieu le dimanche de la Quinquagésime, 12 février 1888, dans la salle de la *Loggia*, au-dessus du vestibule de la basilique vaticane. Sur deux bannières, étaient représentés les deux miracles rapportés plus haut. Au-dessous on lisait les inscriptions suivantes, composées par le P. jésuite Angelini :

IOSEPHVS·ANTONIVS·AB·ADERNO
SACERDOS
FRANCISCI·PATRIS·LEGES·PROFESSVS
PVTRI·MENSES·SEPTEM·LABORABAT·FISTVLA
DOLORIBVS·QVI·IN·DIES·ASPERABANTVR
DISCRVCIATVS·AD·OPEM·CONFVGIT
BEATI·FELICIS
VLCVS·EXTEMPLO·OBSTRVITVR
NVLLVM.MORBI·SVPEREST
VESTIGIVM

Joseph-Antoine d'Aderno, prêtre, profès de l'Ordre de Saint François, souffrait depuis sept mois d'une fistule cancéreuse. Tourmenté par des douleurs qui s'aggravaient de jour en jour, il recourt à l'intercession du B. Félix; à l'instant l'ulcère est cicatrisé; il ne reste nulle trace du mal.

VINCENTII·ABATII
BRACHIVM·DIRO·VLCERE
INTVMVERAT
SANIE·PEREDEBANTVR·OSSA
DIEI·DOLORES·EXCIPIEBAT·NOX
FELICEM·A·NICOSIA
IN·VOTA·VOCAT·VINCENTIVS
ATTACTV·IMAGINIS·SANIES·TVMOR
DOLOR·EVANESCIT
BRACHIVM·DIV·CARIOSVM
NOVIS·VIGET·VIRIBVS

Le bras de Vincent Abate était enflé par un ulcère malin; les os étaient rongés par la pourriture, les douleurs inces-

santes de la journée se prolongeaient pendant la nuit. Vincent invoque le B. Félix ; au contact de son image, disparaissent la sanie, l'enflure et la douleur. Le bras longtemps rongé par la carie reprend des forces nouvelles.

Au fond de la salle, sous le tableau représentant l'apothéose du nouveau Bienheureux, on lisait cette autre inscription :

FELICI·A·NICOSIA
FRANCISCI·PATRIS·DISCIPLINÆ·ALVMNO
SODALI·CAPULATO
HONORES·QUOS·VIVVS·FVERAT·ASPERNATVS
LONGE·NOBILIORES
TRIBVVNTVR

A Félix de Nicosie, disciple du P. S. François dans l'Ordre des Capucins, en échange des honneurs qu'il avait méprisés pendant sa vie, est décernée une gloire bien autrement éclatante.

Les deux bannières et le tableau de l'apothéose sont l'œuvre de l'habile peintre Vincent Monti.

Les lettres apostoliques *(v. ci-après, Docum. VI)* proclamant *Bienheureux* le vénérable Fr. de Nicosie ont été lues à l'ambon par un maître des cérémonies pontificales, en présence des Em. Cardinaux de la Sacrée-Congrégation des Rites, des Prélats officiers et consulteurs de cette même Congrégation, de la postulation de la cause, des Supérieurs généraux de l'Ordre des Capucins, auprès desquels on voyait plusieurs Provinciaux, entr'autres le P. Provincial de Messine, représentant la province à laquelle a appartenu le B. Félix. Dans la *Loggia* se pressaient un grand nombre de fidèles de divers pays, et parmi eux trois cents pèlerins français.

Après la lecture des lettres apostoliques, S. Gr. Mgr Dominique Jacobini, archevêque titulaire de Tyr et secrétaire de la Propagande, a célébré pontificalement la messe, à laquelle il a récité les oraisons propres du nouveau Bienheureux. Par une heureuse coïncidence, l'épître du jour, énumérant les gloires et les qualités de la charité parfaite, faisait songer à l'admirable charité du B. Félix. De même au chant de l'Evangile, le récit de la guérison de l'aveugle de Jéricho, rapproché de tant de miracles dus à l'intercession du B. Félix, semblait inviter les aveugles volontaires de nos jours à contempler les signes toujours visibles de la puissance divine dans l'Eglise.

Dans l'après-midi de ce jour, Sa Sainteté, accompagnée des Prélats et autres personnages de sa noble cour, s'est rendu dans la salle de la *Loggia* pour y prier devant l'image du nouveau Bienheureux et pour recevoir selon l'usage les offrandes de la postulation de la cause.

Où est maintenant le corps du B. Félix.

L'église des Capucins de Nicosie où le B. Félix avait tant prié, où il avait été si souvent ravi en extase, qui avait vu tant de prodiges s'opérer autour de la tombe du serviteur de Dieu ne possède plus cette tombe depuis bientôt trois ans. Elle a même cessé d'être la demeure de Dieu et le sanctuaire de la prière, pour devenir la demeure du crime et l'antre du blasphème.

En 1866, par suite des révolutions survenues en Italie au profit du Piémont, les Ordres religieux furent supprimés; les religieux furent expulsés de leurs pacifiques retraites. Les Capucins de Nicosie subirent le sort commun; et leur Couvent, où depuis plus de deux siècles et demi avaient vécu tant de saints personnages, devint hélas! une prison. C'est la loi fatale : partout où l'on supprime les monastères, il faut multiplier les casernes et les maisons de détention, c'est-à-dire la répression brutale et l'expiation forcée. L'église pourtant demeura encore ouverte au culte; mais un seul religieux fut autorisé à habiter ses dépendances pour la desservir; ce fut le P. Urbain de Sperlinga, depuis vingt ans vice-postulateur de la cause du B. Félix.

Mais bientôt la nouvelle prison fut jugée insuffisante; et le gouvernement italien manifesta l'intention de prendre encore la maison de prières pour la convertir aussi en maison de force. A la demande des postulateurs de la cause, pour empêcher une profanation devant laquelle n'aurait pas reculé l'autorité civile, la Sacrée-Congrégation autorisa en 1873 l'exhumation et la translation des restes du vénérable serviteur de Dieu. Cette translation cependant n'eût lieu que douze ans plus tard. Il était trop amer pour les Capucins d'arracher le corps de leur saint confrère à ce lieu qu'il avait embaumé de ses prières et de ses prodiges; aussi faisaient-ils toujours retarder la translation autorisée. Ils voulaient espérer encore que le gouvernement renoncerait à ses projets; mais hélas! leurs espérances furent déçues. En avril 1885, un décret gouvernemental ordonnait la *désaffectation* de l'ancienne église des Capucins de Nicosie. Il n'y avait plus à hésiter; et le 6 mai de cette même année, Mgr Cozzuoli, évêque de Nicosie, faisait extraire le corps du vénérable Fr. Félix du lieu où il reposait depuis un siècle, et le transportait solennellement dans son église cathédrale. A cette occasion, tous les habitants de la ville illuminèrent spontanément leurs maisons. Le saint corps fut déposé près du trône épiscopal.

« O Dieu! nous écrierons-nous ici avec le Prophète, les nations ont envahi violemment votre héritage, elles ont profané notre saint Temple, elles ont entassé dans la Sainte Jérusalem les produits du désordre et du vice... jusques à quand, Seigneur?... Venez à notre aide, ô Dieu notre salut..., et selon la grande puissance de votre bras protégez et gardez les fils de ceux qui se sont immolés pour votre amour... Car, nous sommes toujours votre peuple et les brebis de votre bercail, nous vous louerons à jamais. Oui, de génération en génération, nous chanterons vos louanges! — *Deus venerunt gentes in hœreditatem tuam, polluerunt templum sanctum tuum: posuerunt Jerusalem in pomorum custodiam...* —

Usquequò, Domine?... Adjuva nos Deus, salutaris noster... Secundum magnitudinem brachii tui, posside filios mortificatorum... Nos autem populus tuus, et oves pascuæ tuæ, confitebimur tibi in sæculum. In generationem et generationem annuntiabimus laudem tuam. (Ps. 78.)

Gloire soit au Père, au Fils et au Saint-Esprit.

Louée soit à jamais l'immaculée Mère Dieu !

Honneur et amour au B. Félix !

Amour et reconnaissance à S. S. Léon XIII.

FIN.

DOCUMENTS

I

Les actes de la profession religieuse du B. Félix.

1° *Acte de protestation avant la profession.*

Moi, Fr. Félix de Nicosie, novice laïque Capucin, entends, déclare et professe par mon serment, à Dieu, et à vous, Père Maître, ainsi qu'aux témoins soussignés, que devant en cette matinée, dix octobre, à dix heures du matin, terminer l'année entière de mon noviciat et faire ma profession solennelle dans cette Religion Capucine, j'entends, déclare et proteste la faire spontanément, volontairement, librement, et avec une vraie intention de m'obliger devant Dieu et devant les hommes par les vœux d'obéissance, de pauvreté et de chasteté; protestant qu'à l'avenir je ne pourrai jamais prétexter aucune excuse ou ignorance, ayant été pleinement instruit et averti de toutes mes obligations.

Ainsi Dieu me soit en aide et les saints Evangiles que je touche de mes mains.

En foi de quoi, j'ai fait écrire le présent acte, et j'y ai apposé ce signe +

Moi, Fr. Félix de Nicosie, affirme tout ce que dessus.

2° *Acte de profession.*

Le 10 octobre 1744. Moi, Fr. Félix de Nicosie, laïque Capucin, âgé de vingt-neuf ans, ayant accompli l'année entière de mon noviciat dans ce couvent de Mistretta, ai fait ma profession solennelle entre les mains du T. R. P. Michel-Ange de Mistretta, Gardien, Définiteur et Maître des novices, en présence des témoins soussignés, aujourd'hui dix octobre 1744. Et ç'a été ma volonté de faire écrire la présente.

☩ Moi, Fr. Félix de Nicosie confirme ce que dessus.

(Suivent les signatures des témoins).

II

Décret de S. S. Pie IX, sur l'héroïcité des vertus du vénérable Fr. Félix de Nicosie, 4 mars 1862.

Homme simple, droit et pénétré de la crainte de Dieu, tel fut certainement le vénérable Fr. Félix de Nicosie.

Né d'une humble et pauvre famille, et destiné à la profession de cordonnier, il passa son enfance et son adolescence dans une grande simplicité de cœur, donnant d'admirables exemples de vertu à tous ceux de son âge.

Dans sa vingt-huitième année, il revêtit l'habit de saint François, en qualité de Frère laïque, dans l'Ordre des Capucins; et, s'efforçant de suivre les glorieuses traces de saint Félix de Cantalice dont il avait reçu le nom, il ne dévia jamais jusqu'à sa mort des sentiers de la perfection. Très zélé pour la discipline régulière, il observa avec une grande ferveur toutes les règles et austérités de son institut. Il aima si passionnément la pauvreté qu'il n'eût, pour ainsi dire, pas de cellule à lui. Par humilité, il voulut être considéré comme le serviteur de tous. Le lys de sa chasteté fut par lui entouré des plus rudes macérations, comme d'une haie protectrice. Il obéit toujours avec promptitude et allégresse aux ordres de ses supérieurs, et il ne voulut mourir que par obéissance. Quêtant de porte en porte, il supporta patiemment les mauvais traitements et les injures. Tout enraciné dans la crainte de Dieu, il évita même les plus légères fautes ; plus que cela, telle était l'ardeur de sa charité qu'il eût vivement désiré donner sa vie pour la gloire de Dieu. Sévère pour lui seul, affable et doux à tous, il s'appliqua tout entier à procurer le salut de ses semblables. D'une bonté toute maternelle pour les pauvres et les malheureux, il leur venait en aide par ses aumônes et les consolait par ses procédés.

Dieu se plut à honorer l'insigne vertu de son serviteur par des dons surnaturels, afin que la renommée de sa sainteté s'étendit davantage, alors qu'il ne cherchait, lui, qu'à être compté pour rien. Enfin, devenu plus que septuagénaire, grandement riche de mérites devant Dieu, il supporta avec une admirable patience les douleurs de sa dernière maladie ; et, muni des sacrements de l'Eglise, il s'endormit dans le Seigneur, la veille des kalendes de juin (31 mai) de l'an 1787.

Mais, rayonnant de sa tombe, la renommée de sa sainteté se répandit au loin sur toutes les plages de la Sicile, et elle prit chaque jour de telles proportions qu'après les informations faites par l'autorité de l'Ordinaire, le Souverain Pontife Grégoire XVI, de sainte mémoire, après avoir l'avis de la S. C. des Rites, signa de sa main, en 1837, le décret d'introduction de la Cause de béatification et canonisation de ce vénérable serviteur de Dieu.

Après qu'eurent été accomplies toutes les formalités prescrites par les Constitutions des Souverains Pontifes et par l'antique tradition de l'Eglise, pour l'expédition de ce genre de Causes, les vertus du vénérable Fr. Félix de Nicosie ont été par trois fois soumises à un sévère examen : pour la première fois, le 11° des kalendes de mars (19 février) de l'année dernière, 1861, dans le palais du Cardinal Joseph Ugolini, relateur de la cause ; pour la seconde fois, le 9° des kalendes de septembre (3 septembre) de la même année, au palais apostolique du Vatican, en présence des R^{mos} Cardinaux, membres de la S. C. des Rites ; et enfin, sur la fin de cette même année, 1861, le 16° des kalendes de janvier (17 décembre), dans une assemblée générale tenue en présence de N. T. S. P. le Pape Pie IX. Dans cette assemblée fut posée par le R^{me} Cardinal Joseph Ugolini la question suivante : « *S'il conste des vertus théologales de foi, d'espérance et de charité pour Dieu et pour le prochain, des vertus cardinales de prudence, justice, force et tempérance, ainsi que des autres vertus qui s'y rattachent, à un degré héroïque, dans le cas présent et en vue du résultat désiré, etc.* » — Chacun de ceux qui étaient présents, tant les RR^{mos} Cardinaux que les PP. Consulteurs, exprimèrent à tour de rôle leur sentiment.

Le Saint-Père entendit toutes les réponses et les pesa sérieusement, sa pensée était que la divine Providence voulait, par une admirable disposition proposer aux fidèles, comme un modèle à imiter, cet obscur sectateur de la Croix, pauvre, humble et adonné à la vraie piété, en ces temps malheureux précisément où tant d'hommes charnels, ennemis de la Croix de J.-C., sectateurs des voluptés, orgueilleux, traîtres, se couvrant des apparences de la piété sans en pratiquer les vertus, s'efforcent de renverser de fond en comble l'Eglise Catholique. Il ne voulut pourtant pas se prononcer immédiatement, mais il exhorta les membres de l'Assemblée à multiplier leurs prières en cette très grave question, pour obtenir du Père des lumières son esprit de céleste conseil.

Enfin en ce jour, mardi de la Quinquagésime, après avoir pieusement célébré les saints mystères dans son oratoire privé au Vatican, le Saint-Père s'est transporté à l'église de la Bienheureuse Vierge immaculée, desservie par les FF. Capucins de saint François. Là, siégeant dans le chœur qui touche à l'église, il a appelé près de lui les RR^mes Cardinaux Constantin Patrizzi, évêque de Porto et Sainte-Rufine, préfet de la S. C. des Rites, et Joseph Ugolini, relateur de la Cause, puis le R. D. André-Marie Frattini, promoteur de la Foi, et moi, secrétaire soussigné, et en présence de nous tous, il a prononcé solennellement la sentence suivante : « *Il conste des vertus Théologales de foi, d'espérance et de charité pour Dieu et le prochain, des vertus cardinales de prudence, justice, force et tempérance et des autres vertus qui s'y rattachent, pratiquées à un degré héroïque par le Vén. serviteur de Dieu, Félix de Nicosie, dans le cas et pour l'effet dont il s'agit.* »

uis, Sa Sainteté a ordonné que ce décret soit publié et enregistré dans les actes de la S. C. des Rites. Le 4e des nones de Mars (4 mars) de l'année 1862.

CONSTANTIN, Card. PATRIZZI, *Ev. de Porto et Ste Rufine, préfet S. R. C.*

Place † du sceau.

D. BARTOLINI, *secrétaire, S. R. C.*

III

Décret de S. S. Léon XIII, déclarant vrais et authentiques deux miracles du Vén. Fr. Félix. — 21 novembre 1886.

Les hommes doux et humbles de cœur sont grandement chéris de Dieu ; aussi a-t-il coutume de les enrichir plus abondamment des dons de ses grâces célestes, et de les élever à de plus hauts degrés de sainteté, jusqu'à ce qu'ils entrent en possession de la gloire éternelle. Parmi ces hommes a brillé le Vén. Fr. Félix de Nicosie, humble frère laïque de l'Ordre des FF. Mineurs capucins. Dépourvu d'éducation et de toute culture littéraire, il s'acquit cependant une telle réputation par sa vie très sainte et par sa rare prudence que de toutes les contrées de la Sicile on accourait pour recevoir de lui de salutaires conseils. Se tenant assidûment aux pieds du Père des lumières, dans la contemplation des choses divines, il y puisa cette sublime sagesse dont parlent nos saints livres : *Ceux qui viennent fréquemment à ses pieds seront remplis de sa doctrine. (Deut 32.)*

Aux glorieux dons surnaturels par lesquels Dieu fit éclater la sainteté de son serviteur tandis qu'il vivait encore, sont venus s'ajouter les miracles divins obtenus par son intercession et opérés après sa précieuse mort qui arriva la veille des kalendes de juin (31 mai).

C'est pourquoi, après le décret sur les vertus héroïques du Vénérable Félix, décret publié par le Souverain Pontife Pie IX de sainte mémoire, le 4ᵉ des nones de mars (4 mars) 1862, deux miracles furent choisis pour être soumis selon l'usage au très sévère examen de la S. C. des Rites, et cela à trois reprises différentes ; savoir : Dans la réunion *antépréparatoire,* tenue au palais de feu le cardinal Antoine-Marie Panebianco, alors relateur de la Cause, la veille des nones de mars (6 mars) 1877 ; ensuite dans la réunion *préparatoire* des RR^{mes} cardinaux réunis au Palais apostolique du Vatican, le 8e des ides de mars (8 mars) 1881 ; enfin, dans l'assemblée générale tenue en présence de N. T. S. P. le pape Léon XIII, le 8e des kalendes de juin (25 mai) de la présente année 1886. Dans cette assemblée, le R^{me} card. Raphaël Monaco La Valletta, Ev. d'Albano, relateur de la Cause, proposa le doute suivant : « *S'il y a des miracles certains, et lesquels, dans le cas et pour l'effet dont il s'agit ?* » - Tous les membres présents, d'abord les RR^{mes} cardinaux préposés aux SS. Rites, puis les PP. Consulteurs, donnèrent successivement et par ordre hiérarchique leur opinion.

Après avoir écouté attentivement toutes choses, le Saint-Père exhorta les membres de l'assemblée à insister auprès de Dieu dans la prière, pour qu'il pût sûrement, et éclairé de la lumière divine, se prononcer définitivement en temps opportun sur une chose de si grande importance.

Enfin, ayant statué d'accomplir cet acte en ce dernier dimanche après la Pentecôte, avec lequel coïncide cette année la fête de la Présentation de Marie, le Saint-Père, après avoir offert dans son oratoire privé l'hostie salutaire, s'est transporté dans la grande salle de son Palais apostolique du Vatican. Là, il a appelé près de lui les RR^{mes} Cardinaux Bartolini, Préfet de la S. C. des Rites, et Raphaël Monaco La Valletta, Evêque d'Albano, relateur de la Cause ; avec eux le R. P. Augustin Caprara, promoteur de la sainte Foi, et moi, secrétaire soussigné ; et, en présence de nous tous, il a solennellement prononcé la sentence suivante : « *Il conste de deux miracles opérés par Dieu, à l'intercession du vénérable Félix de Nicosie; à savoir : 1° de la guérison complète et instantanée de Vincent Abate, d'une plaie gangréneuse au coude droit et d'une carie avancée des os; et 2° de la guérison instantanée et parfaite du P. Joseph-Antoine d'Aderno, d'une fistule à l'intestin rectum, accompagnée de très graves symptômes.* »

Sa Sainteté a ensuite ordonné que ce décret soit publié et enregistré dans les Actes de la S. C. des Rites, le 11° des kalendes de décembre (21 novembre) de l'année 1886.

D. Cardinal BARTOLINI, *Préfet* S. R. C.

Laurent SALVATI, *Secrétaire* S. R. C.

IV

Décret de S. S. Léon XIII, déclarant que l'on peut en toute sûreté procéder à la béatification du vénérable Fr. Félix. — 1er novembre 1887.

Cent ans, révolus au 31 mai dernier, se sont écoulés depuis le jour où le vénérable Félix de Nicosie passa de cette vie mortelle à la récompense éternelle. Il fut un de ceux qui, dans l'humble rang de Frère laïque, illustrèrent la glorieuse famille des Mineurs-Capucins, marchant dans la simplicité et l'innocence, et faisant du bien à tous. La renommée de sainteté éminente qui l'avait environné pendant sa vie s'étendit au loin après sa mort, particulièrement en Sicile, aussi commença-t-on à traiter de sa Cause avec la S. C. des Rites Les procès juridiques furent faits, tant par l'autorité de l'Ordinaire que par l'autorité apostolique. Les conclusions probantes en ayant été déduites et mûrement examinées, le Souverain-Pontife Pie IX, de sainte mémoire, publia son décret sur les vertus héroïques du serviteur de Dieu, le 4° des nones de mars (4 mars) de l'an 1862.

Pour terminer régulièrement la Cause, il était nécessaire d'examiner si l'on peut rendre dans l'Eglise, au vénérable serviteur de Dieu, les honneurs réservés aux bienheureux habitants des cieux.

C'est pourquoi, dans l'assemblée générale de la S. C., tenue en présence de N. T. S. P. Léon XIII, en son palais du Vatican, le 13° des kalendes de mai (19 avril) de la présente année, le R^{me} Cardinal Raphaël Monaco La Valletta, évêque d'Albano, a proposé le doute suivant : — « *Si, étant donnée l'approbation des vertus et de deux miracles, on peut en toute sûreté procéder à la béatification du vénérable serviteur de Dieu,* » — Et tous les RR^{mes} Cardinaux présents, ainsi que tous les PP. Consulteurs, répondirent affirmativement. Mais Sa Sainteté, eu égard à la gravité de la chose, exhorta les assistants à implorer encore la lumière de Dieu, avant qu'Elle prononçât, en temps opportun, son jugement suprême.

Or, en cette religieuse solennité de tous les Saints, le Saint-Père, ayant d'abord offert en son oratoire privé l'hostie de propitiation, siégeant ensuite en la grande salle du Palais du Vatican, entouré des RR^{mes} Cardinaux Ange Bianchi, Préfet de la S. C. des Rites, et Raphaël Monaco La Valletta, relateur de la Cause, du R. P. Augustin Caprara, promoteur de la sainte Foi, et de moi, secrétaire soussigné, a solennellement décrété qu' « *on peut en toute sûreté procéder à la béatification du vénérable Félix de Nicosie.* »

Le Saint-Père a ensuite ordonné de publier ce décret et de l'insérer dans les Actes de la S. C. des Rites. Il a aussi ordonné d'expédier les lettres en forme de Bref sur la Béatification qui sera faite plus tard. Le jour des kalendes (1er) de novembre 1887.

A. Cardinal BIANCHI, *Préfet* S. R. C.
Laurent SALVATI, *Secrétaire* S. R. C.

V

Lettres apostoliques par lesquelles le vénérable Félix de Nicosie est inscrit au catalogue des Bienheureux.

LÉON XIII, Pape
POUR LA PERPÉTUELLE MÉMOIRE DE LA CHOSE

Les hommes doux et humbles de cœur sont grandement chers à ce Dieu tout-puissant « *dont les prédilections sont pour ceux qui marchent dans la simplicité* (1) »; aussi très souvent va-t-il les distinguer parmi les hommes de condition obscure, sans talents, sans fortune, sans aucun de ses avantages qui donnent ici-bas crédit et autorité; et il se plaît à les enrichir des dons les plus merveilleux de la grâce. C'est bien à ces heureux privilégiés que s'applique la parole de l'apôtre : *Leur très haute pauvreté a répandu avec abondance les richesses de leur simple et vraie charité* (2). Mère féconde de nombreux saints, la famille des Frères Capucins de l'Ordre de Saint-François, professant cette très haute pauvreté, a glorieusement enfanté plusieurs fils portant la belle empreinte de cette candide simplicité tant louée par la

---

(1) *Voluntas ejus in iis qui simpliciter ambulant.* — Prov. 11. 20.
(2) *Altissima paupertas eorum abundavit in divitias simplicitatis eorum.* — 2 Cor. 7, 2.

Sagesse divine : Félix de Cantalice, Séraphin de Monte-Granaro, Rernard d'Offida, Crispin de Viterbe et autres qui, suivant les traces de leur père très saint, sont devenus sa gloire et sa couronne. Parmi eux doit être justement compté le vénérable serviteur de Dieu, Félix de Nicosie. Comme ses saints confrères, il a conformé sa vie toute entière, avec une ardeur infatigable, à la règle de sainteté tracée par le Père saint François. Il naquit à Nicosie en Sicile le jour des nones de novembre, l'an de notre Rédemption 1715, de parents plus riches de religion et de bonnes mœurs que de biens terrestres ; car Amuruso, son père, gagnait le pain de chaque jour pour lui et les siens, dans l'humble état de cordonnier. Nommé Jacques au baptême, instruit ensuite par son excellente mère des premières vérités de la religion catholique, il donna dès sa première enfance des preuves indubitables de l'amour divin dont il était embrasé, et on pouvait déjà pressentir qu'il s'élèverait aux plus hauts sommets de la vertu. Les jeux de l'enfance, la société des autres étaient pour lui sans attraits ; il n'aimait que les choses de la piété. Placé dans un atelier de cordonnier, tout en s'appliquant diligemment à l'ouvrage commandé, il s'efforçait par l'exemple et la parole d'attirer aux œuvres de la piété chrétienne ses compagnons de travail. Tous les instants libres de cet aimable et bon jeune homme étaient par lui consacrés à la prière, à la méditation des choses divines, et à d'autres œuvres de religion et de piété. Attiré par la simplicité et l'austérité de vie des Frères Capucins, il fréquentait assidûment leur église ; puis, considérant de jour en jour davantage les périls du siècle, il demanda à être admis dans la religieuse famille de cet Ordre. Ses vœux furent enfin exaucés, lorsqu'il avait déjà atteint sa vingt-huitième année ; il reçut alors le nom de Félix. Dans le Noviciat, il donna de telles marques de sagesse, de candeur, de piété et d'obéissance, qu'au bout de l'année de probation les suffrages unanimes et empressés de tous l'admirent définitivement dans ce saint Ordre. Ce qu'il avait promis à Dieu par l'engagement sacré des vœux solennels, il l'accomplit saintement. Nul ne fut plus respectueux observateur des moindres ordres des supérieurs ; nul ne fut plus épris de la chasteté et de la pauvreté ; nul ne fut plus mortifié dans le manger et dans le dormir ; nul n'accomplit plus diligemment les divers emplois qui lui furent confiés. Aussi, pendant sa vie toute entière, eut-il une telle horreur du péché, même le plus léger, que lorsqu'il venait se jeter aux pieds de son confesseur, celui-ci ne trouvait rien en son pénitent qui eut réellement besoin d'expiation. Presque chaque jour, il recevait avec une ferveur admirable le très saint corps de Jésus-Christ ; il servait avec un grand zèle le plus de messes qu'il pouvait ; sa prière, commencée dans le jour, se prolongeait bien avant dans la nuit, car il n'accordait à son corps qu'un repos bien court, encore le prenait-il sur un dur grabat. Enfin, l'amour dont il brûlait pour Dieu était si ardent, que ce feu céleste s'exhalait par sa bouche et rayonnait par ses yeux. Très fidèle observateur de la discipline régulière, il ne s'en écarta jamais, même dans les plus petites choses. Tandis qu'il remplissait les fonctions de quêteur dans sa ville natale et dans les bourgades environnantes, le rayonnement de sa belle âme et l'exemple qu'il donnait de toutes les vertus, détournèrent bien des gens des voies du péché, et en excitèrent heureusement d'autres à une recherche plus généreuse de la perfection chrétienne. Animé pour ses semblables d'une merveilleuse charité, il n'épargnait pour eux ni peines ni soucis. C'est ainsi qu'on le vit travailler par tous les moyens possibles à procurer leur salut éternel, subvenir aux misères des pauvres, consoler les affligés par de douces paroles, soigner les malades avec une indicible tendresse. La méditation continuelle et affective des exemples de la vie de Notre-Seigneur Jésus-Christ, et surtout des tourments extrêmes qu'il a endurés pour notre salut, le porta à mâter son corps par les veilles, l'abstinence, les cilices, les flagellations, et il garda si fidèlement son vœu de chasteté que le céleste époux qui se plaît parmi les lys paraissait visiblement avoir établi en lui sa demeure. Tandis que tant de vertus éclataient en lui, et qu'il était environné de l'estime de tous, il n'avait, lui, que du mépris pour lui-même. N'ayant à se reprocher aucune faute, il s'estimait pourtant et se déclarait un très grand pécheur. Les louanges des hommes, les applaudissements des foules, les témoignages de considération étaient une peine pour lui, et son unique désir était d'être méprisé et de n'être compté pour rien. Aussi, lorsque ses supérieurs le traitaient avec une dûreté extrême, le reprenaient, lui parlaient durement ou lui infligeaient diverses pratiques de pénitence, il acceptait toujours avec joie toutes ces choses, en telle sorte que, complètement mort à lui-même, il paraissait ne vivre plus que de la vie de Jésus-Christ. Par un exercice continuel de toutes les vertus, et principalement de la patience, Félix ayant atteint les plus hauts sommets de la perfection, Dieu voulut le montrer aux hommes largement enrichi des dons surnaturels. Dans ce but, il l'initia à la connaissance des secrets des cœurs, et lui donna le pouvoir d'opérer de nombreux miracles. Aussi, le seul contact de sa main remet à neuf les vases brisés ; dans des paniers de roseau, il tire de l'eau d'un puits ; il change du vin gâté en un vin excellent ; il préserve une ville de la contagion ; il guérit un boîteux ; il change les pierres en pain et l'eau en vin ; il fait disparaître les serpents qui désolent les campagnes ; il entre et se meut dans une fournaise et en ressort intact. Illustré par tant de vertus, si largement enrichi des dons célestes, il était considéré comme un saint, et proclamé tel, non-seulement par le peuple, mais même par les hommes que la science, la piété, la prudence et les dignités élevaient au-dessus du vulgaire. Des hommes et des femmes de tout rang et de toute condition venaient solliciter ses conseils ; les malades réclamaient sa présence, assurés qu'elle leur obtiendrait la santé. Mais l'humble serviteur de Dieu ne s'enorgueillissait pas de tous ces témoignages, et plus l'opinion des hommes l'exaltait, plus il s'enfonçait dans la conviction de son néant. Telle fut la vie de ce très saint homme. Il était déjà plus que septuagénaire lorsque les travaux, les austérités, les jeûnes prolongés provoquèrent la maladie dont il devait mourir. Et sa mort fut sainte comme l'avait été sa vie. En effet, après avoir supporté avec patience et joie les cruelles et vives douleurs de la maladie, après avoir reçu avec très grand respect et à genoux, l'auguste sacrement de l'autel, la veille des kalendes de juin (31 mai) de l'année 1787, instruit par la lumière divine de la proximité de sa mort tant souhaitée, brûlant du désir d'être dégagé de ses liens terrestres et de rejoindre Jésus-Christ, il demanda par trois fois au supérieur du couvent la permission de quitter cette terre, et, l'ayant enfin obtenue, il exhala son âme avec une telle expression de joie, qu'il semblait, non pas quitter la vie, mais **sortir de captivité.**

Et après que le serviteur de Dieu eut échangé cette vie mortelle contre l'heureuse éternité, la renommée de sainteté qui l'avait environné dans sa vie augmenta de plus en plus et s'étendit au loin ; d'autant qu'on publiait de nombreux miracles accordés par Dieu à son intercession. C'est pourquoi la relation de la vie et des vertus de ce vénérable serviteur de Dieu fut déférée à la Congrégation de nos Vén. **FF. les cardinaux de la S. E. R.** préposés à la défense des

SS. Rites ; et, toutes choses ayant été sérieusement examinées et mûrement jugées, Pie IX, de sainte mémoire, notre prédécesseur, le 4.º des nones de mars (4 mars) de l'année 1862, déclara solennellement que les vertus glorieusement pratiquées par ce serviteur de Dieu s'étaient élevées à un degré héroïque.

Un sérieux examen fut ensuite fait des miracles qui semblaient confirmer cette héroïque vertu ; et, deux d'entr'eux ayant été spécialement étudiés et jugés indubitables, Nous les déclarâmes vrais par Notre décret du 11º des kalendes de décembre (21 novembre) de l'année 1886. Puis, les cardinaux de la sus-énoncée Congrég. des SS. Rites, réunis en assemblée générale, en Notre présence, le 13ᵉ des kalendes de mai (19 avril), de l'année dernière, ayant unanimement déclaré que ce vénérable serviteur de Dieu pouvait être, en toute sûreté, rangé parmi les Bienheureux ; Nous, dans une chose de si grande conséquence, Nous différâmes de Nous prononcer, voulant encore par de ferventes prières demander aide et secours au Père des lumières. Enfin, après avoir ardemment prié, le jour des kalendes de novembre de la même année précédente, 1887, Nous déclarâmes par un décret solennel que l'on pouvait en toute sûreté procéder à la béatification solennelle du vénérable Frère Félix de Nicosie.

Les choses en étant là, mus par les supplications de tout l'Ordre des FF. MM. Capucins de S. François, d'après l'avis et l'assentiment unanime de la sus-énoncée Congrégation des cardinaux, de Notre autorité apostolique, par les présentes Lettres, Nous permettons que le vénérable serviteur de Dieu, Félix de Nicosie, de l'Ordre des Frères Mineurs Capucins de saint François, puisse être à l'avenir appelé *Bienheureux ;* que ses reliques soient exposées à la vénération publique des fidèles, et que ses images soient ornées de rayons. Ses reliques cependant ne devront pas être portées dans les supplications solennelles.

En outre, par Notre même autorité, Nous accordons qu'on puisse chaque année, en l'honneur du B. Félix, réciter l'office et célébrer la messe du commun d'un Confesseur non Pontife, avec les oraisons propres déjà approuvées par Nous, selon les rubriques du Missel et du Bréviaire romains. Mais Nous ne permettons cette récitation d'office et cette célébration de messe que dans la ville et le diocèse de Nicosie ou Herbita, et dans toutes les églises et maisons religieuses des FF. MM. Capucins de saint François, pour tous ceux qui sont tenus à la récitation des heures canoniques; et pour ce qui est de la messe, par tous les prêtres tant séculiers que réguliers qui viendront dans les églises où la fête est célébrée.

Enfin, Nous permettons que les solennités de la béatification du Vén. Fr. Félix de Nicosie soient célébrées dans toutes les églises mentionnées plus haut, au jour qui sera fixé par l'Ordinaire, et cela dans le cours d'une année à partir du jour où ces mêmes solennités auront été célébrées, à cause des temps, dans la salle située au-dessus du portique de la Basilique Vaticane. Nonobstant toutes constitutions et ordonnances apostoliques, décrets défendant le culte, et toutes autres choses contraires Et Nous voulons qu'à tous les exemplaires, même imprimés de ces Lettres, pourvu qu'ils aient été contre-signés par le secrétaire de la dite Congrégation des Rites, soit donnée la même créance qu'à ces Lettres mêmes par lesquelles Nous signifions Notre volonté. Donné à Rome, près de Saint-Pierre, sous l'anneau du Pêcheur, le 3 février 1888, de Notre Pontificat la dixième année

M. Card. LEDOCHOWSKI.

Place † *du Sceau.*

TABLE DES MATIÈRES

                                            Pages.

Approbation des Supérieurs de l'Ordre V
Lettre de S. G. Mgr l'évêque de Clermont VII
Préface XI
Protestation de l'auteur XXI

CHAPITRE I

L'Enfant pieux.

SOMMAIRE. — Les deux Félix. — Herbita. — Famille chrétienne. — Philippe Amuruso. — Carmela Rizzo. — Pieux exemples. — Les vendredis de Mars. — Les pauvres. — Résignation. — *Veni, veni Gesuzzu.* — L'horreur du péché. — A-t-il fréquenté l'école ? — L'ange adorateur. — Jean Ciavirella 1

CHAPITRE II

L'Ouvrier chrétien.

SOMMAIRE. — Le tableau du T.-S. Sacrement. — *In ogni ora* — L'adorateur. — Le chapelet à l'atelier. — L'heure des combats. — Grandes précautions. — La communion du dimanche. — Le coton dans les oreilles. — Soit pour l'amour de Dieu. — La confrérie des Capucinelli. — Premier miracle 13

CHAPITRE III

Le Novice.

SOMMAIRE. — Le calme après la victoire. — Mort de Philippe et de Carmela. — Vocation. — Refus. — Huit ans d'épreuves. — Admission. — Les adieux. — Le noviciat de Mistretta. — La vêture. — Les trois règles de perfection. — L'année du noviciat. — La profession. — Sainte indifférence.................. 21

CHAPITRE IV

Le Directeur sévère.

SOMMAIRE. — Le couvent de Nicosie. — Sainte-Marie des miracles. — Le P. Jean-Marie de Geraci. — Le P. Macaire de Nicosie. — *Fra Scontento.* — Soit pour l'amour de Dieu. — Le pèlerin de la Mecque. — Le dîner interrompu. — Qu'il attende ! — Les grandes récréations. — *Ballate più piano.* — Le manteau rouge. — Fr. Mansuet. — Explication nécessaire. — Le directeur dirigé. — Le portrait.................. 34

CHAPITRE V

La foi, l'Epérance et la Charité.

SOMMAIRE. — La foi. — Pauvres infidèles. — Le *Credo.* — Longues heures de prière. — Comme un homme endormi. — Les yeux fermés. — Le silence. — La T.-Ste Trinité. — Le *Gloria Patri.* — Les récompenses symboliques. — Le Saint Nom de Jésus. — Le Pape. — Les prêtres. — L'Espérance. — La charité. — Plus de volonté. — Réparation des blasphèmes. — L'injure au prochain. — Echo de la vie........... 55

CHAPITRE VI

Le Tabernacle et la Croix.

SOMMAIRE. — Aux pieds du tabernacle. — Par la ville. — Le Fr. Portier. — Servant la messe. — La Communion. — Transfiguration. — Sourire et larmes.

— L'action de grâces. — Les enfants. — La lampe du T.-S. Sacrement. — La nuit du Jeudi-Saint. — La Croix. —Mon Frère, méditez la Passion.— Le vendredi à trois heures. — Le Chemin de la Croix. — Les vendredis de Mars. — Les ouvriers et la Passion. — La lampe du crucifix.................................... 69

CHAPITRE VII

Le Serviteur de Marie.

SOMMAIRE. — Marie-Immaculée. — Les trois pointes de roseau. — Les sept cierges. — L'oratoire de l'Immaculée. — Préparation et joie aux Fêtes de Marie. — L'*Ave Maria* et les enfants. — Pieuses pratiques. — Les cédules de Marie-Immaculée. — Miracle. — Tout par Marie. — L'*Addolorata*. — Les sept *Salve* à minuit. — Sœur Fidèle. — Une épine dans l'œil. — La jarre réparée. — Le tonneau. — Le Nom de Marie. — Le grand saint Joseph. — Miracle. — S. Michel et les Saints... 84

CHAPITRE VIII

Le Frère quêteur.

SOMMAIRE. — Toujours occupé. — Travail jusqu'à la mort. — L'*Ave Maria*. — Frère quêteur. — Comment il va par la ville. — Modestie. — Patience. — Reconnaissance. — La grande outre. — La quête à la campagne. — Bons conseils. — Trop longues prières. — Egalité d'humeur. — Charité pour ses compagnons. — Miracle. — L'Ecclésiastique peu charitable. — L'eau changée en vin. — *Riso* et *Ria*. — Froment rendu sain. — L'*Addolorata*. — Pierres changées en pain. — Le petit espiègle. — Divers prodiges................. 102

CHAPITRE IX

Le Charitable infirmier.

SOMMAIRE. — Touchante coïncidence. — Ami de tous. — Simple et droit. — Il pense bien de tous. — Il ne peut souffrir la détraction. — Pieuses industries. —

L'infirmier. — Infirmerie en bon ordre. — Le jardin pharmaceutique. — Provisions d'hiver. — Le paysan et le lapin. — Aux petits soins. — Les mourants. — Le petit Fr. François de Gangi. — Les morts. — Le premier lundi du mois. — Les messes pour les âmes du purgatoire. — Appel des pauvres âmes. — La lampe des morts.. 121

CHAPITRE X

Le Père des pauvres.

SOMMAIRE. — Les yeux de lynx. — Respect aux pauvres. — Il se met à genoux — Privations continuelles pour eux. — Attentions délicates. — Exhortations aux riches. — Travail pour les pauvres. — Sœur Fidèle, trésorière des pauvres de Fr. Félix. — Le rayon de soleil et la besace. — Le fardeau du pauvre journalier. — La monnaie sur le chemin. — Multiplication du blé. — Bilocation. — L'eau dans des corbeilles. — Un pain qui se gonfle. — Le pauvre estropié. — La servante et la cruche cassée. — Les prisonniers. — Soins et conversions.............. 137

CHAPITRE XI

Auprès des malades.

SOMMAIRE. — Visites régulières aux hospices. — Les malades de la ville et de la campagne. — Manières diverses de procéder. — Préférence pour les confrères de Notre-Dame-des-Miracles. — La vieille pauvresse assistée et sanctifiée. — Guérison d'un malade désespéré. — Guérison et conversion du montagnard. — La malade et le feu du purgatoire................. 155

CHAPITRE XII

L'Apôtre

SOMMAIRE. — Saintes influences de la vie de Fr. Félix. — Sa parole sur le salut. — Sur le bonheur du ciel. — Sur la bonté infinie de Dieu. — Charme de ses entretiens. — Sa conversation avec les femmes. — Une chanson pour endormir les petits enfants. — Zèle pour la conversion des pécheurs. — Pour la paix entre les familles. — Les frères Alessi. — Remontrance à Sœur Fidèle. — Discipline sanglante pour un pécheur. — Ce pécheur est sauvé par Fr. Félix. — Réflexions du P. Macaire. — La loterie. — Un mort qui parle...... 165

CHAPITRE XIII

L'Ami des enfants.

SOMMAIRE. — Charitables industries. — Il soigne et instruit les enfants selon leur âge. — Il rappelle aux parents leur devoir d'instruire. — Le Jeudi-Saint et l'*Addolorata*. — Il apprend aux enfants à pratiquer la charité. — Tendresse de cœur. — Le petit garçon qui ne peut porter sa charge. — La petite fille qui a faim. — La cruche cassée.— Les *cheveux d'ange*. — Plusieurs enfants guéris. — Les burettes. — La petite fille altérée. — Le manteau donné à trois petits pauvres. — Pain miraculeux. — Comment Fr. Félix reprend les enfants. — Va te confesser. — Une enfant qui avait peur des morts............................. 178

CHAPITRE XIV

L'Obéissance parfaite.

SOMMAIRE. — Tout cède à l'obéissance. — *Perindé ac cadaver*. — Dans la tempête. — Par la fenêtre. — Le vin ne coule plus. — L'eau s'arrête dans le canal. — Un seau improvisé. — Le vice-Roi de Sicile. — L'huile et la besace. — Soumis à tous. — Les cédules de Marie-Immaculée. — Fromage frais. — Boulanger sans ustensiles. — Glorieuse compagne de Cerami. — Victoires de l'obéissant............................. 192

CHAPITRE XV

Le Religieux austère.

SOMMAIRE. — Jeûne perpétuel. — Vendredis et vigiles. — Pieux artifices. — Le poisson frit. — Les dîners au dehors. — Entre les repas. — La soif. — Horribles cilices. — Voyage à Palerme. — Les vers. — Le promoteur de la foi. — Court sommeil. — La peau sur les os. — Sanglantes flagellations. — Processions de pénitence. — Jamais de délassements. — Le silencieux. — Au chauffoir. — Les talons cousus. — La sieste. — Pureté angélique...................... 206

CHAPITRE XVI
Humilité, Pauvreté, Patience.

SOMMAIRE. — Frère misère. — Pourquoi les saints sont-ils si humbles ? — Heureux d'être humilié. — Gêné des témoignages de respect. — Ceci est béni. — Pauvre cellule. — Chétive couche. — Méchant habit. — Il ne laisse rien perdre. — Les saints ne se plaignent jamais. — Soit pour l'amour de Dieu ! — L'étincelle sur le pied............................... 220

CHAPITRE XVII
La Glorification
(Extases, connaissance des cœurs, prophéties.)

SOMMAIRE. — Extases. — Au chœur. — Dans la campagne. — Dans le cellier. — Chez Cotiletti. — Connaissance des cœurs. — On ne ment pas. — Les projets pour la loterie. — Le jeune libertin. — Le notaire qui veut une messe courte. — Les trois voleurs. — Prophéties. — Le P. Mathieu. — Rosalie Messina. — Le petit Rosario. — Raphaël ne sera point prêtre. — Carmelo Porcello. — Enfermé dans la chapelle. — Le Dr Gabriel Bonelli................................ 229

CHAPITRE XVIII
Encore la glorification.
(Empire sur les animaux et sur les démons, miracles divers.)

SOMMAIRE. — *Les Saints franciscains.* — Le pigeon de l'ermite. — Les petits oisillons. — Le chien enragé. — Le bœuf sauvage. — Les animaux malades. — La mule qui revient à la vie. — Le jardinier. — Le manteau tiré et les limites du champ. — L'épileptique. — Pour que le fil ne casse pas. — N'en vendez pas. — Les agonisants. — Résurrection d'un enfant. — Le diable dans la bergerie.............................. 242

CHAPITRE XIX
Bienheureuse mort.

SOMMAIRE. — La fièvre. — Dernier travail. — Le Dr J. Bonelli. — Fr. Félix prédit sa mort. — Toujours obéissant. — La Confession générale. — La désappropriation. — Le saint viatique. — Ravissement. — Transfiguré. — L'*Addolorata* — Concours du peuple. — Angoisses du P. Macaire. — Etrange conduite. — Le mort vivant. — Les adieux suprêmes. — Dernières paroles. — La fin.................................... 265

CHAPITRE XX
Les Funérailles.

SOMMAIRE. — Le saint corps. — L'héritage. — Immense concours. — Trois fois dépouillé. — Le Sénat de Nicosie. — Miracle. — L'oraison funèbre. — Obéissant après la mort. — Le sangfroid. — La sépulture. 277

CHAPITRE XXI
La Tombe glorieuse.

SOMMAIRE. — La mémoire des justes. — Les foules au tombeau. — Préférences de Fr. Félix. — Estropié et muet. — Antonio Traspanti, le petit aveugle. — Les incendies. — Muette et possédée. — L'énergumène. — Du lait pour mon enfant! — Le jeune phtisique. — Le P. Philippe de Centorbi. — Fr. Rosario............. 284

CHAPITRE XXII
La Béatification.

SOMMAIRE. — Raisons du retard de la cause. — Les suppliques à Grégoire XVI. — Les deux procès apostoliques. — Les témoins. — Dans un précipice. — Le P. Angélique de Sperlinga. — Le petit muet. — Deuxième rocognition du corps. — La nièce de Fr. Daniel. — Grazia Roméo. — Vincent Abate. — Le P. Joseph d'Aderno. — Le Dr Reina. — Conclusion de la cause. — Solennités de la béatification. — Où est maintenant le corps. — *Deus venerunt gentes*........ 299

DOCUMENTS

I. Actes de protestation et de profession du B. Fr. Félix. 323
II. Décret de S. S. Pie IX sur l'héroïcité des vertus 324
III. Décret de S. S. Léon XIII sur les miracles 328
IV. Décret *de tutô*............................... 330
V. Lettres apostoliques de béatification 332

FIN DE LA TABLE.

Clermont, imp. Centrale MALLEVAL.

CET OUVRAGE EST EN VENTE :

A CLERMONT-FERRAND, librairie Catholique **(Bellet)**, avenue Centrale, 4.

À AIX, chez **Macaire**, libraire, rue Thiers, 2.

A LYON, **Delorme et Briguet**, avenue de l'Archevêché, 3. — **Edouard Ruban**, place Bellecour, 6.

Au MANS, **Leguicheux**, rue Bourgeoise.

Clermont, imp. Centrale — MALLEVAL — avenue Centrale, 8.

www.ingramcontent.com/pod-product-compliance
Lightning Source LLC
Chambersburg PA
CBHW060057190426
43202CB00030B/1884